财富百年传承

中国民营企业交接班危机与对策

李华刚
/著

中华工商联合出版社

图书在版编目（CIP）数据

财富百年传承：中国民营企业交接班危机与对策/李华刚著．—北京：中华工商联合出版社，2017.10

ISBN 978－7－5158－2110－8

Ⅰ.①财… Ⅱ.①李… Ⅲ.民营企业—企业发展—研究—中国 Ⅳ.①F279.245

中国版本图书馆 CIP 数据核字（2017）第 237725 号

财富百年传承：中国民营企业交接班危机与对策

作　　者：李华刚
出 品 人：徐　潜
策划编辑：李红霞
责任编辑：侯景华
封面设计：周　源
责任审读：郭敬梅
责任印制：迈致红
出版发行：中华工商联合出版社有限责任公司
印　　刷：三河市燕春印务有限公司
版　　次：2018 年 5 月第 1 版
印　　次：2024 年 1 月第 3 次印刷
开　　本：710mm×1020mm　1/16
字　　数：237 千字
印　　张：14.75
书　　号：ISBN 978－7－5158－2110－8
定　　价：45.00 元

服务热线：010－58301130
销售热线：010－58302813
地址邮编：北京市西城区西环广场 A 座 19－20 层，100044
http：//www.chgslcbs.cn
E—mail：cicap1202@sina.com（营销中心）
E—mail：gslzbs@sina.com（总编室）

前言　摆脱华人企业短命规律

"一代苦，二代富，三代吃花酒，四代穿破裤，五代街头宿。"

——中国民间谚语

2013年，一位出生于中国香港、在利物浦任地方议会议员的英国朋友对笔者说："中国社会财富从本质上看就是没有财富，华人社会的所有财富都不过是从创业到破产的一再简单重复而已，中国人永远都是在废墟上建立新大厦，而不能保证原有的老大厦不变成废墟。"

英国朋友的话说得有些极端，但全球华人企业因代际传承出现不良问题而大量倒闭确是不争的事实。在《1994年中国企业500强名单》上的95%的民营企业在《2016年中国企业500强名单》上已不见踪影。

笔者在中国香港中央图书馆曾寻找出香港、台湾、澳门企业同类历史资料进行研究，情况大体相同。全球华人企业都存在同样的问题，不少企业交接班往往就伴随着大动荡、大流血、大洗牌、大分裂、大挫伤、大整合，结果：一种是企业倒闭，另一种是元气大伤。

2008年，台湾台塑集团当家人王永庆离世，迄今数年过去，企业内部的权力内斗延绵不断，王永庆晚年设计的"七人行政中心"已濒临解体，王永庆留下的102亿美元遗产只见"争执"不见"增值"。

2012年，香港李嘉诚将长江集团资源一分为二，股票给长子、现金给次子，这种做法实际上等于将家业一分为二。

国外成功企业一般发展轨迹是"做起、做强、做长"。而有的华人企业家考虑更多的是如何“做起”“做大”“做强”，极少考虑怎样“做长”。企业现代化体现在三个层面：物质现代化、制度现代化、精神现代化。华人企业在物质现代化方面已与世界企业平均水平差距不大，而在制度现代化方面还有一定差距。

笔者在东南亚出差时，发现东南亚华人企业绝大部分是新企业，能维持50年的都堪称古稀；中国澳门超过100年的规模企业几近为零；中国香港很少有企业主在世时就移交企业大权的现象。

欧美企业“顶层设计”历经300年发展，企业最高权力不是单个的“人”，而是一套系统，体现了一种“人文主义、社会化管理、体制传承、被监督化、非终身化”等基本管理原则。正是这种系统，造就了西方企业的平稳传承，更造就了西方300年的经济文明。

西方经济文明传到日本后，与日本文化中原有的“长寿基因”相混合，促成日本企业寿命全球最长。在东京或大阪的街道旁，如果你走进任何一家商店询问店主“贵店创办了多少年?”得到的回答大都是“100年”或“130年”。日本有5万家百年企业，“富过六代”比比皆是，企业顶层设计是“所有权社会化”和“权力交接程序化”，呈现一种“无老板现象”。

日本企业创始人只在乎企业名称、品牌和商标能否永远传承，至于是否血缘传承并不重视。日本资本主义虽然从1868年明治维新才开始，但企业平均寿命在资本主义国家里最长。

中国家族企业欲百年经营，必须有一套顶层设计思想和理论作指导，有一套传承制度作支撑。我们可以向欧美企业学习，向日本企业取经，建立起适合中国国情的现代传承体系。

目　录

第一章 传承困局中的华人企业

“如果我把班交给家族成员，企业就会慢慢死掉；如果我把班交给职业经理人，企业就会快快死掉。在慢死和快死之间，我选择‘慢死’。”

——重庆力帆集团董事长尹明善

社会财富的总体增长不在于每年新增加多少财富主体，而在于现有财富主体得以长久的存在和持续的增长。无论是新财富主体的诞生还是老财富主体的败亡，其过程产生的都是负能量，只有民间千万个财富主体长期稳定的发展，社会总体财富才会获得不断的增值。

第一节　陷入交接班危机的华人企业

宗庆后，1945 年出生，2017 年 73 岁，宗庆后占娃哈哈集团股份 80%，娃哈哈集团目前为世界最大的儿童饮品企业。在宗庆后出席的每个公开媒体场合中，记者们都会向他提出一个问题：“娃哈哈集团谁来接班?”“您的女儿何时接班?”面对每次提问，宗庆后都会无奈地说：“现在还不急，她也不感兴趣”。

宗庆后独女宗馥莉是典型的“富二代”，1982 年出生，2017 年 36 岁，美国洛杉矶佩珀代因大学毕业，回国后即进入娃哈哈参与管理，娃哈哈集团接班人，浙江省政协常委，至今未婚，亦无男友。在一场名为“女性和领导力”的论坛上，宗馥莉表示自己生活中只有事业没有爱情，其“工作狂”劲头与其父如出一辙。

2015 年，娃哈哈集团总营业收入为 720 亿元人民币，集团在大陆 29 个省市建有 100 余家合资控股、参股公司，在全国范围内均建立了销售分支机构，集团共有 3 万名员工，旗下涉及的业务包括 10 大品类，产品品种达 150 多个。

从本质上讲，娃哈哈集团是“一个人的公司”，事无巨细均需宗庆后亲自审批，宗庆后为整个公司的中枢神经，而 3 万名管理者及员工只是粗细不同的神经末梢而已。宗馥莉对媒体这样评价父亲：“他每天晚上飞来飞去，到酒店就会有一大摞的报告拿给他签字审批，然后就有人帮他传真，传到我们总经办，总经办再把指令分解下去。整个公司只有一个脑子，就是我老爸。我希望父亲能够考虑引进职业经理人，但是，我估计没有人能够融入我们公司的文化。”

宗馥莉曾说，“娃哈哈减去宗庆后等于零”。

娃哈哈集团在不远的“后宗庆后时代”必然面临四大危机：

第一，接班人能力危机：宗馥莉从国外回来后虽进入公司参与管理，但只是在一个成熟平台上进行修补，从未经历过早年父辈创业随时翻船的凶险境遇，未经历过惊涛骇浪的考验，3 万人大型公司一旦面临重大危机，恐怕难以通过考验。

第二，集权型体制危机：娃哈哈是“一个人的公司”，老板为整个公司的中枢神经，3 万名管理者及员工只是神经末梢。每天上百份请示报告需要老板签批，这样，老板就需要“零差错”。这样的能力宗庆后有，宗馥莉未必也有。

第三，元老服从度危机：“后宗庆后时代”，公司元老们与宗馥莉之前并未经过工作磨合，元老们服其父，未必服其女，凭什么我五六十岁的人要听你一个黄毛丫头的使唤？

第四，第三代传人危机：2017 年，宗馥莉 36 岁仍未婚，宗庆后再无其他子嗣，又一个严峻迫切的问题来了：即便宗馥莉能顺利接班，企业也能平稳发展，但是，宗馥莉 70 岁之后娃哈哈又该怎么办？

2012 年春节，笔者曾跟宁波一位家电集团的老板聊到了接班人的问题。该老板 73 岁，满头白发，满脸沧桑。企业从 1985 年创办，至今已有员工 8 000 人，年营业额 50 亿元，在宁波当地颇有名气，宁波市市长及市委书记屡去该企业参观。我问他：“刘总，我很奇怪，您儿子不在公司工作，您也不安排其他接班人，您退休后企业交给谁呢？”

刘老板脸色凝重、无可奈何地说：“儿子刚从德国大学博士毕业回来，这小子崇拜一个叫什么死特老死（斯特劳斯）的奥地利弹钢琴的，我就不明白，那个死特老死老早就死掉了，还崇拜他干什么？还说要到杭州大学教什么德国音乐，他老爸连中国音乐都不懂，不也照样当大老板吗？你说搞音乐到底有什么意思，既不能吃又不能穿，还那么大兴趣，就是对我的家电产业不感兴趣。我跟他谈过很多次，每次都吵架。儿子书读得越多就越跟他老爸观念不同，当初不送他去国外就好了。现在我已经不指望他了。女儿五年前从北京政法大学硕士毕业，现在在慈溪法院当法官，也出嫁了，更不会来我这儿。我现在是孤家寡人一个。”

我说：“那您打算交给谁呢？您总有退休的一天，总要有人继承财产才行啊，这毕竟是上百亿元的资产啊!”老人面呈难色，不再回答我的问题了。看得出，我的问题刺到了老人内心最伤痛、最敏感、最无奈之处。

笔者在宁波工作时，亲眼见到同一个工业区的一个家族企业交接班的失败过程。老板年过七旬，高血压，多次中风，脑溢血住院一次，在70岁生日时正式把企业交给了38岁的儿子，然后远赴美国看病。儿子决非花花公子，相反，工作十分勤勉敬业，但是，一家有着500名员工、年产值一亿元的企业远非仅仅靠“勤勉敬业”就能摆平，由于儿子完全不是企业领袖的材料，半年后，公司中层管理人员全部辞职，企业倒闭破产。2012年春节刚过，老板从美国回来，看到的是已空无一人的厂房和坐在董事长办公室代人讨债的人。而在此之前，儿子已经在公司工作了8年，对公司情况了如指掌，完全不是毫无基础的“空降兵”。

河南省汝州冯老板1987年创办了冯氏塑料公司，90年代末兴旺红火起来，向国外大量出口牙刷制品，成为当时河南省规模最大的牙刷制品生产企业，员工最多时达到800人，年销售额最高达一亿元。冯董事长和冯总经理是一对父女。冯总经理极有经营头脑，有效地掌管着公司的运作，被称为“女强人”。然而，巨变突至，父亲突然病亡。由于父亲临终前对接班人问题和财产继承问题没有明确安排，于是，冯总的两个弟弟认为父亲创下的财产也该有自己一份，“女强人”再强也强不过分家要求，企业最终被一分为三。

郭女士62岁，是大连服装业龙头级企业的董事长。郭女士有两个儿子，她想过几年把厂子交给大儿子打理，这却引起了二儿子的严重抗议，二儿子不愿意在厂子里上班，而想办个电脑公司，想从企业里分出50%股份出来投入电脑经营，郭女士和大儿子都不愿意把公司进行拆分。无论怎样跟二儿子解释，二儿子总是不依不饶。想起这些事情，郭女士就十分痛苦。时下，她最大的担心已不再是销售下降和生产不顺，而是两个儿子的你争我夺，一旦自己不在，难保辛苦创下的事业不会被拆分。

帅老板71岁，河南焦作某食品集团董事长，2008年起，就让从法国归国的儿子负责公司的所有业务，但是，帅老板仍要“垂帘听政”，于是，父子二人经常为管理中的具体事务发生争吵。儿子有西方留学背景，希望能够建立现代企业制度，由随意化到制度化、由粗放化到标准化、由多变化到规则化。而帅老板认为这些都是外国洋玩艺儿，不适合中国企业，中国企业必须“玩权术”。频繁争吵的结果是少帅向老帅提出放弃接班。

李先生 62 岁，在苏州拥有多处酒店及服装厂，资产数千万元。夫妻俩只有一个女儿，2000 年女儿高中毕业后就送其到新加坡留学。娇生惯养的女儿只读了一学期就闹着要回来，因为外面世界太辛苦，李先生只得让女儿提前回国。除了对继承产业无兴趣外，女儿的一切行为还算良好，和身边一些“败家子”大不一样，这让李先生有一种差强人意之感。但家业传承的问题还是一直困扰着夫妻二人，最后两人一商量，决定培养第三代来继承家业。2009 年，女儿和一位小老板结了婚，生下一子，目前孙子已经 4 岁。为好好从小培养第三代，两人将孙子置于自己身边亲自带。然而，这也是不保险的一步险棋，可以算一下，孙子长大成人，到大学毕业，至少要到 25 岁才能继承家业，时间大约是在 2035 年。那时，老夫妻已 80 岁。25 年时间里有多少变数，老夫妻俩身体突然出现状况，或孙子本身出现意外状况，都不是不可能发生的事情。即便一切过渡顺利，也存在两个大问题：第一，孙子不愿意接班怎么办？女儿都不愿接，孙子不愿意接的概率也很大？而且，孙子父亲也是企业老板，也指望子承父业，即便他愿意接班，到时候孙子到底接班哪边？第二，孙子有无能力接班，“富三代”在温室中长大，缺乏父辈的创业能力，即便他愿意接班，是否胜任也是个未知数。

自温州章华妹 1980 年创办中国第一家民营企业至今，中国民营企业已经历 37 个春秋，第一代民营企业家创业时年龄一般为 30～50 岁。37 年过去，2017 年时他们一般年龄都到了 65～85，可谓是“过六奔八”。人过 70 古来稀，一个很实际、十分紧迫的问题摆在了第一代企业家面前：一旦百年之后，手上几个亿、上百亿元的资产交给谁？

截至 2017 年 1 月，中国民营企业总数约为 800 万家，改革开放后第一代企业家仍在经营的民营企业约占 1/3，有 266 万家，按照国际公认的

70%的二代接班失败率，未来13年内，将有187万家中国企业仅仅因交接班而被淘汰，这是一道比经济危机更可怕的门坎。

按企业主年龄分类，可将50岁以下者划为绿色预警，50～60岁者划为黄色预警，60～70岁者划为红色预警，70岁以上者划为黑色预警，按此划分法，截至2017年1月，中国民营企业主里，绿色预警级占33%，黄色预警级占33%，红色预警级占25%，黑色预警级占9%。如果一个企业家于1984年创办企业时年40岁，到2017年时已经70多岁，2024年满80岁。2017～2027年，华为、娃哈哈、碧桂园、格兰仕、力帆、汇源、新希望等266万家中国民营企业第一代创始人年龄都达到黑色预警，中国企业到了最危险的时刻。事实上，从2001年起，中国民营企业就拉开了交接班大戏的序幕：

2001年，36岁的徐永安接替父亲徐文荣出任浙江横店集团控股有限公司总裁。

2003年，22岁的李兆会接替被人谋杀的父亲李海仓出任山西海鑫集团董事长。

2003年，39岁的吴协恩接替父亲吴仁宝出任江苏华西集团董事长。

2004年，35岁的周海江接替父亲周耀庭担任江苏红豆集团总裁。

2005年，32岁的楼明接替父亲楼忠福出任浙江广厦控股集团总裁兼广厦建设集团董事长。

2007年，24岁的应咏志接替父亲出任中国天行集团总裁。

2008年，22岁的龚晓思接替父亲出任四川最大升降机设备企业“四川思博机械有限公司”董事长。

2011年，30岁的汪小菲接替父亲张兰担任北京俏江南餐饮集团CEO。

2013年，33岁的刘畅接替父亲刘永好出任希望集团董事长。

如果说2001～2013年的13年是中国企业交接班大戏序幕的话，那么，2014～2027年的13年，是这场大戏正式的演出时间，大戏的结局就是“几家欢喜几家愁，一江春水向东流”，大量企业从13年序幕，到13年开戏，“双13”就是中国企业交接班大戏的全过程。

笔者是职业经理人，因工作关系接触过几位资产百亿的江浙顶级大老板，笔者发现，随着企业规模的扩大，他们关心的头等大事不再是精益生产、市场开拓、人力资源和财务管理之类的低层问题，而是家族内部纷争及顶层设计困扰。他们很困惑，为什么儿子总像阿斗那样扶不起？为什么家族成员总是争吵不休？为什么兄弟创业之初能同甘共苦、事业稍有所成就矛盾不断？为什么请来的一个个职业经理人无一让人满意？为什么高管总是频繁离职？为什么职业经理人与企业主总是博弈不断？为什么董事会内部总是内斗不休？为什么自己住院期间股票狂跌？为什么股东总是频频退股？此类问题越来越多、越来越具破坏性、越来越难找对策。天长日久，他们心中总有一个挥不去的阴影：我死后企业交给谁？企业会不会破产？这是第一代的中国企业家所面临的最严峻的问题。

据美国布鲁克林家族企业学院研究，全球只有30%的家族企业能够生存到第二代，只有10%的家族企业能够生存到第三代，家族企业的平均寿命为24年。《福布斯》杂志统计，截至2013年，在中国460个家族上市企业中，只有24家公司完成了第二代接任董事长，仅占5.2%。美国麦肯锡咨询公司的研究结果也一样：只有30%的中国民企能传到第二代，5%的中国民企能传到第三代。

中国香港中文大学教授范博宏博士说：我的研究团队曾耗时4年，在1980～2008年对250家在中国香港、中国台湾以及新加坡上市企业进行了追踪研究，发现这些企业从创始家族老一代退休前5年起到他们退休为止，每100元公司市值平均滑落60元，最后仅余40元，下一代接棒后也没有起色。什么原因呢？一，创始人在企业内“君主”般的地位是继承者最大的障碍；二，创始人能力、声誉、关系及一些特殊隐形资产难以转让；三，家族成员之间存在争夺所有权、控制权的斗争；四，在创始人将离任的预期下，企业利益相关者与家族成员间为了自身利益而不断发生激烈冲突。

中国台湾一家机构研究显示，台湾企业隔代交接时，60%的市值5年内人间蒸发。“富不过三代”是一种普遍现象。香港中文大学研究报告指出，香港能传到第二代的企业只有35%，传到第三代的企业只有3%。

2005年，全国政协通过工商联公布的《中国民营企业发展报告》显示，中国民营企业平均寿命为2.9年；2011年，上海知名咨询公司AMT发布的《快速成长型企业增长之道》显示，中国民营企业平均寿命为3.5年；2011年，香港普华永道会计师事务所发布的《2011年中国企业长期激励调研报告》显示，中国中小民营企业平均寿命2.5年，集团企业平均寿命7～8年；2011年，全国工商联《中国家族企业发展报告》显示，我国大型家族企业平均寿命为8.8年。

笔者对以上各家数据进行汇总，取中间值，得出中国民营企业平均寿命为5年的结论。

企业交接班由3个要素组成：前任管理者、继任者和交接班制度。交接班制度就是如何继任的规则，而中国企业的危险之处恰恰就在于没有这个规则。“不传、不放、不接、不力、不顺、不和、不服”，是中国家族企业权力过渡普遍存在着的“七不现象”，而中国企业主更喜欢像鸵鸟一样把头埋在沙里，谁也不愿意过多谈及“后继无人”的难题，但是，时光流逝，老板们年龄不断增加却是谁也无法阻止的事实。

第二节　我就是不退休！

民营家族企业管理者大都有一种贪恋权力、不肯适时退休的倾向，对继任者有一种本能的不信任，只要自己一息尚存，就不愿意走下最高权威的宝座。此种现象在香港表现最甚，一个最极端的例子就是香港电视大王邵逸夫，直到102岁才正式将市值164亿港元的电视王国交给79岁的妻子。

邵逸夫出生于1907年，1958年创办邵氏兄弟电影公司，拍摄过逾千部华语电影，1977年，英女王伊丽莎白二世册封邵逸夫为下级勋位爵士。邵逸夫的无线电视台TVB诞生了风靡亚洲的明星，李小龙、阮玲玉、李丽华、林黛、凌波、周润发、周星驰、梁朝伟、刘德华、刘嘉玲等均出于此门。邵逸夫热衷于支持祖国的教育事业，中国数百所大学都有邵逸夫捐赠的“逸夫楼”。

2010年，邵逸夫以102岁高龄卸任香港无线电视台TVB行政主席职务，由第二任妻子79岁的方逸华掌管市值164亿港元的电视王国。2011年，邵逸夫将大部分股份卖给以陈国强为首的投资集团，邵氏和方逸华只保留了很小部分的股份，现任TVB董事局主席为陈国强。2014年1月7日，邵逸夫在家中离世。

人们不禁要问，邵逸夫有三个儿子，为何没有一个儿子继承大业？原因很简单，邵逸夫不愿意向儿子交班。到邵逸夫去世时，三个儿子中最年轻的小儿子也69岁了，就算邵逸夫愿意交班，儿子们也接不动了。

邵逸夫将TVB大部分股份卖给陈国强的投资集团，并非出于“企业产权社会化”的考量，如果是出于“企业产权社会化”考量，那么，不会等到自己102岁时才开始“企业产权社会化”，到了自己实在干不动时，才匆匆转卖给投资公司，实在是一种对公司不负责任的态度。

香港武侠小说大师金庸先生一手创建了明报集团，经营40余年，年过70岁时，金庸环顾家族内没有合适的接班人，报社内部也找不到可信赖者接班，又不明白如何建构西式企业“顶层设计”。1991年，金庸出售自己全部的《明报》股权，金庸与香港智才集团董事会联合宣布，由智才集团收购《明报》。从此，金庸先生退出香港新闻界，赋闲在家，用出售《明报》的钱颐养天年，落个潇洒自在。金庸在《射雕英雄传》中塑造过无数龙威虎胆、天下无敌的武林英雄，而自己在企业传承延续事业上实则成了一只被别人射中坠地的“大雕”。

笔者因工作关系常年来往于深港两地，在香港遇到的80岁以上的公司老板比比皆是。每次在与香港寿星级老板洽谈业务时，常有秘书或太太进来侍候老人吃药、双肩按摩或测量血压，谈话常因此而中断；由于老人听力有问题，有时一句话要重复多遍才能让老人听懂；而下次重谈此事时，老人又常常会忘记上次的谈话内容，我又不得不重复一遍；谈话过程中，往往是作为客人的我不时起身为腿脚不便的主人添茶倒水；如发现老人言语间突然嘴角流出口水，我会立即递上纸巾；如老人突然胸闷气喘、表情出现痛苦状，我会马上开门叫外面的秘书进来。如此多年下来，也让我练就出一套与垂暮老人良好互动交流的出色本领。

截至 2017 年 1 月，1949 年出生（69 岁）的张瑞敏仍未选定接班人。多年来，张瑞敏的接班人问题成为各界议论的焦点。从杨绵绵、梁海山、王召兴、周云杰，到崔少华、武克松、柴永森等副总裁级人物，多年来被人们一遍遍地念叨。然而，号称“赛马不相马”的海尔，这场最高权力的赛马一赛就是 10 年，还是赛不出接班人来，69 岁的张瑞敏仍然大权在握。

海尔有一种强烈的威权主义文化，张瑞敏实际是海尔的威权领袖，手下仍无统帅之才。张瑞敏的得力助手杨绵绵与张瑞敏是同一时代人，比张瑞敏还要大 6 岁。近几年提拔的几位作为“储君”人选大都个性平平，无一人是独挡一面的帅才。而作为精神教父的张瑞敏，更喜欢赵子龙或吕蒙这样的执行者。

2007 年，海尔集团开始“流程再造管理变革工程”。为了改善人力资源状况，海尔开创了“1＋1＋N”模式，即第一个 1 叫“外 1”，代表国际先进水平专家；第二个 1 叫“内 1”，代表海尔原管理者；“N”代表团队，“1＋1＋N”表示融合。惠普专家陈广乾受聘来海尔任首席信息官，即“外 1”，张瑞敏任命梁旭为海尔内部配合人，即“内 1”，二人为海尔流程再造、解决信息孤岛问题立下了汗马功劳。但不久后梁旭离开海尔，陈广乾也随后离职，同样是“个人原因，与公司无关”。曾帮助海尔推行“精益管理”的施增虎表示，与海尔合作颇令人沮丧，海尔只是“把专家当摆设，提的建议放在那里，请来的专家也不善待，成立的改善团队共 11 个人，但中途换了 9 个人，要做的精益管理已经走样了”。

2008 年，海尔公司董事长秘书纪东突然辞职，海尔空调公司总经理、海尔股份副董事长王召兴辞职，海尔电器国际总经理、董事、总经济师张智春辞职，海尔电冰柜有限公司副总经理张世玉辞职，海尔独立董事王超辞职。受此消息影响，2008 年 4 月 18 日，青岛海尔股价下跌 9.97%。4

个高管在辞职后纷纷抛售海尔股票。

王召兴、张智春和张世玉三人都是海尔集团的创业元老，3 人辞职放弃了约 600 万元的期权。海尔一向稳定的高管队伍大规模辞职，甚至主动放弃股权激励，内幕令人备感蹊跷。每个辞职者都表示是因为“个人原因，与公司无关”。人即将离，每个人都不愿再节外生枝惹出些什么事来。明眼人一看便知，不可能 5 位高管同时犯心脏病或出国陪孩子读书。10 万敌军兵临城下，守军 7 个师长中有 6 个突然提出辞职，每个人的声称就算真是如此，城池失守后对手同样不会手软。

从 2009 年开始，海尔在市场上开始徘徊不前，经营陷入亚困境，张瑞敏当负首责，社会上刮起一股对张瑞敏的怀疑之风。增长缓慢的业绩已经使张瑞敏过去的耀眼光环成为历史。张瑞敏将海尔从一个小厂发展成一个拥有千亿资产的跨国企业集团，由于往日功绩突出，将其推向了首位。而面对迅速变化的国际市场和现代企业管理模式，缺乏一个团队设计的张瑞敏，很难让海尔再登高峰。

笔者在宁波一个家电集团企业工作时，曾有一位从海尔聘来的海归派、分公司总经理肖先生对我说：“在海尔，有思想、有独立个性的高管大都待不长，面对强势的张瑞敏，唯一的办法就是不断重复张氏语录，如‘日事日毕，日清日高’‘把简单的事千百遍都做对就是不简单’之类。久而久之，凡有孔明之智或韩信之才者大都只有离开这一条路。所以，海尔不存在一个有国际眼光、有经世之才、有独立意志的高层管理团队和高级幕僚群体，张瑞敏一个人的脑袋就够用了。执行者才能生存，有独立思想者要么隐藏思想，要么走人。海尔高层会议上大都是张瑞敏讲得多，与会者发言不多。我在美国时曾在旧金山一家企业工作过，开会时总会有激烈的争论，而我参加的海尔高层会议从无激烈辩论，只要张总点头，下面一片附和拥护，无人反对，我反对过两次，无人理睬，以后我就再不反对了。如果张瑞敏偶因故无法到会，会议就很难开起来，因为会上提出的重大问题无人能拍板，无法形成具体决策。如果会上提出 10 个问题，9 个问题都必须‘等张总回来再定’，而待张瑞敏回来之后，市场机遇已被竞争对手抢走。这就是近年来海尔效益大幅度下降的重要原因之一。我在国外生活多年，很难适应这种文化，这就是我离开海尔的原因。”

张瑞敏很难回答这样 4 个问题：①海尔集团何时能建立起一种现代顶层设计体制？②未来海尔每任首席执行官固定任期多少年？③何时结束海尔首席执行官任期终身制？④海尔集团未来每任首席执行官通过何种方式产生？

张瑞敏在接受媒体采访时，最不爱谈的话题就是接班人问题，看来，华人老板一号头痛的问题在张首席这里也决不轻松。目前总裁接班人在海尔内部似乎已有人选，是执行副总裁梁海山和周云杰。但究竟谁来接替则仍未确定。从梁海山和周云杰过往工作业绩看，两人的人品均正直廉洁，敬业精神、工作资历和专业知识等方面均堪优秀。但从个性上看，二人均更像赵子云，而不像李云龙。而从海尔目前及未来 20 年的发展需要来看，更需要有一点霸气的李云龙，而非尽忠职守的赵子龙。

张瑞敏堪称当代中国无人能比的企业教父，介绍海尔成功的图书比比皆是，张瑞敏的格言警句更是满天飞，如：“什么是不容易？大家公认的非常容易的事情认真做好就是不容易。”但是，在企业交接班问题上，这位大教父却不见只言片语。张瑞敏从未说过这样一类的话：“为了建立权力制衡机制，企业总经理和董事长不应由同一个人担任，而且，企业最高负责人不得搞终身制，按制度 5 年或 10 年就必须卸任。”

据海尔离职的肖先生讲，张瑞敏每天工作 12 个小时，近年常有工作中因身体不适而晕倒现象发生。集团大量工作事务和后继无人的困局使张瑞敏只得玩“双延”，即延长工作时间和延长任期。无论是日常工作或是诸如明晰海尔内部产权一类的长远工作，还是领海尔走出多年销售困境，都由张瑞敏“乾纲独断”。年过花甲、身体欠佳、频频失误的张瑞敏，颇似一个年迈的战战兢兢的“走钢丝者”，随时可能坠落下去，海尔未来 20 年全部压在了张瑞敏一人的肩上。

2013 年 5 月 10 日，马云在杭州黄龙体育场举办卸去阿里巴巴公司总裁（保留董事长）的盛大的告别演唱会，在告别会上，马云面对万名观众说："过去工作就是我的生活，今后生活就是我的工作。"阿里巴巴集团公布，5 月 10 日起，陆兆禧将接替创办人马云出任阿里巴巴总裁职位。然而，半个月后，马云又以阿里巴巴董事长身份来到深圳潜海湾，筹办投资 3 000 亿元的中国最大的网购项目"菜鸟物流"。

马云筹办"菜鸟物流"无可非议，值得非议的是，已经向社会宣布退出一线商务工作后，马云又重返商务阵地。马云会说，我只是告别总裁职务，而不是告别董事长职务，并未全退。如果这样，就没必要说"过去工作就是我的生活，今后生活就是我的工作"，没必要举办万人告别演唱会。任何一家企业董事长也做不到"生活就是我的工作"。

2013～2017 年，马云没有哪个月不在媒体上"蹦弹"两下，让人感觉杭州"万人告别会"的台下万名观众全部被忽悠了。告别总裁职务还是告别董事长职务都不重要，重要的是告别全部商务活动，完全地"生活就是我的工作"。如果不告别全部商务活动，马云的"万人告别会"只是一个廉价的炒作。

2017 年，排名台湾前 30 强的家族企业中，现任董事长年龄超过 60 岁而没有明确接班规划的企业占 80%，其中包括鸿海董事长郭台铭（69 岁）、联发科董事长蔡明介（68 岁）、台新金控集团董事长吴东亮（68 岁）、硅品精密董事长林文伯（67 岁）、霖园集团董事长蔡宏图（66 岁）、明基友达集团董事长李焜耀（66 岁）和华硕集团董事长施崇棠（66 岁）。台湾最大的私人金融公司富邦金控集团董事长蔡明忠说过一句名言："台湾企业家都是做到死的。"

台湾企业董事长、总经理也是"万年董事长"和"万年总经理"，从未见过像欧美企业那样按《企业章程》进行定期选举的事例，只有在前任病情恶化或去世、股权变化或权力斗争失败，才会有职务交替。台资企业董事长、总经理在位置上待上 30～50 年是一件再正常不过的事情了。对此，台湾前"交通部"次长叶匡时在《董事长的新衣：透视管理的本质》里有四点原因分析：

第一，通常这些企业家拥有比一般人都旺盛的企图心，当他们愈接近人生的尽头，可能反而愈急于继续扩展更大的志业。因此，要他们放下一生的事业，在家“含饴弄孙”或“闲云野鹤”一番，不但与他们的个性不合，也有违他们对自己的期许。

第二，这些企业家除了经营企业之外，不知道如何安排另一种生活方式，根本无法把自己的生活与事业分开。若仔细分析他们的背景与创业过程，我们可以发现，他们把绝大部分的时间、生命都交付给事业，他们的生活里绝少有“休闲”二字。表面上的休闲活动，不论是为了社交或健身，其实最后的目的还是为了自己的事业。

第三，或许权力太迷人了，老企业家难以习惯没有权力的日子。在美国有一项研究指出，成年子女回家探望父母亲的次数，与父母亲的财富成正比。我想，既然权力与财富有密切的关系，这个研究的结论应该也适用在握有实权与不具权力的老人身上。父母若是失去了权力，连子女都可能会疏于问安、逢迎，更何况是昔日的部属、亲友呢！

第四，有时候，老企业家想退都退不了。不少第一代企业家，妻小众多，嫡子庶出各有人马。他们若是轻言退休，很可能招致“宫廷斗争”，企业可能因而“分疆裂土”，乃至危及企业的根基。也有可能接棒的第二代是“扶不起的阿斗”，才一掌权，就众叛亲离，逼得老企业家复出苦撑，等待第二代的成熟。

第三节　宁愿断指也不接班！

2011 年 11 月 5 日，一则“不愿继承家业富三代自断四指”的新闻在互联网传播开来：苏州一个家族企业的第三代传人，为拒绝接班而砍掉了自己的四指。这位“富三代”的全部兴趣都在漫画艺术上，对家族传统制造行业毫无兴趣，其爷爷为保证家业血脉传承一再劝说其放弃漫画爱好回家族企业接班，因为计划生育政策让该家族只有这么一个独苗。上辈们反复要求接班的压力终于激怒了这名 23 岁的“富三代”，便采取此极端行为以示抗议。

徐余听 73 岁，温州康达包装材料有限公司董事长，有 4 个子女，从 2010 年起，很想把自己肩上的担子交给子女们去挑，自己带着老妻到国外去旅游一番。但是，4 个子女均有自己的事业和学业，对父亲的事业无一人有继承的意愿。经过再三劝说无效后，徐老板放弃了交班子女的想法，最后决定哪都不去了，还是自己继续执掌。公司没有董事会运作机制，也没有职业经理人机制，更没有权力交接规则与规划，一切事务完全凭徐老板一人决断，他已 73 岁，人总有百年的一天，自己往生后企业又交给谁呢？这是徐老板至今仍未解决的问题。

钱董事长 72 岁，是宁波一家颇有规模的民企老板，一儿一女，女儿在澳州留学，儿子在加拿大留学，原本指望俩人学成后回家接班。若干年后，儿子在加拿大多伦多娶了洋媳妇，办了移民手续；女儿在悉尼办好移民手续，嫁了洋老公。子女不仅不想回来接班，还劝父母将国内公司卖掉，到加拿大或澳洲定居。钱董事长这才明白，子女对继承家业毫无兴趣，成了与自己完全不同的“新兴达人”。儿女接班的计划破灭了，这是钱董事长始料未及的。接下来该怎么办呢？再生个孩子？不可能了，让儿女的下一代来继承？那可是中西混血儿，更不会来。钱董事长一筹莫展、忧心忡忡。

林聪颖 62 岁，是大连九牧王服装公司董事长，事业蒸蒸日上、如日中天。纯粹的工作事务并不麻烦，让他头痛的是企业继承问题，他有 4 个孩子，3 个在美国念书，1 个在英国念书，念的都是经济、金融、会计等专业，但无一人喜欢服装行业。林聪颖曾公开在媒体上表示：“他们从小看到我那么累，感到害怕，觉得很辛苦。”林聪颖不想强迫自己的孩子去干他们不愿意干的事情，用他的话来讲，那样反而会把九牧王带向一个不可预知的未来。而在他的家族里，也找不出一个有能力的人来打理这一摊基业的亲戚。林聪颖说：“不排除我会把它卖掉，或者和别人合并。”

郑老板 71 岁，在河南两个城市建有 3 处建材市场。老郑有 3 个儿子，老大机灵聪颖，在英国读书，构想将来由他接班，老郑说："可那小子6年没回过家了，说得很干脆，不接班。"二儿子天赋愚钝，中学辍学在社会上闲游，老郑对其的结论是"人笨"，于是拿出200万元给他做小生意；三儿子中医专业毕业后在成都创业，志向在从医，最喜欢的业余活动是玩吉他，对经营企业毫无兴趣，老郑将其从成都强拉回郑州后，老郑说"这个娃见天不是玩游戏就是见不着人"。老郑终于明白了，3个儿子都指望不上了，那么，接班怎么办呢？

华人企业家子女大部分不愿"子承父业"，通常有两种原因：

第一，子女有自己的工作，对经商毫无兴趣，根本不愿意接班。此类子女多数在海外留学，拥有会计师、律师等专业资格，更愿意从事财务、营销、管理等技术性强的工作。

第二，子女虽有经商意愿，但兴趣不在父辈从事的领域。许多父辈企业所在的行业为传统劳动密集型产业，而受过良好西式教育、思维活跃的"富二代"对此不感兴趣。

随着社会形态日趋多样化，机会与选择的增多，人们越来越倾向于按照个人兴趣来选择自己的事业，今天的企业二代多数拥有高等教育背景，"海归派"不计其数，他们对创办实业、规模生产并不感兴趣。他们生活在大都市，接受了更多新生事物，所排斥的不仅是父辈们的劳苦，更有企业从事低端制造业乏味单调的节奏，他们对股票、证券、投资、信息等自由度高、报酬丰厚的工作更为神往，有的喜欢文学、音乐、社会学、舞蹈、艺术，有着与父辈全然不同的志趣与爱好。

近年来，"富二代""子承父业"造成的问题逐渐显露出来：

第一，能力普遍偏弱：一般"富二代"在工作能力上普遍比不上其父辈，无论是接受高等教育也好，还是经过专门的"总裁班"训练也罢，"阿斗不及刘备"是一种普遍情况。

第二，兴趣不在企业：越来越多的"富二代"兴趣不在父辈事业上，对继承家业缺乏兴趣，即便勉强上阵应付，由缺少激情和执着，工作难见成效，对企业和“富二代”都是一种折磨。

第三，彼此矛盾冲突：如果老板有数个子女均在公司，子女之间的关系通常都极难相处，彼此之间互不服气，每个人都希望由自己来决策，对方去执行，高层很难形成统一的意见，内斗成为工作主旋律。

第四，代际观念冲突：两代人由于教育背景、生活不同，管理观念存在极大差异。儿子说父亲是守旧的土财主，父亲说儿子假大空、纸上谈兵。

“富二代”一般有较强的个性，缺乏自我节制与妥协能力；“二代”从小耳濡目染，视野开阔、见多识广，习惯于呼风唤雨、吆三喝四，喜欢成为核心人物；“二代”与其“草根”父辈相比，缺乏从事第一线生产、营销、业务等苦难的磨炼，大学毕业后即进入企业担任高管，由于他们的“富二代”身份，在公司里往往受到众人迎合，无法真正体味到职场的残酷、压力和委屈，他们看到的一切都透过了玫瑰色眼镜，决非真正的世界。

20世纪三四十年代中国民族工商业者的后代大都继承父业。新中国成立后，军人后代大都选择参军，但这完全不是因为他们有实业救国的理想和驰骋沙场的志向，而是因为当时社会可供青年人选择的机会极少，继承父业和参军往往是年轻人唯一出路。今非昔比，改革开放三十多年后的中国，经济社会形态日趋多元化、复杂化，可供年轻人选择的机会不胜枚举，个人志趣得到实现的可能性越来越大。在这种情况下，凭什么还要委屈自己去做与自己少年梦想不一致的企业家呢？民企“二代”普遍不愿接班恰恰说明了当代中国社会正在迈向文明与进步，更说明了“子承父业”的血缘传承模式体内的违反人类自然天性的特质。

综上所述，华人企业普遍存在着“上一代人不愿交班、下一代人不愿接班”的“双不现象”，最终导致了一种对企业顶层设计“不重视、不理会”的极端不负责的“双不状态”。

第四节 “晟通奇迹”的传承忧思

2011年，湖南晟通集团以年营业额159亿元第一次进入“中国民营企业500强”，名列第452名；

2012年，湖南晟通集团以年营业额220亿元第二次进入“中国民营企业500强”，名列第407名；

2013年，湖南晟通集团以年营业额262亿元第三次进入“中国民营企业500强”，名列第383名；

2014年，湖南晟通集团以年营业额289亿元第四次进入“中国民营企业500强”，名列第119名；

2015年，湖南晟通集团以年营业额353亿元第五次进入“中国民营企业500强”，名列第104名。

短短5年时间，从“中国民营企业500强”第452名到第104名，晟通集团可谓是中国本土企业一颗迅速崛起的耀眼明星，一路披荆斩棘、乘风破浪，创造了“晟通奇迹”。它有两大突出亮点：

第一，8年进入500强：它是中国大陆唯一一家从零开始创业起步、仅8年就进入“中国民营企业500强”的企业，堪称“中国企业先锋部队”，崛起之强劲、发展之神速、增长之迅猛，不仅国内没有第二家，世界也无第二家。

第二，真正军事化：它是中国大陆一家实施军事化管理的企业，企业的任何一个层面都浸透着浓厚的军队管理文化，其军事化程度超过大陆的台资企业富士康，有些方面甚至超过中国正规部队。

晟通集团2003年开始创业，资产100亿元，员工4 000人，主营双零箔、空调箔、铝箔、铝型材、铸轧卷，为航空航天、电子、交通、家电产业提供高档铝材。“双零铝箔”及“低铁低硅铝锭”市场份额及质量居全国第一位。集团有“长沙产业园”和“常德工业园”，形成“火力发电—

阳极—电解铝—铸轧—冷轧—箔轧加工”一体化全套铝材产业链。

由于发展迅猛，政府官员常来视察。2015 年 9 月，李瑞师作为湖南企业代表团成员，随行中国企业家代表团访美。

李瑞师，晟通集团董事局主席兼总裁，1950 年出生，湖南大学及中南大学兼职教授，曾被评为“湖南十大新闻人物”“湖南优秀企业经营者”。晟通文化“激情、智慧、坚持”体现在李瑞师撰写的《激情、智慧、坚持》一文中，此文号召员工们以高昂的激情、非凡的智慧和坚持的态度去面对、克服、战胜困难。

晟通最大的优势是政令统一、权力集中、执行力强、老板决策迅速有效地被贯彻。老板有自己的一套哲学，让员工们奉为信条。正因为如此，晟通从 2003 年进入铝材行业，年均增长率超过 50%，仅用 8 年时间就杀入“中国企业 500 强”，如此强劲崛起之企业，中华大地仅晟通一家、仅湖南一省、仅李瑞师一人。

任何企业有优点也有缺点，在我们对晟通投去赞赏目光的同时，它的致命缺陷也同时尽显在我们的视野中。事实上，晟通最大的优点也是它最大的缺点。概而论之，晟通有两大正面亮点的同时，也有两大负面的危险红点：

第一，威权主义文化：晟通军事化管理模式造就了一种高度威权文化，一种超强的执行力，整个集团公司只有一个思想、一个意志、一个主张、一个中心，一切事务都由李瑞师一人决定。

第二，财富传承隐患：2017 年李瑞师 68 岁，既无接班人的人事安排，也无最高权力交接顶层制度设计。集团内无人知道李总裁的接班人是谁，更无人知道新领导人以何种方式产生？权力多大？任期多长？

李瑞师每天早上 9 点到办公室，开始接待由秘书安排好的一个又一个请示汇报者，到 12 点结束；下午从 3 点开始，又有一个个下属接踵而至，到 6 点结束；晚上从 7 点开始，一拨又一拨的人又鱼贯而入，直到夜晚 12 点结束。每天至少与 10 个人谈话，一年四季天天如此。总裁办公室秘书统计过：2012 年，李瑞师总共开了 1 000 多个会，每天至少开 3 个会。一个

65 岁的老人，每天至少接待 10 个人，开 3 个会，如果平均与一个人谈话 10 分钟，一个会平均 20 分钟，那么计算一下，除了睡觉外，李瑞师还有多少个人休息和思考的时间？

笔者几位从晟通离职的朋友对李瑞师共同评价是：为人正直、心地善良、公正无私、说话算数、军人品行，深得员工拥护和敬重，给部下的待遇从来都是给予的比要求的多，最可贵的是他的人格及道德魅力，要求下属做到的自己首先做到。但是，他最大的缺点是过于强势，当他的下属只有安全感、没有成就感。他更像万事一人裁决的诸葛亮，而不像给部下最大发挥空间的刘备。

曾在晟通任 4 年高职的一位朋友对笔者说："李瑞师人品很好，对下属十分体恤，在待遇上给我的比我要求的多。但是，钱不是我的最高诉求，我离开晟通的原因只有一个，那就是跟他在一起时间一长，我变得没有自己的思想了，我失去了自己的独立意志和主张，只是老板意志的执行者，我不再是我自己了。"

晟通曾引进过一批博士学历的海归人才，大都黯然离去。有个性、有思想、有独立思维者大都难留住。不仅如此，主持日常工作的副总裁经常更换，今年你上来，明年他上来，一年换一次或两次实属正常，换来换去让员工们眼花缭乱，不知到底谁是现任副总裁。从 2008 年起，陆续有一些元老级干部离职，晟通高层干部不稳定是行业内公认的事实。

2013 年 9 月，晟通集团在猎聘网上招聘"汽车公司总经理"，汽车公司总经理并非一定需要对外引进的高技术专业职位，一般公司完全可以内部选拔。这说明一个问题，公司内部高层人才缺乏，集团二级公司总经理需要对外招聘，仿佛一国海军因内部无才而对外招聘航空母舰舰长一样。众所周知，"辽宁号"舰长是内部选拔。

另一方面，晟通底层员工流动性在全国同行企业中又是最低，集团在工人薪资福利、劳动保护、劳动条件、《劳动合同法》执行状况方面，在同行企业中最人性化、最规范化、最遵守国家法律，在当地社会口碑也最好。

李瑞师曾多次在晟通干部会议上讲："我已经把晟通带进了中国500强，我希望再把晟通带进世界500强。"

2015年世界500强的最低年收入门坎是15 000亿元人民币，以晟通2015年353亿元收入来看，要进入世界500强，年收入须再提高约42倍。如果年收入提高10倍，达到3 530亿元，李瑞师有生之年应该可以达成目标。但要增长42倍，就算68岁的李瑞师还能工作10年，一个企业10年营业额增长42倍，世界上尚无此先例。而且，10年后世界500强的准入门坎必然提高，可能提高到35 300亿元，那就远不止增长70倍了。李瑞师如果理性一些，就应该认真考虑一下自己身后由谁来把晟通带入世界500强的大事了。

李瑞师有一个儿子，年龄40岁左右，本科学历，在晟通某二级企业担任一个普通中层管理职位，从种种迹象看，李瑞师并无意让儿子接班。自然，这免去了晟通成为家族企业的担忧，却反而带来了更大的担忧。如果李瑞师让儿子接班，放在集团常务副总裁的位置上，虽然是家族企业，但至少在最高领导人突然不测时还有另一个主心骨撑舵，而李瑞师身后空空，没有总裁不在时由谁全盘负责的明确制度规定，如总裁突然不测，则公司群龙无首，谁也不服谁，集团上下乱哄哄的谁说了算？

截至2016年底，公司对总裁接班人问题仍然是既无制度设计，也无具体人事安排，甚至在公司正式会议从未听李瑞师谈及这一问题，这在晟通已成为一个十分忌讳的敏感问题，无人提出、无人讨论、无人策划设计，全然一片空白。在晟通，李瑞师个人股权形成绝对控股，零散的小股东无法构成对其的制约，这样危险就更大了。

晟通一位现任高管在与笔者谈及公司接班人问题时说："李总虽已68岁，但身体极好，能打球、能游泳、能参加公司旅游，精力十分旺盛，像58岁的人一样，再工作10年不成问题，10年之后再安排接班人问题也完全来得及。"

这种观点是晟通一般高管及李瑞师本人的一致思想，在这种思想看来，企业更换接班人并不是一个复杂、高风险、高难度的系统工程，而是像更换机器上一个零件一样，只要把旧零件卸下，再把新零件拧上去，一分钟就结束了。只要在董事长退休前一天找来被选定的接班人，开个会宣布一下，第二天老董事长退休离开，一切大功告成。

1999 年美的集团董事局主席何享健开始着手接班人 10 年布局时仅 58 岁，身体状况比 68 岁的李瑞师要好得多。把企业命运完全押在一个不可替代者的个人健康上，这实际上是一种对企业极不负责任的态度，也是对这个人本身极不负责任的态度。

早期创业时，李瑞师思想就像很多人所说的，只有曾国藩，没有梁启超。而从现在看来，曾国藩，并没有设制一套现代政治体制来挽救清王朝。曾国藩只是一盏微弱的油灯，灯光在黑夜中闪烁摇曳一阵，又迅速熄灭，之后，仍然是漫漫长夜。曾国藩的思想在于择人解决当前面临的各种问题，而梁启超的思想在于建立民主政治、建立可以传承的共和体制。曾国藩着眼点在于“现在怎么办”，梁启超着眼点在于“以后怎么办”。

事实上，不仅李瑞师，湖南企业家中，包括三一重工的梁稳根、中联重科的詹纯清、远大空调的张跃、曾氏铝业的曾小山，无一不对曾国藩的价值观念有着浓厚的兴趣，而且经营中的一招一式无不带有曾氏特色。无论嘴上怎样说着敬佩韦尔奇和松下幸之助，骨子里还是有崇拜曾国藩之处。他们对曾国藩的治军方略有推崇，对梁启超的三权分立及民主选举观点十分隔膜。因此，看着 68 岁的李瑞师仍在满怀激情、充满智慧地运筹帷幄、排兵布阵，而对企业顶层设计及千年传承大业全然罔顾时，也就不难理解其中的缘由了。

从以上可以看出，曾国藩更多的是运用了儒家提倡的“修身、齐家、治国、平天下”的思想，但他的专制主义也在其中，并无现代民主体制设计元素，浸入太多容易导致中国企业家群体对资本体制传承产生冷漠的态度，如果陷入其中无法自拔，最终也会毁了中国企业整体向上发展的实力。

以晟通目前的顶层权力模式，2017～2027 年是生死攸关的关键 10 年，

68 岁的李瑞师的有效精力尚能支撑 10 年。很难想象，2027 年，一个 78 岁的老人每天还能开 3 个会、与 10 个人谈话。因此，李瑞师未来 10 年的思维方式决定着晟通今后 50 年甚至 100 年的命运。李端师如果仍然以在自己将晟通带入世界 500 强为最终目标，仍然像老将黄忠一样举着大砍刀冲在三军最前，每天仍然开 3 个会、接待 10 个人，完全不建立体制型权力交替制度，不作具体的接班人事安排。10 年后才开始交班布局，才开始与时间赛跑，那时，获胜的或许就不是李瑞师，而是时间了。那时会出现以下两种情况：

第一，突发危机灾难：10 年或 15 年后的某天，老人突然因不堪重负而病倒，由于没有既定的最高权力接替的制度设计，也无既定的具体接班人，谁也不服谁，公司顿时群龙无首，无人站出来主持大局，企业陷入重大危机，秩序大乱，要么立即破产倒闭，要么元气大伤。

第二，接班危机灾难：10 年或 15 年后的某天，几次小病之后，老人渐感身体大不如从前，突然意识到接班人的重要性、迫切性，便开始解决接班人问题。但是，由于过去 20 多年的军事化集权管理，像周培公、姚启圣一样让康熙又敬又恨又无奈的独立型人才要么进不来，要么早已离开。环眼四周，在公司生存下来的干部大都是服从型人才，缺乏独立思想和坚定意志，整个集团公司只有“羊”没有“狼”，无一人能担当重任，这一点颇像拿破仑时代的法国高级将领的“羊”型性格。岂止晟通，中国集权式统领的公司里能长期生存下来的人都是“羊”，而矛盾之处在于，一旦老板隐退时，最需要的不是“羊”而是“狼”，这时，又到哪里去找“狼”?

这时只有两个办法：一是，矮个子里选高个子：从内部现有矮个子干部中挑选一位相对高一点的人来当接班人，但是，这种做法局限性太大，在矮个子中选高个子，选出来的仍然是矮个子；二是，招聘“空降兵”：面向全社会招聘企业领袖，这种做法固然能招来高个子，但是，“空降兵”进来，没有数年的考查、适应与磨合，难以掌控大局，而老板已年近 80 岁，不可能再给“空降兵”10 年的适应、磨合时间，“空降兵”必须立即投入战斗。于是，最可怕的事情发生了：“空降兵”的品德、能力，与企业现有文化适应度、被拥戴度全部是未知数，对企业内外情况不熟悉，对行业技术不了解，完全没有过渡期和适应期，犹如男女认识第二天就结婚。此外，为配合最高权力交替，企业必须制定一套全新的最高权力架构运作制度，而所制定的最高权力架构运作制度尚未经过时间检验，是否会被遵守、谁来监督、是否可行也是未知数。所有这些因素加在一起，危如累卵、极易翻船，而一旦翻船，对企业就是致命灾难。当然，选错领袖还可以更换，但问题在于，老板年龄越大，权力必然越多地转移给新领袖，而对于一个企业手握实权的领袖人物，不可能像汽车配件一样说换就换，对其的撤换相当于更换国家元首，而一场政变过去，企业必脱掉两层皮，轻则元气大伤，重则倒闭破产。

事实上，中国企业大都在财富传承设计上呈现一片空白，都没有建立接班体制，都是只醉心于项目投资、扩大生产和提高销售额，企业的接班安排只是到了老板衰老到实在干不动的时候的一种无奈之举，从来没有老板在身体健康时将它作为一种百年工程进行未雨绸缪地布局筹划。中国人最不会、也最不愿意的未雨绸缪就是对财富传承的未雨绸缪，晟通不过是其中一个典型代表，了解了晟通的接班计划，就了解了99.9%的中国民营企业的接班计划。

晟通的管理、战略、运营、发展等各方面都走在800万中国民营企业的最前面，晟通的最大优势就是它的男性十足的“曾国藩湘军血气”，它是中国企业的骄傲。但是，财富传承设计的空白，没有接班体制设计，谁也不敢说20年后晟通不会像亚细亚集团和德隆集团一样，成为中国企业发展史中的一个难忘而美好的回忆。无论晟通在其他方面如何超越目前民营企业自身发展的环境，在企业传承方面却与800万企业完全一样，只要这一点不改变，最终的结局也会是一样的。

第五节　老板生死决定企业生死

“老板生死决定企业生死”的情况是华人企业的独有特色。

2009 年 8 月 17 日，香港“铜锣湾大地主”利希慎家族第三代传人、55 岁的希慎兴业公司主席利定昌在浅水湾家中去世。利定昌死亡十分突然，此前没有任何迹象，利定昌的突然逝世对希慎集团来说无疑是一场地震。

利定昌祖父利希慎 17 岁随父亲从广东到香港生活，利希慎父亲开始时从事批发内衣、布料及丝绸生意，后营办鸦片烟业务，取得澳门入口、提炼、转口及零售鸦片专利权。利希慎在父亲死后子承父业，成为在香港及澳门地区地位显赫，身家过亿的大亨，主要从事物业投资管理业务，铜锣湾希慎道即以利希慎命名。希慎集团在铜锣湾坐拥 10 幢写字楼与商场收租。2009 年，希慎集团市值 230.6 亿港元。

1998 年，利定昌加入希慎集团董事会，一年后获委任为常务董事；2001 年获委任为主席，也出任国泰航空、中电控股、恒生银行等的非执行董事及多家公司董事。利定昌任职后，为了让公司实现专业化管理，锐意摒除“浓郁的家族色彩”，目前，董事局内执行董事大部分已并非利家成员。美国《福布斯》2012 年公布的中国香港富豪榜上，利定昌排名由第 31 位上升至第 26 位。

2007 年 5 月初，公司总经理利子厚在股东周年大会上自愿退任，留任董事。2007 年希慎集团就董事总经理一职进行全球招聘，但一直未招到合适人选。

利定昌突然逝世，希慎集团迅速做出调整，希慎集团 2009 年 10 月 18 日公告，董事会委任 81 岁的独立非执行副主席钟逸杰爵士为代理主席。钟逸杰曾任香港布政司司长。

2014 年，钟逸杰 86 岁，希慎集团的真正接班人至今未定，整个集团目前处于一种混沌不清、前景不明的过渡期。公司匆匆委任钟逸杰做署理主席，再辅以董事局内三位利家中人监督公司运作。然而这三位利家人中，50 多岁的利宪彬和利干分别有自己的电视公司和投资公司，70 多岁的利德蓉是一位医生，分身不暇。离开公司两年却经验丰富的利定昌堂兄利子厚顿然成为接任主席的大热人选。

利定昌挽歌颇为凄凉，公司未来也十分模糊。谁来接掌利希慎家族产业？截至2016年，这一问题仍不明朗，希慎集团员工在期盼，整个香港在期盼。在这一问题落实之前，希慎集团的一切长远战略工作都处于停顿状态，目前仅仅只是维持日常运作。

香港希慎集团与整个华人世界企业一样，都存在着一种对企业接班人问题的漠视态度，既无接班规则，也无接班规划，把全部重心放在经营层面，一旦出现最高权力真空，则手忙脚乱、束手无策。

2009年7月，87岁的何鸿燊在家中因中风晕倒撞伤头部，入院接受开颅手术，经过了两次手术以及钻孔放淤血抢救，从赌王脑内取走一块血块，赌王奇迹苏醒。

2011年1月，何家公开上演争产风波。何鸿燊有4位太太及17名子女，包括原配夫人黎婉华、正式注册的蓝琼缨，还有公开承认的“三太太”陈婉珍和“四太太”梁安琪。她们目前分掌澳博控股、信德集团及新濠国际。“四房”纷争终于公开化，在妻妾们为了争产闹得不可开交时，何鸿燊公开谈话都前言不对后语，已无力阻止“四房”纷争了。

何鸿燊在澳门及其名下香港信德集团业务深入航运、地产、酒店及娱乐等多行业，在港澳称得上是顶级大企业，近年来还在香港、台湾、大陆投资，成为商界巨人。何鸿燊跻身港澳十大超级富豪之列，稳坐澳门首富宝座。何鸿燊财富最高峰时，他控制着5 000亿港元资产，个人财富达700亿港元。

何鸿燊的健康状况已不是他自己的事情，甚至不只是其家族“四房十七杰”的事情，还涉及H股上市公司和诸多股民利益，在金融市场上，住院的消息一度引起其旗下上市公司股价的下挫。

与同时代的华人老板一样，何鸿燊过去一直未就企业权力交接及财产分割做出正式、全面的终极规划安排，一切皆是悬念、皆是未知。

何鸿燊曾说过，他尽管有着西方血统，骨子里信奉的却是不折不扣中国传统“家天下”的思维，笃信“多子多孙多福气”，希望让多名妻子儿女都进入企业，各自拥有自己的资源。显然，西方血统的何鸿燊已被中国传承文化同化。

为扶持儿子何猷龙接班，何鸿燊早已做出部署，新濠国际自成一国，完全由何猷龙主持。然而，新濠国际只是何鸿燊财产的一小部分，何猷龙远未能承继父亲的全部产业。按道理，一个90多岁的老人早应将一切安排妥当，但十分遗憾，此事至今仍无答案。

何鸿燊入院以来，何家四房子女均轮流在不同时段前往探病。长房子女经常负责通宵陪伴，而四太太多在晚上到访，三太太常在上午探病，子女们则不定时地前往。常常出现的是这样的情况：三太太陈婉珍前往医院探望离开后，四太太梁安琪又进入医院，之后是二太太蓝琼缨到医院，其后是何超琼、何超英及何猷龙夫妇相继抵达。

在此，他的家人都在考虑一个问题，一旦老爷子离开，采用什么样的办法来获得自己那一份。

2010年底，何鸿燊给澳门著名律师高国骏递交了一份“遗产分配档”：将自己的财产平均分配给自己的四名妻子。何鸿燊说，这一直是我的本意和愿望。

2011年1月30日晚11时，电视上又播放了一段高国骏律师宣读声明的录像，声称何家开了一次全体成员会议，大家原则上达成共识，将按何鸿燊意愿将财产平均分配给四家人。

1月31日，电视上又播放了一段画面：二房、三房出示了一份文件，是何鸿燊于1月27日签署的《终止诉讼通知书》，《终止诉讼通知书》内容：1. 二房、三房曾向他全面详尽地请示过有关Lanceford的财产重组事宜，并取得他的同意；2. 整件事件无任何“抢劫”“欺诈”或“违背诚信”的情况；3. 自己过去没有经过深入了解和沟通，采取了不必要的法律行为，现在全部撤销。

从上述整个过程可以看出，何鸿燊财富传承方式完全是中国式：①未实行现代企业顶层设计，实行职业经理人制；②无日本式“财产唯一继承文化”。

2002年8月12日，东北著名房地产公司、大连新型集团董事长孙生有辞世。此前的6月22日，老人自感来日无多，曾立下遗嘱：第一，在其往生后任何人不得分割其在公司45%的股份；第二，女儿孙迎霞继承这45%的股份，并由其接替董事长职务；第三，其他财产由孙迎霞负责分配；第四，董事会成员要精诚团结，把新型集团建成百年企业。

孙生有育有三子一女，长子孙才科，次子孙才伟，三子孙才奎，女儿孙迎霞，孙生有更欣赏女儿的人品及能力。奇怪的是，在此之前，孙生有从未正式召开过家庭内部会议宣布此事。

然而，纵然众人并未怀疑孙生有立下遗嘱的真实性，孙迎霞也没能像父亲安排的那样顺利接管公司。对于孙生有的遗嘱，三个儿子一致强烈反对妹妹孙迎霞上任。无奈之下，孙迎霞只得决定退让。

2002年11月，孙迎霞把自己拥有的新型集团的股权全部转让给集团，父亲孙生有的45%集团股份按法定继承分割，股东结构变为：孙才科57.1%（代表员工持股），杨玉卿（孙生有之妻）27.3%，徐金花（孙生有母亲）、长子孙才科、次子孙才伟、三子孙才奎各占3.9%，孙才科成了新型集团董事长。孙生有的遗嘱被完全推翻，没有一项内容被执行。

2004年8月，孙家次子孙才伟突然因病去世。孙才伟妻子和孩子孙明华、孙明中找到董事长孙才科，要求继承孙才伟在公司中的股份，遭到孙才科拒绝。不久，在集团任财务总监的孙明华被孙才科一纸通知解聘。

2006年1月，孙生有之妻杨玉卿去世，此前的2005年1月，杨玉卿曾在大连市公证处立下遗嘱：其在公司持有的27.3%的股份全部交由孙才科继承。老太太与老爷子一样，也不正式召开家庭会议宣布此事，而是留下一张“神秘之纸”等过世后再交给大家。孙才奎、孙迎霞以及孙才伟子女孙明华、孙明中在老人去世20多天后方知有此遗嘱，他们立即向孙才科提出抗议，明确表示公证程序有瑕疵，遗嘱是孙才科一手策划出台，非老太太之本意，因此不予承认。

在大家一致对老太太遗嘱的真实性表示怀疑的情况下，孙才科断然在工商登记部门按照遗嘱变更了股权登记。万般无奈之下，孙才奎、孙迎霞、孙明华、孙明中走上了诉讼程序解决继承权问题的艰难之路，截至

2016年底尚无最终结果。

孙生有、杨玉卿移交财富的方式是：决不公开召开专题会议，尽量避免生前发生与利益受损者面对面的尴尬，而是让问题始终神秘莫测，直到临终前才写下一张“神秘之纸”藏起来，死后再予公开，此时，利益受损者再有责难也无法找自己理论了，而“神秘之纸”上的内容之后又全部被人推翻。孙生有在“神秘之纸”中写道，“把新型集团建成百年企业”，但是，他的这种交班方式本身恰恰就阻碍了新型集团成为百年企业。这就是中国人财富传承最常见的现象，传者总是在逃避责难和责任，承者总是在揣测和质疑传者的传承方式及内容，一切都在黑暗诡异中悄悄地进行着。

华人企业对老板的健康极为敏感，随着老板的病危、痊愈或死亡，企业股票会紧跟着大跌或大涨。老板病危往往引发企业内部巨大恐慌，企业高管及家族成员即开始准备退路或安排新出路；老板痊愈又会像太阳升起一样温暖人心，让一切迅速平静下来，恢复常态；过去埋藏在地层下的东西全部浮上来，这一切和企业内部人员的利益联系在一起，结局必然是几家欢喜几家“走”。而且，大亨们更愿意选择“遗嘱”的方式隐秘完成死后财产分配难题，在中国家族企业里，家长权力得以确保的一个原因是没有明文规定谁将接管家庭的哪部分财产，必须靠家长以“隐秘遗嘱”方式决定，而这种“隐秘遗嘱”方式往往为家族日后纠纷埋下隐患。

2001年7月，青岛啤酒公司董事长彭作义心脏病突发死亡，由于没有权力移交规则和规划，青岛啤酒用了一个月时间才为自己找到了新的带头人，数月之中，青岛啤酒股票及营业额一落千丈；

2003年3月，温州泰昌集团董事长张贤瑞因交通事故去世，公司资产4亿元，正打算出国留学的儿子张鹏飞回到温州接任董事长职务，张鹏飞1985年出生，只是一个高中生，公司业务额直线下降；

2003年8月，山西海鑫集团董事长李海仓遇害，集团资产40亿元，死者未留遗嘱，在美国留学的其子李兆会赶回继承父亲巨额财产。李兆会成了中国“独生二代”第一个接班人。23岁的李兆会完全不知如何工作，公司销售额大降；

2004年，温州均瑶集团董事长王均瑶病故，40%的集团股份由其正在初中读书的13岁长子王瀚继承；

2004年11月，上海复旦复华科技股份有限公司董事长兼总经理陈苏阳在东航包头空难中意外辞世，在此之前公司未作董事长继承人安排，一时间公司群龙无首，内部管理大乱；

2008年4月，上海涌金投资公司董事长魏东自杀身亡，未留下遗嘱，接班人未定。涌金身后是数家上市公司、数百亿元资产。2009年1月，证监会宣布魏东之妻陈金霞继承湖南涌金66.5%的股权及九芝堂集团26.93%的股权。此前陈金霞从未涉足商务，继位之后企业毫无战略目标，业务额大幅度下降；

2008年4月，广西北海市北生药业的董事长何玉良在北京突然去世，享年53岁。何玉良25岁的女儿何京云匆匆从英国辍学回国继承父业。据悉，何玉良去世时未留下任何遗嘱，何京云刚开始工作时一头雾水，企业效益狂跌；

2010年4月，江民科技创始人兼董事长王江民在北京逝世。王江民财富过亿，生前未作董事长继承人安排，企业效益一时呈直线大幅度下跌；

2012年5月，厦门万利达集团创始人、董事长吴惠天离世，享年70岁。吴惠天位列2010年福布斯中国富豪榜第393位，总资产达到36亿元。此前，万利达既无“权力移交规则”又无“权力移交规划”。企业一时效益大跌。

上述企业的共同特点是，老板生前从未做过企业顶层设计，也未指定接班人，总认为死亡是一件十分遥远的事情，而一旦突然离逝，身后留下一大堆问题：权力继承人是家族内部产生还是职业经理人？在继承人最终选定下来之前，繁杂的日常事务谁来处理？复杂的股权分配怎么处理？巨额债务如何偿还？被房地产商套牢的几个亿投资怎么办？企业下一步战略谁来制定？家族成员与外来股东的股份纠纷如何处理？企业主个人财产如何继承？家庭财产如何分割？如何处理一同创业的亲友的经济利益问题？企业主子女的安排和抚养问题怎么办？

本应由老板安排的这些问题，随着老板的离世而悬在空中，无人对此负责。所有故事都是离者突然走开，没有继任者，或继承者无思想准备仓促上任。大部分离开人世的中国企业家都没有给继任者留下足够的准备时间，大部分人连对继承人的临终嘱托和交代后事的程序都没有。仓促上任者良莠不齐，未经过的必要磨炼和训练，大部分接班人先前并无相关经验，兴趣志向也不在此，只是“被接班”。

前面列举的例子只是因为企业主突然死亡而将问题暴露出来，大部分企业则因为企业主尚健在而将问题隐藏了起来，但是，隐藏并不等于不存在，他们的头顶上始终悬着一把“达摩克利斯剑”。

通过法律手段提前制订公司接班人计划，在中国企业仍是一个敏感的忌讳话题，父辈们认为这是一种“逼宫”行为，同时也担心晚辈们的能力。老人健在时，老人和子女都不讨论企业继承问题，一旦老人突然离世，企业便一片混乱。

国内某机构在一项对“中国企业500强”负责人的调查中，结果出现了“双零”。第一个“零”：在“您认为公司股权继承问题是否重要”，所有人的回答都是“重要”，选择“不重要”的人数为“零”；第二个“零”：在“您是否已对自己在公司中的股权继承问题预作安排”，所有人的回答都是“没有”，选择“有”的人数为“零”。这说明中国企业主极为矛盾的双重态度和口心不一的性格特征，既认为重要，又不采取实际行动进行安排。

从全局来看，华人企业传承呈现出一种“双无”现象：无权力移交规则，无权力移交规划。企业主对权力移交问题仍是持一种漠视态度，在对权力继任者的选择方式、培养机制和上任方式的安排上基本上是不成熟的、盲从的、杂乱无序的、非理性的、无规则的和不负责的。“双无”现象自然产生“双临头”现象，即企业主平日里眼睛只盯在事务性工作上，只有在“事到临头”或“死到临头”时才开始匆忙安排接班人，而这时安排接班人往往面临三大危险问题：

第一，由于从未作预先安排，交接临近之际一时无接班人选，无法交班；

第二，确定接班人选后，由于事先毫无准备，接班人需要一个适应期，适应期也是企业的高危期；

第三，由于时间仓促，企业对接班人品德和能力不了解，选择错误后，接班人将企业带入死路。

“双无”原则必然面临“双临头”困境，而一旦面对“双临头”困境，企业距倒闭就只有一步之遥了。事实上，在“事到临头”或“死到临头”时才开始安排接班人还算幸运，很多企业主连“双临头”都没有，更没有写下“神秘之纸”，往往是在未安排接班人的前提下突然死亡，死后才由别人来为自己安排接班人，

“双无”现象应归因于三个因素：

第一，企业主认为自己还不算老，身体无大碍，还能支撑若干年，没有必要急于安排接班人；

第二，华人企业普遍缺乏西方企业权力交接机制的文化传统，企业主认为一切可“到时候再说”；

第三，在企业主内心深处，企业是自己的，不是他人和社会的。在潜意识里，一旦自己死去企业是否存在意义已不大，没必要为死后的企业做各种安排，因此才会出现“皇上”死的前一个小时才任命“新君”的不负责任的做法。

华人企业交接班“双无”现象是中国传统政治文化的一部分，早在三国时代就是如此，诸葛亮虽堪称蜀汉人杰栋梁，却在自己的接班人问题上采取无权力移交规则、无权力移交规划的“双无”原则，环视蜀国全国，无一人能担丞相重任，待孔明垂暮之年时，面对“蜀中无人”的窘境，只好让降将姜维为自己的继承人。让归降人员担当己方军事长官的做法是孔明一生最大的败笔。

华人企业主内心深处根本不愿意权力传承“规则与规划”，但自己的年龄又在一天天增长，生老病死总逃脱不过，企业届时又交给谁呢？缺乏企业接班规则和规划，是全球70％被淘汰家族企业败亡的最大原因。无“后继任期”模式是最可怕、最不可取、最易发生大动荡的模式，会给企

业带来极大的不稳定和危险。大量中国企业交接班事实表明，小部分企业成功地完成了交接班，小部分企业因交接班的失败而倒闭，大部分企业因交接班不成功而元气大伤，另一部分企业的交接班不明朗，处在混沌状态中。最要命的是，接班人无“后继任期”。

“后继任期”是指企业继任过程中，继任者已经进入、交接者尚未完全退出的阶段。西方家族企业往往有较完整的继任者训练计划，继任者在进入本企业前要在其他企业工作和锻炼数年，进入本企业后也需在多个部门管理职位上历练数年。西方企业“后继任期”时间平均在5～7年，继任者在企业内部各部门担任管理岗位数平均应在7个月左右。相比之下，中国企业继任者的“后继任期”平均值为2.88年，“后继任期”明显不足。

无论在港、澳、台，还是大陆内地，由于典型的中国式“人治”型企业顶层设计，企业创始人或企业主的身体状况始终是企业里最重要、最关键、最敏感、最具决定性的要素。既是“人治”，“人”就是企业里唯一的决定要素，而一旦人死，治也就无从谈起，老板的生死决定企业的生死。事实上，“人”最不放心的也是“人”，企业创办人往往80高龄仍不交班，原因就在于对自己接替者不放心，对完全是“人”对“人”的权力移交方式不放心，对全无体制、规则与机制保障的交接模式不放心。对于一个在商场功成名就的大企业家而言，无论他做过多少让企业走向兴旺的事情，而自己死亡的这件事本身就会成为企业走向败亡的开始，华人企业往往是老板的生死决定企业的生死。

第二章　华人财富传承交接之路：华人企业这样传承

“中国不知为什么，有限公司总不能赚钱，一所公司才成立，则各董事无一不将自己家族亲戚拉入公司，使其吃公司饭，‘皇亲国戚’们每天只是叼叼烟卷，拿拿干薪罢了，像白蚁蚀巢一样，结局就是将公司吃倒吃垮。”

——日本学者内山完造

中国古代建筑中最优美、最精深、文化含量最高的不是故宫、不是长城，更不是敦煌，而是阿房宫和圆明园，而这两处伟大建筑如今都已不复存在。阿房宫遗址上的千年泪雨和圆明园遗址上的百年伤痕告诉我们，世界任何一种文明和文化的价值和意义不在于它一度的灿烂，而在于它的千年传承和万年存留。

市场经济的实质是20%的创新加80%的积累，真正对经济起决定作用的是具有百年生命力的大型企业财团，因为长寿，才具有持续的经济浸透力，才会将其影响力延伸到社会每个角落。而华人社会新企业永远多于老企业，企业不断创立后又不断倒闭。

社会财富总是不停地诞生和创新，又不断地断裂和败损，无法延续，更无法增长，大量社会资源在财富交接的震荡中被葬送掉。

第一节　清代大富豪的败落

笔者外祖父的祖父徐华清博士是清政府的“总理医政”，是中华民国北洋政府的“军医总监”，是中国第一所军医学院“北洋陆军军医学堂”的首任校长，是中国红十字总会首任理事长，被誉为“中国军医之父”，与笔者有五代之隔。在这里，我把徐华清的家业、即笔者母亲祖上家业兴衰详细过程写出来，从中可以再清楚不过地看出华人财富传承失败的一般规律。

徐华清，字静澜，1861～1924年，生于广东梅州五华县安流镇楼光村。幼年家贫，颠沛流离，12岁孤身去香港与父亲一同打石头挣钱，后经英国牧师介绍读香港“皇仁书院”，毕业后考入香港大学医科专业，与孙中山是共校同学。1883年恰逢洋务运动，徐华清被清政府官派赴德国学医，与段祺瑞同船同舱前往德国。

徐华清获德国医学博士学位后，于1889年返国，在京津一带行医，由于国人对西医十分隔膜，其客户主要是京津地区的外国人。由于李鸿章主办洋务，与京城洋人多有往来，因而结识徐华清。1891年，慈禧太后患乳疾，宫中御医害怕承担责任而开一些治不好也吃不死的药，眼看着“老佛爷”危在旦夕了，这时，经李鸿章与袁世凯保荐，徐华清奉召进宫为慈禧太后诊治。徐华清妙手回春，药到病除，使慈禧太后迅速痊愈，西太后大喜，赏赐黄金一万两，并敕封一品花翎顶戴，官拜大清“总理医政”（相当于今天的国务院卫生部长），主持全国医务。

时来运转的徐华清定居天津，并买下天津红桥区二马路三条胡同50多套房产为私人产业，取名为“树德里”，将广东梅州的原配童养媳夫人廖氏接来天津。时值蔡元培家人患重病，遍访京城名医久未治愈，徐华清诊断后不日康复。从此，徐华清与蔡元培成为至交，遂娶蔡元培养女吴氏为二姨太，两人攀上亲戚。

原配夫人为徐华清育有三名子女，二姨太为徐华清育有四名子女。然而，原配夫人廖氏与二姨太吴氏关系极难处。廖氏是十足的乡下女人，与徐华清一起讨过饭，从未读过书，脾气大、火气足；而二姨太吴氏从小在蔡元培文化家庭环境中长大，读书至高中，是喝墨水长大的京城才女，见多识广，根本瞧不起乡巴佬廖氏。无奈之下，徐华清只得将原配夫人及子女送回广东，并在广东梅州五华县安流镇楼光村老家购置良田 400 亩，建客家式大宅院一套，占地数千平方米，取名为“树德堂”，也称“四角楼”，是梅州地区最大的财主庄园，供原配夫人、老家家人及儿女们生活。广东梅州家业由廖氏全权打理。徐华清并在家乡梅州五华县安流镇楼光村办“知新小学”和鲤江完全小学，由于在德国留学时目睹德国义务教育制度，徐华清把每年所收租 100 石田租的田产作为该小学教育经费和老师工资，要求学生读书完全免费，此乃中国近代教育史上第一次“国民义务教育”实践，而完全由个人实施。

廖氏走后，天津“树德里”的一切经营由二姨太吴氏全权打理。数年后，徐华清在北京又娶了民国资深外交家严惠庆家养女周氏为三姨太，并买下北京东四牌楼“演乐胡同”（现北京朝阳区内）整条街共 20 多套房产为私人产业，全部交由三姨太周氏经营打理，周氏为徐华清育有三名子女。

甲午战争中国惨败，1896 年李鸿章率团出使俄国，参加尼古拉二世加冕典礼，徐华清作为参赞陪同李鸿章前往。

1902 年，袁世凯在天津小站练兵，请徐世昌任总提督，段祺瑞任统领，命徐华清任北洋候补道、陆军部军医司长，总办“北洋陆军军医学堂”。拟用天津南斜街浙江会馆为军医学堂校舍，但校舍在八国联军进京时被日本浪人趁机占用，经清政府交涉再三，日方拒不交还。见清政府外务部久追无果，徐华清撇开清政府外务部，直接找来一伙地痞找日本人麻烦，不是寻衅打架就是砸日本商店，日本人不服公理独服强权，终于狼狈搬走。清政府外务部门交涉半年未办成之事，徐华清半月之内就彻底摆平，此事让袁世凯大声叫好，对徐华清刮目相看，当即与徐华清洒酒拜把兄弟。就这样，徐华清在打回来的校址上建立了中国第一所军医学院“北洋陆军军医学堂”，并亲任校长。后又创办了陆军马医学堂和天津士官医院。

“北洋陆军军医学堂”学生毕业多任军医或出国留学，民国二年（1913）首次面向全国招生，录取20多个省份100多名学生，四川录取6名，郭沫若即是其中一名，但郭沫若入学后仅3天即向徐华清提出退学，徐华清苦心劝留，郭沫若仍固执己见，只好允其另择前途。

袁世凯命徐华清前往日本考察，徐华清在东京考察了日本数家较大的军事医学院，聘请日本前陆军医院院长平贺精次郎来华任“北洋陆军军医学堂”总教习，高级军医高桥刚吉及我妻孝助为副教习。一日，徐华清请平贺精次郎、高桥刚吉、我妻孝助来家中吃饭，席间徐家人问我妻孝助叫什么名字，答曰：“我妻孝助。”又问：“你家住日本什么地方?”答曰：“我孙子市。”众人大笑不止。以后凡我妻孝助再来家中，徐家人便高喊：“我老婆我孙子来了!”后来，我妻孝助来多了，被徐家干脆叫“孙子来了!”而“孙子”对徐家人对其的称呼也一概笑而应答，从不反对。

由于徐华清曾在德国留学，又聘请若干德国人为军医学堂顾问，因此，北洋军之军医体制基本上仿效德国陆军，又吸取了一些日本军医体制的优点，形成了中国近代军队第一套完整的军事医护制度，以后的民国各路军阀部队、国民党部队及共产党部队的军医体制无不从此基础上发展而来。

在天津小站练兵期间，徐华清又与段祺瑞、冯国璋、王士珍“北洋三杰”拜把兄弟，共襄袁世凯。李鸿章死后，袁世凯接任直隶总督，在直隶省和新军中推行了很多仿效西方的政治军事政策，堪称中国清末体制内“总先行师”。而这些行动均成为朝廷老臣的群矢之的，纷纷到慈禧老佛爷处告袁世凯“离经叛道走邪路”的刁状，袁世凯面临极大的政治压力。作为袁世凯铁杆死党的徐华清则坚定站在“袁氏改革开放”的旗帜下，利用自己的政治影响力为袁世凯四处奔走。由于徐华清曾治好过慈禧太后的乳疾，此后，凡慈禧太后身体有疾难愈，都会传唤徐华清医诊，这时，徐华清就会在太后耳边把“改革开放”的袁大帅大大赞美一番。久而久之，在袁世凯眼里，徐华清成了自己与太后之间的一根红线，自己的脑袋是砍是留，全由此红线决定。

清政府垮台后，徐华清任北洋政府“陆军军医总监”及中国首任红十字总会理事长，世界红十字会曾赠白金指挥刀一柄以彰其功。1912 年，袁世凯授徐华清“一等大绶嘉乐勋章”。

民国三年（1914）某日，章太炎因反对袁世凯独裁而大闹总统府，被袁世凯派兵拘捕，关押于北京城外龙泉寺，章太炎绝食抗议，袁世凯不愿背上逼死国学大师恶名，遂召徐华清密商对策。次日，徐华清亲自探视章太炎，问安章太炎身体，遂劝章太炎登报悔过，向袁总统道歉，如此以保释放。章太炎强硬表示“宁肯牢底坐穿亦决不向袁氏低头”。徐华清与袁世凯再度密商后，由徐华清开给章太炎《患病证明书》，袁世凯据此将章太炎释放，以此下台阶对外保全面子。章太炎获释后一时无处可去，在徐华清家居住数月。

1915 年，袁世凯称帝后众叛亲离、重病在床，往日故友旧部无人再敢上门，唯徐华清仍上门探病荐药，不弃不离。1916 年，袁世凯去世，无论国人如何唾骂其“国贼”，徐华清仍为其披麻戴孝，从北京一路送其灵柩到河南彰德，尽朋友之责于其终。袁世凯有一妻九妾，10 个女人，共生下 17 个儿子、15 个女儿，满满一大家子。袁世凯预料自己死后妻妾及子女们必为争财产大闹，临终前当面嘱托最信任的两位好友徐世昌与徐华清为袁家主持遗产分配，并讲明了分配方案：“200 多万大洋家产分为 34 等份，儿子与妻妾各一份，未出嫁女儿每人半份，已出嫁女儿不享受，每份家产约 8 万大洋。”请“二徐”代为执行。于是，袁世凯死后，“二徐”按袁大哥嘱托将所留 200 多万大洋家产全部分光。“爹死娘嫁人、每人拿一份”，此乃“袁世凯分家法”的根本思想。

“袁世凯分家法”的恶果很快便显示出来：约 5 年后，大儿子袁克定和二儿子袁克文即将分到手的钱挥霍一空，其他妻妾儿女也莫不如此。据笔者外祖父徐文征回忆，小时候常见袁克定、袁克文来家中找爷爷徐华清借钱，每次来都“徐叔、徐叔”甜甜地叫着，而每次借钱从未还过。尽管如此，只要袁家有人登门求助，徐华清从来都是慷慨解囊，以报拜把兄弟袁大哥的知遇之恩。袁克文花韵风流，染上花柳病，43 岁死时竟无一文家产，连后事都由其青帮弟子凑钱操办。袁克定贫困潦倒，与草民无异，60 岁生日时曾有朋友为他写了一副对联：“桑海几风云，英雄龙虎皆门下；篷壶多岁月，家国山河半梦中。”1951 年，北京市委统战部每月给其发 20 元生活费，此乃后话。

徐世昌任民国总统时，徐华清曾任东北多伦（齐齐哈尔）海关监督、安徽大通榷运局局长、山东临清海关监督等职。1924 年初，时任民国总统徐世昌为徐华清题写书匾：“德高望重。”徐华清被誉为“中国军医之父”。

徐华清共有三位太太和九子一女。徐华清在世时，家中产业共分为三大块：1. 北京朝阳区“演乐胡同”整条街 10 多套房产；2. 天津红桥区“树德里”整条大街 10 多套房产；3. 广东梅州“树德堂”大宅院及 400 亩良田。三大块家产有 200 万大洋。如果按 2013 年币值计，则约 3 亿元人民币，称得上民国初年的中国顶级富豪。由于徐华清一直在朝中为官，平日不太过问家事，三块家产均交由三位太太掌管。

由于北京“演乐胡同”和天津“树德里”的房产太多，就算姨太们让娘家人全部住进来，房子也空出很多，于是，两位姨太便对外出租，此外，自己家人也开了两家西药铺。“演乐胡同”和“树德里”的家业经营模式基本相同：1. 自家及娘家人住；2. 对外出租房产；3. 开西药铺。由于此时西医在中国开始推广，西药的效用逐渐为国人所认识，徐家人便进口一些西药，做起了西药铺的生意，这就是华北地区最早由中国人开的两家西药铺。西药铺开张后，生意兴隆，每日人头攒动、熙熙攘攘，比几条街之隔的同仁堂人气更旺。几年后，两家西药铺都扩张了店面，增雇了小伙计，聘请了药店大总管和洋人西医师，生意红红火火，财源滚滚而来。广东梅州“树德堂”的经营模式与传统中国农村地主一样，将土地租给农民收取地租，每年可收租 1 000 余担。三块家产已经具备了三个分公司的雏形，用当代的话讲就是三个“家族企业”，三位太太分别就是“徐华清集团公司”三家分公司的总经理，徐华清就是“徐华清集团公司”的总裁。

但是，徐华清始终没有考虑一个问题：自己的家业接班人是谁？自己一旦去世，“徐华清集团公司”是分家还是统一经营？两家红红火火的西药铺到底怎么经营？如果分家，具体方案是什么？如果统一经营，总裁由谁担任？用什么样的体制和机制来维持200万大洋家业的延继？既无考虑，也无人事安排，更无后事遗嘱的“神秘之纸”。这是一种华人大富对身后万贯家产不负责的典型态度。

1924年夏，徐华清患脑溢血在天津去世。去世前，徐华清委托好友、时任民国总统徐世昌为自己家人分割遗产。徐华清墓碑由大总统徐世昌题“陆军军医总监五华徐公之墓”，葬于北京西郊玉泉山的王公贵族墓地“刘娘娘府”。墓地是徐华清生前与蔡元培一起购买，徐家墓地占地百亩，以供后人万世使用，并建瓦房数间，请一吕姓人家常住，世代守墓，百亩土地尽归吕家永远耕种，免收租税。

徐华清去世后，一切都改变了。如果说“徐华清集团公司”没有一个继任总裁，三家“分公司”的每一家都能有一个有能力的总经理的话，倒也差强人意，但就连这一点也做不到。徐华清刚去世，三家“分公司”的9个儿子就要求分家。徐华清在世时，三位掌门的太太靠老爷子威名唬住大家，老爷子一死，太太们自然无法再控制局面。大总统徐世昌政务繁忙，便委托福建督军李厚基、江西督军陈光远为徐家子女主持分配财产，按徐华清临终嘱托，参照“袁世凯分家法”把200万大洋的家产全部平均分掉。两家红红火火的西药铺也关门歇业，从此再未开张过。

“袁世凯分家法”的恶果又一次显示出来：分掉家产后，徐家纨绔子弟们开始吃喝嫖赌，终日打麻将、抽大烟、找女人，拎着蝈蝈罐满胡同溜达，崽卖爹田、挥霍无度，与京城里八旗遗族子弟毫无区别。无一人读书能上到中学、无一人经营商务、无一人从军报国、无一人效父从医，与袁世凯子孙完全一样，败家子品性暴露无遗。

徐华清长子徐国祥（笔者外祖父之父）是地道的花花公子，平日里飞扬跋扈、颐指气使。据笔者外祖父回忆，从他记事起，就记得父亲徐国祥每天下午都会收到很多条子，就像是排课表一样安排整晚的娱乐活动，到次日天明才回来，有时回来时口袋装满金戒指、金表、金项链，有时又一身空空。在他的带动下，徐家子孙们“日常生活舞蹈化”，每天出入北京高档舞厅，而跳舞唯一的目的就是泡遍京城、玩遍京城。由于纸醉金迷、花天酒地，徐国祥年仅30岁就撒手人寰。

1924年，“徐华清集团公司”的总资产共200万大洋，与袁世凯家产同值。从1925年到1930年的短短5年内，就全部被子孙们“三光”——卖光、赌光、花光。不要说“富不过三代”，连二代都未过完就全部败光。天津“树德里”的50套房产被全部卖光。二姨太吴氏死后二儿子也死去，三儿子为逃赌债不知去向，吴氏大儿子徐国光在外忽悠一圈后又失魂落魄地跑回来。由于房产全部卖光，回来之后已无安身之处，徐国光便跑到徐华清墓地的一间破瓦房住宿落脚，随即又将徐华清墓地徐世昌所题写的墓碑、石板、大理石雕及树木全部卖掉。这时，徐国光已无最基本的人伦常理了，当他又准备卖坟地的地皮时，守墓者吕姓老者对他说：“你不要再卖坟地了，徐老爷子生前买了这块坟地，说好坟地所有权归我，让我家永远守坟，如果你把坟地也卖了，我就无安身之处了。”最后，徐国光骗了吕姓守墓者30块大洋后逃之夭夭，后来在北京拉黄包车谋生。

广东梅州“树德堂”廖氏死后，三个儿子先将大宅院内的房产进行了分家，然后又将400亩田分光。20年后，其中两个儿子将手中的田全部卖掉，另一个儿子也卖掉一大半。据从小在“树德堂”生长的笔者母亲回忆，1949年共产党土改时，土改工作队发现一个奇怪现象：住在大地主“树德堂”庄园中的两户地主后代居然没有土地。难办了，划分阶级成分时，两户人家到底是该划为地主还是划为贫农？如果划为地主，他们没有土地只有房产，难道划“房主”不成？

北京“演乐胡同”20多套房产也几乎在同一时期被三姨太周氏长子与次子全部卖光。三姨太只好搬回娘家老屋居住，日子久了，娘家人开始厌烦，于是，周氏带上最小的三公子徐国源跑到上海，廉价租了一间不避风雨的小破屋，靠帮有钱人做饭、洗衣服维持生活，沦为佣人，永远断绝了与北京亲人的来往。

三公子徐国源本是纨绔子弟、顽劣少年，但来到上海后发现，一切全都变了，母亲从使唤佣人变成了佣人，自己从少爷变成了侍候少爷，生活境遇从天堂掉落到地狱。受尽欺辱、贫困潦倒的生活反而激发起少年徐国源巨大的苦斗精神，整个人完全变了，不仅读书极为用功，放学后还帮母亲干活，周日到建筑工地上打工养家糊口，穷人的孩子早当家，徐国源用少年的肩膀帮母亲撑起了半个家。

由于穷家用功，18 岁的徐国源考上南京中央陆军官校。淞沪会战爆发，徐国源随部队前往上海对日作战。之后又参加了武汉会战、常德保卫战和湘西会战，忠勇善战、雄性血气。国共内战时，徐国源所在中央军部队调驻北平外围协防傅作义西北军，此时的徐国源已是上校军衔。1949 年 1 月，北平战事和平解决，徐国源决意前往南京。自抗战爆发后，徐国源再未见过生母周氏，由于战乱，母亲生死终不得而知，此事成为徐国源永远的心灵伤痛。1987 年 12 月，徐国源在台北荣民总医院去世，至死未了“回乡祭母”之愿。

徐华清长子徐国祥去世后，徐国祥妻子把感情多倾注于次子身上，长子徐文征（笔者外祖父）本在北京美国教会汇文中学上学，父亲去世后无所依靠，只得独身回广东梅州“树德堂”投靠祖母廖氏。而廖氏性情粗糙，难有爱心，少年徐文征处在一个无人关爱、备受冷落的环境中，虽是少爷，却必须自己洗衣服，必须与佣人们一起挑水劈柴。奇怪的事情又发生了，在逆境中，徐文征反而勤奋读书，中学毕业后考入广州中山大学农学院农林化学系，1945 年考入南京中央大学研究生院土壤学部，与 30 年后台湾农业专家曾伟贤是同班同学，1948 年获中央大学农学硕士学位。毕业后受聘担任湖南农业大学土壤学教授，历任湖南农业大学副校长、湖南省土壤学会副理事长，常与湖南农科院专家袁隆平一起开会探讨水稻良种技术，主编了《苏联土壤学四十年》《土壤物理学》《土壤化学》《土壤测定和植株分析》等专著和教材，其所撰写的《水田结构沉降系数指标》成为大陆水田结构测定的经典著作，成为大陆农业科技著名专家，1993 年于长沙去世。

在徐华清第二代九子一女中，徐国源是仅有的一个小有功业者。在第三代 30 多个子女中，徐文征是仅有的一个事业有成者。而促成二人成才的因素都只有一个——离开了北京的“富窝”，置身于一个贫穷、多难、歧视和饥饿的环境。

1891～1930 年，“徐华清集团公司”经历 40 年时间，所积累的约 3 亿元人民币财富在徐华清百年后迅速“三光”。“徐华清集团公司”实际上只富了一代，“富二代”其实只富了前半辈子，后半辈子就成了“穷二代”。徐华清死后与袁世凯死后状况完全一样，两人都留有 200 万大洋财产，都是按“袁世凯分家法”分家，都是在 5 年后被后代败光。此后，徐华清的子孙后代大都以一种困魄的状况流落到全国各地。

20 世纪 80 年代，笔者父亲曾会同家住北京的亲戚到北京玉泉山刘娘娘府徐华清墓地遗址看了一次，不见坟墓的任何标志，只见守坟人后代，他说，所有石碑、墓碑及墓地地皮早被徐家子孙卖光，遗骨只能凭两棵松树判断大致位置。笔者在北京时曾约北京的亲戚一起看一下朝阳门内大街南小街“演乐胡同”祖宗曾经的房产，到天津时曾约天津的亲戚一起到红桥区子牙河南路“树德里”大街看一下祖宗曾经的房产，并摄影留念。亲戚们均是徐华清后代，如今为普通平民百姓。由于是清末民初特色建筑，两地房产均受到政府部门很好的保护，只是房主早已换成他人。台湾亲戚徐国源后代数人也于 20 世纪 90 年代初来北京“演乐胡同”和刘娘娘府徐公墓地遗址寻根问祖。

“徐华清集团公司”1891～1930 年 40 年的兴衰过程典型地反映了华人财富发展的常见生态：通过一个良好的机遇在瞬间聚积大量财富，辉煌一时，但是，却无法建立起一种延续财富的机制，包括财富的集中管理机制、财富内部分配机制、财富持续增长机制，一旦财富首创人离世，财富即被“袁世凯分家法”分为若干小块，短时间犹如一股清烟飘散得无影无踪。

第二节　中国式财富递减传统："袁世凯分家法"

1991 年，香港船王包玉刚病逝，根据其遗嘱，遗产分为四部分，分别留给四名女儿及她们的夫婿：

1. 大女儿培庆与大女婿奥地利籍的苏海文，接掌包氏的私人航运王国——环球航运；

2. 二女儿培容与二女婿吴光正，获分会德丰系所有上市公司；

3. 三女儿培丽与三女婿渡伸一郎，继承日本贸易公司；

4. 四女儿培慧与四女婿郑维健，继承近百亿的美国债券、股票及现金。

于是，一代船王的全部产业一夜之间被拆分为四大块，四个女儿每人各得其所，相互之间倒也相安无事，此举乃典型的"袁世凯分家法"。

作为包玉刚的二女婿，吴光正在包玉刚逝世后接过了会德丰地产业务，同时创办了零售店"连卡佛"。1996 年，吴光正辞去了所有公司职务。后来担任了香港贸发局主席职务，直到 2002 年才重新担任会德丰主席。

2013 福布斯全球富豪榜上，吴光正以 80 亿美元资产位列全球第 145 位，在香港富豪中位列第 7。

1946 年吴光正出生于上海，1949 年搬到了香港。吴光正在港顺利读完大学，又从哥伦比亚大学获得工商管理硕士学位。在纽约期间，他遇到了未来的妻子、包玉刚的女儿包陪容。

时光荏苒，23 年过去，2013 年 11 月 27 日，香港会德丰地产公司发布公告称，从 2014 年 1 月 1 日起，67 岁的吴光正不再担任该公司董事会主席，吴光正之子、35 岁的吴宗权为会德丰公司新主席。

吴光正在 2013 年初接受《福布斯》访问说，会效仿其岳父包玉刚将家族财产分开处理：

1. 旗下会德丰上市地产公司交由已在其中工作多年的儿子吴宗权

管理；

2. 旗下零售店“连卡佛”将由已经管理多年、现任连卡佛董事会主席的女儿吴宗恩接管。

他举了个例子，分家就好似分苹果、橙、梨一样，并不是简单将一个西瓜公平地、均等地切开，就等于公平，分家后子女只为自己业务负责，谁都不插手另一个人的生意。果不其然，半年之后，吴光正将旗下的连卡佛交予女儿吴宗恩打理，连卡佛业务遍布在内地40个城市，吴宗恩正式接管了父亲的零售王国。同时，儿子吴宗权为会德丰地产公司新任董事会主席。吴光正的产业与23年前其岳父包玉刚的产业一分为四的命运一样，被无情无理地一分为二。

包玉刚的产业在两代人的两次拆分中越拆越小，再过20～30年，则必定会迎来第三次拆分，再以后会是第四次、第五次拆分。如此按“袁世凯分家法”不断分下去，越分越多、越分越小。

吕志和1929年出生于广东新会，20世纪50年代创立香港嘉华公司，现任嘉华集团主席，集团属下主要成员包括嘉华国际集团、银河娱乐集团、仕德福国际酒店、嘉华建材公司，从事地产、娱乐休闲、酒店及建筑材料等业务，附属公司超过200多家，全球员工超过20万人，投资的业务遍布中国香港、中国内地、中国澳门、北美洲及东南亚。

1982年，吕志和受勋英国官佐勋章，1986年被委任为“太平绅士”；

1995年，内地南京紫金山天文台将其发现的一颗小行星命名为“吕志和星”；

1998年，吕志和获选为第九届全国政协委员；

2012年，《福布斯》中国富豪榜上吕志和位列第8位，总资产46亿美元。

2013年5月，85岁的吕志和在公司股东会后宣布退休，两个月后，吕志和的分家方案终于出台：

1. 长子吕耀东负责家族旗下澳门赌博业务上市公司银河娱乐公司；

2. 二子吕耀南负责家族旗下仕德福酒店及在北美的20多间酒店业务；

3. 三子吕耀华负责家族在本港酒店以外的全部业务；

4. 长女吕慧瑜负责家族本港的全部酒店业务；

5. 二女吕慧玲负责家族公司行政工作，负责全部非上市资产，包括收租物业。

令人备感荒唐的是，吕志和按“袁世凯分家法”将自己的46亿美元的资产一分为五之后，又强调，“十分满意自己目前的财产拆分安排，自己将在有生之年继续栽培子女将集团业务发扬光大”。从中可以看出，吕志和丝毫不觉得这是对家族财产及社会财富的损害。

事实上，岂止吕志和，香港富豪都不觉得财产拆分是对家族财产及社会财富的损害，包括香港首富李嘉诚在内。

2012年5月，84岁的华人首富、香港长江集团主席李嘉诚正式对外公布了自己的财产分配安排：

1. 长子李泽钜分得李嘉诚市值2 000亿港元的股票，长和系资产由大儿子李泽钜管理；

2. 出巨资资助二儿子李泽楷发展他自己喜欢的事业，包括投资新媒体及资本运作。

李嘉诚身家达255亿美元（2 000亿港元），全球排名第9位，连续多年稳居华人首富宝座。按照李嘉诚的分配方案，李泽钜将得到超过40%的长江实业及和记黄埔的股权，以及加拿大最大的能源公司赫斯基35%的股权。这三块业务是李嘉诚旗下最值钱，也是权重最大的资产。而对于小儿子，李嘉诚说会全力协助李泽楷的事业。李泽楷感兴趣的是新资产，并非现在长江集团六大业务，也不是传媒和娱乐业务，属于长线可发展的传统行业。

哥哥李泽钜低调沉稳、踏实内敛，弟弟李泽楷则性格忤逆、我行我素、野心扩张，喜爱四出闯荡打天下。1991年，李泽楷投资4亿美元创办香港卫视，1993年以9.5亿美元卖出，引发世人瞩目。

李嘉诚的财产分配考虑的是：长子稳健厚实，擅长实业，可胜任长和系的经营管理；次子天性不驯、不受约束，对传统产业没有兴趣，喜欢大起大落，因此，让其从长和系实业中剥离出来另行发展反而有益，由李泽钜单独执掌长江集团与和记集团会较顺利，如果安排李泽楷也加入进来，则变量较大，两兄弟也可能会发生争执，甚至反目成仇、对簿公堂。

从分配的公平性角度来说，李嘉诚两个儿子分到的财产无论是实物还是股票，应该说是旗鼓相当。李嘉诚的财产分配的确做到了公平合理——股票给长子，现金给次子。如果这还不能判断公平的话，李嘉诚的一句话"李泽钜若不满意，可以和李泽楷交换"，则能说明这种财产分配方式是公平的，也说明李嘉诚的资产的确被一分为二了。李嘉诚表示，两个儿子的事业会向不同方向发展，在事业和财产方面都不会有冲突，对于这种安排两个儿子都开心，"两兄弟一定有兄弟做"。

李嘉诚也是"袁世凯分家法"的拥戴者，如此，企业便不再是一个完全按照市场需求和经营战略发展需要进行规划的实体，而是一块必须按照企业主儿子的个人喜好来进行切分的"案板猪肉"，怎么切割、切成几块，那就要视企业主有几个儿子及每个儿子的兴趣爱好而定。有两个儿子则切两块，有 20 个儿子则切 20 块。李嘉诚把财产一分为二的做法与袁世凯死后 200 万大洋的财产分为 30 等分让家人平分并无本质区别。

有一个故事是这样讲的：国王病重，临终前把三个儿子叫到床前，做最后安排：大儿子喜欢北国的雪景和森林，于是被任命为北国王；二儿子喜欢江南水乡的美丽景色，于是被任命为南国王；三儿子喜欢西部浩瀚的沙漠和戈壁，于是被任命为西国王。这时，国王的交通大臣进来向国王请示《全国铁路规划方案》事宜，国王说："不必请示了，因为现在已经分成三个国家了，邻国之间是不通铁路的。"这个国王就是李嘉诚。

30 年后，李泽钜和李泽楷均 80 岁，在第二代向第三代交接班时，必然也要按照每个儿子不同的兴趣和性格来分割家产，那么，李泽钜的产业就会再被"袁世凯分家法"一分为二，李泽楷的产业也会一分为二，李嘉诚留下的产业总共分成 4 块；再过 30 年，4 块就会分成 8 块；再过 30 年，8 块就会分为 16 块。如此不断成双倍分下去，按 30 年分一次、每次被分数量增加一倍来计算，300 年后，当分到第 10 代时，李嘉诚的产业就会被分为 1 024 块独立的小实体，如同 18 世纪德意志民族由几百个互相独立的小公国组成一样。德国资产阶级革命的最大诉求是德意志民族统一，而李嘉诚的诉求却是将长江集团逐步在 300 年后分成 1 024 块。

经营企业的正常思路应该是家族围着企业转，企业在前，家族在后，而李嘉诚把一切都颠倒过来，把儿子摆在了企业之上，企业必须根据儿子的数量及爱好被重新切割和塑造，是企业服从儿子，不是儿子服从企业。长江集团与和记黄埔集团成了迎合两个儿子个人兴趣与性格的工具，而几万名员工也必须随着一分为二的举措翩翩起舞，配合这一非理性的、把家族置于企业之上的荒唐安排。

工业革命前，西方社会存在一个强势而稳定的庄园领主阶层，其力量足以抗衡皇权；工业革命后，西方社会存在一个强势而稳定的中产阶层，其力量也足以抗衡政府权力。欧美社会最大特点是“政府—中产阶级—工农阶级”，形成一个橄榄形社会。由于中产阶级拥有巨额财富，政府权力不是无限的，往往是中产阶级左右政府的决策，并监督政府的腐败行为。中国 3000 年社会形态的最大特点是“政府—农工阶级”的哑铃型社会。由于没有中产阶级，政府权力是无限的，巨大的官府权力造成社会生产力的长期停滞、人民生活的极端贫穷。

中国漫长的封建社会中，由于财产的“诸子分产制”，民间财富始终处于一种“积累—扩充—拆分—弱化—消亡”的过程，财富的拥有极不稳定。中国财主有了一点钱后，往往要娶几个妾来多生几个儿子，这样一来，儿子越多则将来要均分的份数就越多，被分的每份家产也就越小，连简单再生产也无法维持。这一点，与欧洲中世纪庄园实行长子继承制而形成的稳定的财富主体大不相同。“长子继承制”的欧洲中世纪庄园有两大特点：第一，拥有财富时间长，数百年传承不变；第二，由于长时期连续经营，拥有财富数量多、规模大，财力雄厚。“诸子分产制”的中国古代社会封建地主也有两大特点：第一，拥有财富时间短暂，地主家产往往是十几年或几十年就飞灰烟灭；第二，由于经营时间短，拥有财富数量少、规模小。

华人社会需要中产阶层，而中产阶层形成的首要条件是财富的有效传承，没有财富有效传承就没有中产阶层。

中国古代社会的一般规律是：第一代人艰苦创业挣得一份家产；第二代几个儿子靠“袁世凯分家法”各得一份家产，过养尊处优的生活，能勉强“守成”；第三代孙辈分得的家产更少，能维持最低生活标准，靠变卖祖上遗留家产度日；第四代多数破落近乎贫民，连基本生活来源都失去，沦为雇工或乞丐。江浙及上海一带在明朝末年已形成了“机工”与“机户”的资本主义生产关系萌芽，中国历史上经济形态最接近欧洲的地区就是以芜湖往上海为轴线的两侧地域，但即便是在这一片资本主义色彩最浓厚的地区，也难逃以上规律。

中国明清时期有很多像《红楼梦》中贾府这样的大庄园，但从整个群体的发展趋势上看，基本上呈一种递减状况，据史料显示，1949年时中国的“土豪”数量比起明末清初时已大为减少，规模也小了很多，很多农村“土豪”农忙时自己都要下地干活，不要说剥削别人，差一点就要被别人剥削了。中国农村能真正称上“土豪”和城市真正能称上“资本家”的人，按总人口比例计连日本的1/10都不到。

苏州和宁波有很多明清时期的财主庄园大宅院，与《红楼梦》贾府大观园颇为相似，如今仅作为明清时期标志性建筑的旅游景点供游人参观。有一次，笔者在宁波一个“贾府大观园”问景点管理员：“这个庄园主人的后代如今都在哪里？他们是否还会向政府索要祖宗房产的产权？”得到的回答是：“这是乾隆时期的宅院，老爷子死掉后，儿子们就开始分家，越分家业就越小，刚分家后兄弟们还住在同一个院子里，后来有人在外经商亏了本，就把房子卖给长兄，自己搬出去住了。再后来，搬出去的家庭越来越多，最后搬出去的那一户便把庄园宅院整个卖掉。买庄园的人刚开始也是一大家子人住在一起，后来老爷子一死，儿孙们又开始分家，结局就跟前面那户一样，最后搬走的那一户再把宅子卖掉。这样反复循环，宅子十几度易手，铁打的宅院流水的主，到现在谁也说不清产权到底属于谁。我在这里工作几十年，从未听说过有人来向政府索要过祖宗房产。”

中国人仅把财富看成是现世的身份价值的象征，而极少有财富百年延续的观念。无论是中华哲学文化还是社会政治制度，都反对具有资本主义倾向的“长子继承权制”，都主张有益于维护封建皇权社会制度的“诸子均分”制。中国历朝历代均有贤臣贤士向皇上提出实行“长子继承权制”，但提议不断被皇权否决，而“袁世凯分家法”却得以延续。

自春秋战国后，中国就一直实行“诸子均分”财产继承制度，历史上“陆贾分金”的故事最具代表性：陆贾是西汉初年的政治家，垂暮之年对自己的5个儿子交代，每个儿子分给价值“二百金”的庄园，并和儿子们约定：“我今后轮流在每个人的家住一个月，如果年老病死在哪一家，哪个儿子就要给我送终，我随行的骏马、车辆、宝剑、侍女等财产就归他。”大政治家晚年尚且如此凄凉，何况普通百姓？

孔子的“不患寡而患不均”是中国古人的核心价值观，它防止财富集中，防止大富豪的产生，也杜绝中产阶层的存在，使得社会无法形成与封建腐朽皇权对抗的经济势力。历代封建统治者都不愿意看到被统治者中出现经济独立的自治地主大庄园。如果在皇权与草民中就出现一个中产阶层，中产阶层就构成了对皇权的挑战。因此，两千年来一直实行“诸子均分”制，排斥生产资料集中，财富被不断拆分，无法形成强大的经济组织。中国两千多年封建社会一直都激烈地反对资本主义萌芽。

秦汉时代的经济形态、生产力、生产关系与明清时代并无本质区别，社会处于漫长的停滞状态，每一个朝代的变更，不过是过去经济形态的简单再重复，毫无进步。由于无强势的富人阶层，工商业无人推动，商品经济处于零发展状态，除了低级的农耕作业之外，整个社会处于极度贫困状态。这就是鸦片战争时清政府输给英伦弹丸小国的原因。

财富需要积累、扩张和延续，中国人财富的积累和扩张大都不是问题，困难的是延续，由于无法延续，再多的财富也只是一缕随风飘散的轻烟。在2000多年中国历史中，历代王朝富人在人口中比例极低，人富即国富，人穷即国穷，由于中国社会的“反富”社会形态及普遍的“仇富”心理，中国社会始终无法形成一个与英国资产阶级革命前一样的工商利益集团。

西方世界在经济上的迅速崛起，在于“长子继承权制”使得财富集中起来，由个人私有而非众人共有，实现财产和资源的最大化合理配置，从而达到生产力的大幅度提高。长子们将所继承的财产用于扩大再生产、兴办各种产业，形成一个富裕的中产阶级，成为社会的中坚力量。没有遗产可继承的次子们只有发奋图强方能生存，有的经商、从工、从教、从医、从军，有的去航海、有的去掠夺甚至去侵略、霸占殖民地，用“刀枪血火开拓”出一条资本主义财富之路来。

中国的“诸子均分”继承制使得贵族庶子皆无后顾之忧，从而养成了不学无术、疏懒成性的恶习，几代之后整个贵族阶层就成了寄生食利阶层，晚清八旗子弟皆因衣食无忧而全失战斗力。由于对分家的期待感，让诸多儿孙们都习惯于窝在家中，缺乏独自向外闯世界的勇气和动力，这在一定程度上使得社会经济、文化的发展缺乏一种推动力。

华人企业家脑海里大都没有“长子继承”或“单子继承”观念，更没有“现代体制型治理结构”概念，更多的还是怎样在诸子之中一碗水端平，而一碗水端平就意味着把一碗水变成两碗水、三碗水……当今华人社会里，无论是中国大陆还是港台地区，“袁世凯分家法”并未因社会进步和西方经济的东侵而自动消失，反而愈演愈烈，影响越来越大，香港顶级富豪包玉刚、吴光正、吕志和、李嘉诚都是“袁世凯分家法”的实践者。

中国最古老的企业是成立于1538年的六必居，之后是1663年的剪刀老字号张小泉，再加上陈李济、广州同仁堂药业以及王老吉三家企业，中国现存的超过150年历史的老店仅此5家，而这5家老店如今也只有品牌没有传承。资本主义就是财富的积聚、增长和延续，而中华民族基因中天然存在一种反资本主义倾向，其内容就是财富的拆分、削弱、断裂和终结。

第三节　华人财产争夺战

2006年，香港大亨霍英东逝世，享年83岁。霍英东于20世纪50年代以房地产发迹于香港，曾为中国人民志愿军提供紧俏军需物资，成为中国大陆政府的友好港商。

霍英东家族企业主要有：有荣实业、霍兴业堂、董氏信托、信德船务、东方海外、信德集团等80多家参股和全资子公司。2008年，《福布斯》公布霍氏家族财产45亿美元。

霍英东有3位妻子：吕燕妮、冯坚妮、林淑端。震霆、震寰、丽萍、震宇、丽娜、丽丽皆出自吕燕妮；冯坚妮生文芳、文斌、文逊；林淑端育有显杨、显旋等四子。

霍英东生前就对财产分割做出了安排，其内容仍是“袁世凯分家法”的翻版：

1. 长子霍震霆继承体育事业的全部产业，成为霍氏家族对外形象代言人；

2. 次子霍震寰接管家族全部商业公司，成为霍英东集团董事兼总经理；

3. 三子霍震宇接手凝聚了霍英东晚年全部心血的广州南沙开发项目；

4. 其他各房子女则不得从商，转而从事律师和医生等职业，每人按月从信托公司领取定额生活费。

正是霍英东的这种“袁世凯分家法”式的安排，为子女财产纠纷埋下了隐患。

霍英东于1978年5月订立最后一份遗嘱，所有太太和子女都是受益人。遗嘱指示受托人，在霍英东死后20年内不可分配剩余的遗产。然而，仅5年之后，家族争产风暴拉开序幕。引发霍英东家族争产案的是以下三项主要财产。

1. 霍英东家族控股公司霍兴业堂置业有限公司的 350 股普通股股权；

2. 霍英东生前成立的三间巴拿马共和国公司共约 7 亿港元资产；

3. 霍英东生前与霍震寰联名持有的其中三个银行户头共逾 7 亿元资金。

2011 年 12 月 22 日，霍震寰发表声明，自己持有霍兴业堂的 350 股是自己出钱认购，而 3 家海外公司股权则是当初父亲交予的，称其胞弟霍震宇通过司法指控其侵吞家族财产的指控与事实不符，隐藏于兄弟间的斗争直接公开。霍震寰表示，霍英东在 1972 年将 3 家海外公司的不记名股票放于一信封内，存放于苏黎世，称只有他们父子俩才能接触，在 20 世纪 80 年代初，霍英东指示将该信封放入霍震寰名下位于日内瓦的保险箱内。

2012 年 8 月 9 日，曾原定于本月初开庭的霍家争产案，突然在开庭之前获得和解。原来，香港前任特首董建华及前任律政司司长梁爱诗介入调停，最后三兄弟达成如下协议：

霍震霆、霍震寰及霍震宇三名长房兄弟均分 200 亿港元，余下 100 亿港元留予二房及三房成员，以每月“零用钱”的形式继续发放，而霍震霆、霍震寰及霍震宇三名长房兄弟，均分余下的 200 亿港元，每人可以各自得到超过 65 亿港元的遗产。

霍震寰同意在一年内分三次将亡父的遗产逐步交出，第一阶段先支付霍震霆、霍震宇各 20 亿港元，之后两期交付每人超过 45 亿港元。霍震宇对官司圆满解决表示高兴，形容现时家庭和谐，满意财产分配，同意让胞兄震寰及姑姐霍慕勤继续出任遗产执行人，而他则可继续履行亡父霍英东的遗愿，发展广州南沙开发项目。7 个多月的争产风波正式结束。

2013 年 10 月 28 日，三子霍震宇又向香港高等法院申请重新审理“霍英东家族争产案”。由于霍家资产分布范围广，涉及公司股权、物业、珠宝首饰及海外银行存款等，分产过程极其复杂，三方律师在商议分产细节中发生冲突，遂引发官司再起。至本书写完时，这场争产仍未结束。

龚如心 1937 年出生在上海，1949 年迁居香港，嫁给了商人王德辉，共同创立了华懋集团。1990 年，龚如心的丈夫王德辉被绑架后失踪，9 年后香港高等法院宣布王德辉法律死亡。于是，龚如心任香港华懋集团主席，身价超过 30 亿美元，亚洲排名第 15 位，世界排名第 109 位。因其平时装扮酷似日本漫画人物“小甜甜”，故被香港传媒昵称为“小甜甜”，号称亚洲女首富。

根据王德辉 1968 年所立遗嘱，他的父亲王廷歆将继承他的 400 亿港元遗产，而就在此时，龚如心突然宣称自己才是丈夫王德辉遗产的唯一继承人，还向法院提交了一份密封信件，说是 1990 年王德辉在被绑架前一个月立过新的遗嘱。

1999 年，“小甜甜”被自己的公公推上了被告席，控告“小甜甜”伪造遗嘱，官司一打就是 8 年。

“小甜甜”提交的这份新遗嘱共四页，每页都有王德辉的签名，并有王家当时管家谢炳炎的见证签名。遗嘱里面，一直都是说要将所有财产留给爱妻龚如心，而在第二、第三页上更是表达了王德辉对自己父母、兄弟姐妹的“失望”以及对龚如心家人的“讨厌”，禁止龚如心将遗产分给他们。

“小甜甜”提交的这份新遗嘱是真的吗？于是，一场遗产争夺案拉开了序幕。此案最大的焦点就集中在“小甜甜”提供的新遗嘱上王德辉的签名到底是真是假。如果被告龚如心不能证明遗嘱上的签名是真的，那么，她不仅得不到 400 亿港元的遗产，还要面临涉嫌伪造假遗嘱的指控。

3 个月后，法庭裁定 1990 年的遗嘱是伪造，“小甜甜”惨遭败诉。香港警方商业罪案调查科以涉嫌伪造遗嘱罪逮捕龚如心，“小甜甜”支付 500 万港元后保释外出。

2003 年 9 月，“小甜甜”向高等法院上诉法庭提起上诉。然而，9 个月后，上诉庭三位法官以二比一裁定龚如心败诉。

2005 年 7 月 11 日，香港终审法院开庭，终审法庭用了 10 天、经过两轮聆讯之后，五位法官一致裁定王德辉于 1990 年订立、把遗产全数交给龚如心的一式四页纸遗嘱文件，乃王德辉生前最后的遗嘱并非伪造，龚如心胜诉。终审结束后，法官对“小甜甜”引用了《圣经》中的一句话：“世人行动实系幻影，他们忙乱，真是枉然。积聚财富，不知将来有谁收取?”

龚如心与先生王德辉没有子女，曾对媒体表示：“考虑到没有子女，1987 年我先生和我做了一个慈善基金，将来要做一个类似于诺贝尔奖金之类的国际性大奖，全部都捐给国家。”

2007 年，“小甜甜”病逝，龚如心的弟弟龚仁心担任华懋集团董事局主席。

历史总会重演，同样的事会一再发生，这时，又出现了两份“遗嘱”：

第一份是华懋慈善基金持有的“2002 年遗嘱”，讲明将全部遗产赠华懋慈善基金；

第二份是陈振聪持有的“2006 年遗嘱”，讲明将全部遗产赠陈振聪。

陈振聪是龚如心幕后的知情人，曾协助龚如心打赢争产官司。

龚如心遗体刚火化，一场由龚如心家族执掌的华懋慈善基金和陈振聪争夺千亿财产的漫长官司展开了。为此，陈振聪自曝与“小甜甜”恋情细节，暗示 2006 年的这份遗嘱是两人爱情的结晶。陈振聪律师麦至理刊登英文通告，指龚如心去世前一年订立了一份新遗嘱，将全部遗产授予陈振聪；华懋慈善基金也同时向法院提交备忘录，表示任何人欲申领龚如心的遗产，须预先知会他们。

陈振聪在报章披露其手上的龚如心遗嘱，遗嘱原文如下：“我的所有遗产，包括任何种类的动产与不动产及其委任权、不论在任何地方、不论是现在还是将来获取的，将会送给及遗赠予陈振聪先生。”

法律界人士指出，陈振聪声称拥有的遗嘱，订立期间正值龚如心患癌，其合法性势必受到质疑。龚家征询法律意见后，有人根据案例指出，病人若于临终前，将名下遗产交由主诊医生，死者家人可提出质疑，理由是主诊医生在诊病时，可以对病人做出“不适当的影响”，趁对方在神志不清情况下订立任何“遗嘱”。

据陈振聪律师称，2007年陈振聪48岁，育有3名子女，是名成功商人，在商界的投资眼光独到，加上理解龚如心做人和做生意的哲学和价值观，得到龚如心的欣赏，因而将遗产赠予他，相信对方可以继承她的事业，而陈振聪也打算这样做。

2013年7月，陈振聪被控伪造龚如心遗嘱一案，被裁定罪名成立，法官在听取辩方求情后，判处陈振聪监禁12年。这桩长达6年之久的千亿遗产官司终于尘埃落定。

1963年，郭得胜、冯景禧及李兆基三人共同创立香港新鸿基地产，1972年，冯景禧及李兆基自立门户，郭得胜独掌新鸿基。新鸿基地产1963年8月在港交所上市，直至20世纪70年代末，新鸿基名列香港“地产五虎”，成为香港重要的房地产公司之一。

郭得胜高瞻远瞩，为防止“不肖子孙”争产分家，将郭家持有的公司财产权放到一个信托基金中，基金受益人包括妻子邝肖卿及其三个儿子郭炳湘、郭炳江和郭炳联。郭得胜的安排是：郭炳湘为主席兼行政总裁，管理集团所有大小事务，郭炳江和郭炳联两名胞弟任副总裁，分别负责地产业务及行政与科技发展，呈三分天下之势。家族基金代理人为其遗孀邝肖卿，而郭氏三兄弟及其家人则分享基金股权。郭得胜规定，郭氏兄弟没有私自处置其名下家族基金股权的权利。这样，郭氏兄弟在享有家族基金股权收益的同时，仅能以职业经理人的方式管理其家族事业。正是新鸿基此种家族资产整体打包的方式，使得郭氏家族有了一个稳定的接班结构。

1990年，郭得胜去世，长子郭炳湘接任董事局主席及行政总裁，次子郭炳江及三子郭炳联分任副董事长。1990～2008年，郭氏三兄弟“兄弟合心，其利断金”的故事曾被香港地产界传为佳话，被公认为子承父业最为平稳和成功的家族企业之一。三兄弟接班后壮大新鸿基核心业务的同时，又将公司业务拓展至通信、运输、互联网和基建等领域，市场从香港延伸到中国内地和海外。然而，好景不长，郭得胜设计的“基金股权法”只是家族传承前提之下的一种换汤不换药的权宜之计，由于家族传承基本模式未变，危机终于还是爆发了。

2008年，新鸿基内讧爆发，起因是郭炳湘有“婚外情”的外界风传。郭炳湘与少年红颜唐锦馨青梅竹马，由于郭氏家族反对，关系未能发展，但两人一直交往甚密，闹出许多花边新闻。唐锦馨20多年前已经离婚，对郭炳湘一直情意绵绵，郭炳湘虽有家室，但感情天平已倒向“红颜知己”。郭炳湘与唐锦馨都在香港地产界经营，曾进行过数百亿元的相互交易，新鸿基地产家族成员怀疑郭炳湘存在商业决策上吃里扒外、胳膊肘拐向“红颜知己”的情况。

2008年5月27日，新鸿基发布董事局公告，罢免郭炳湘董事局主席、行政总裁及执行董事职务，转任非执行董事。委任其79岁的母亲邝肖卿取代郭炳湘出任董事局主席。行政正副总裁由两位弟弟郭炳江和郭炳联分别担任。

2010年10月，邝肖卿通过新鸿基上市公司向传媒发出的信息，邝肖卿与郭炳江、郭炳联决意根本解决家族财产问题，郭炳湘被排除在家族基金之外，更无缘482亿元公司财产。

2011年8月，郭炳江、郭炳联兄弟由董事局副主席升任联席主席，邝肖卿退出董事局。

郭炳湘开始了绝地反击，向廉政公署举报郭炳江、郭炳联向香港政务司前司长许仕仁巨额行贿。香港廉政公署以涉嫌贪污为由拘捕郭氏兄弟郭炳江、郭炳联及许仕仁。郭氏两兄弟被拘留如一颗重磅炸弹在股市引爆，港股市场的地产股纷纷下挫。已从新鸿基地产主席位置上卸任、年逾83岁的老太太邝肖卿逼不得已重新担任新鸿基地产主席职位。

2012年5月3日，郭炳江、郭炳联进行了同样的检举揭发，郭炳湘因怀疑涉及触犯《防止贿赂条例》的调查而被香港廉政公署拘留，郭炳湘放的大火终于烧到了自己的头上。

此案发生前数年，曾有不少香港政商界知名人士看出郭得胜设计的“基金股权法”不可靠，向郭得胜、郭炳湘、郭炳江和郭炳联建议：公司宜采用职业经理人制度，大权全交职业经理人，家族成员全部退出管理—

线，如有情仇厮杀也在公司之外，而职业经理人不可能卷入家族的恩怨情仇，即便卷入进来，一纸《解聘通知书》也可迅速解决问题。但是，所有建议均被郭家拒绝。于是，危机一旦发生，便造成大灾难。新鸿基危机完全是由家族内部成员婚外情引发，并非由于国际金融风暴、政府政策改变或市场变化等不可抗因素。

2014年1月，经过反复调解，新鸿基争产案终于落幕，郭炳湘、郭炳江、郭炳联三兄弟均分股权各得398亿港元，新鸿基公司被一分为三，新鸿基公司的财产及员工也一分为三。

在西方社会，财富大都与法人机构相联系，与个人剥离；在华人社会，财富大都与个人相联系，与法人机构剥离。单独个人的特点是利益多元化、利益对立化、行为多变性、寿命有限性、短期行为性、有情欲性；而法人机构的特点是利益一元化、利益整体化、行为不变性、寿命无限性、长期行为性、无情欲性。华人社会财富总是与单个的个人紧密相关，即便是成立了法人机构，人也置于法人机构之上，财富总是随个人而运动；西方社会财富与单个的个人关系不大，总是从属于一个法人机构，个人总是置于法人机构之下，财富不随个人运动，而是随法人机构运动。

婚变引发的财产争夺战最能说明以上问题，男人和女人的出轨在现代社会中实属常态，企业高管也属普通正常人，普通人有的问题他们一样会有。问题在于，人性中的常态事件往往会成为企业拆分和财富争夺的导火索，家族内部情仇恩怨会扩大到企业的经营事务层面，把整个企业都卷入到这场由个人导致的纠纷之中，使企业被拆分、被拍卖、被兼并。

华人企业主从不把企业看成是一个独立的社会经济实体，而是看成家庭个人财产，家企合一，因此，临终前总是按子女人头进行财富分割，而分割动作总会留下各种隐患，引发后来一系列争夺财产的行动。

有这样一个滑稽的故事：2008年6月，某省会城市“为汶川地震灾区人民献爱心捐款晚会”上，主持人正要向台下观众宣布A公司捐款100万元，突然被后台领导叫停，原因是A公司老板离婚案判决结果已经出来了，公司财产分50%给女方，女方又闪电般注册了B公司，而女方此时正好赶到晚会现场，要求这笔捐款的一半必须以B公司的名义捐出。一番后台嘀咕后，主持人正式宣布："A公司捐款50万元，B公司捐款50万元。"当男女两位老板各自举着红色捐款牌上台接受了台下观众热烈的掌声后，主持人突然发现男老板牌子拿错了，还是原先的100万元牌子，便到后台取了50万元牌子递给他，换下100万元牌子，台下一片哄笑。

华人家族企业的最大软肋是家企不分，由于家庭与企业总是纠缠在一起，于是，"当家的"过世会导致企业灾难、婚变会导致企业灾难、兄弟分家会导致企业灾难、后代阿斗无能会导致企业灾难。决定企业命运的从来都不是企业本身。企业主处理每桩企业事务都如同在处理家事，家庭成员之间的每一点恩怨情仇都与企业每一个营运动作联系在一起，家庭内部的财产纠纷常常成为引发企业分裂或倒闭的"导火索"。一个家庭无论怎样和睦，内部矛盾都难以完全消除，于是，硝烟就越过卧室传入办公室，让企业不断扬起与公司经营管理完全无关的波澜。

第四节　台塑、台积电、华为：诡吊的顶层设计

王永庆是典型的威权领导者，每天平均工作时间在14个小时以上，凡事追根究底、不放过任何细节，对整个台塑运作的每个细节都了如指掌。在他的掌控下，台塑是台湾营业额最高、资产最大、人数最多、利润最高的企业。正因为如此，在他去世后，集团内无一个能有相当权威的经理人驾驭全局。

1995年，王永庆最为器重、准备接自己班的长子王文洋婚外恋，令王永庆勃然大怒，将当时在南亚塑胶和台塑集团任职的王文洋进行停薪留职，王文洋因此离开台塑远走美国。

2006年，王永庆卸下董事长职务，改由职业经理人、台塑公司总经理李志村接任台塑董事长。而李志村并非王氏家族成员，从这一安排看，董事长职位乃一虚职，只起到一个召集人的作用。

2007年，王永庆90岁时正式宣布交棒，由“行政中心”负起集团经营重责。台塑“行政中心”由7人组成，其中4人为家族成员，分别是台化总经理王文渊、长庚生物科技股份有限公司总经理王瑞华、台塑石化总经理王文潮、台塑集团总管理处主任王瑞瑜；3人来自外部，分别是台塑集团总管理处总经理杨兆麟、台塑总经理李志村、南亚塑胶总经理吴钦仁。行政中心总裁由王永庆胞弟王永在的儿子王文渊出任，副总裁由王永庆的女儿王瑞华出任，每月开1次会议，集团各关系企业的重要决策在送董事会前，需先经行政中心讨论定案后再送董事会。

2008年10月，91岁的王永庆过世，王永庆身后总遗产约3 336亿台币，分为三大块：556亿台币获遗产继承委员认证，包括王永庆持有的台塑2.91%、南亚5.46%、台化6.75%的股票；2001～2005年王永庆在百慕大成立了4个、在美国成立了一个信托基金，“不为人知”的家产高达75亿美元；另外还有327亿美元瑞士信贷账户。

王永庆辞世，家人均称“措手不及”，王永庆没有留下遗嘱，庞大的遗产如何分配处置，让台塑高层头痛不已。王永庆三夫人李宝珠与王永在人马立即在台塑内部分庭抗礼；为了查清楚王永庆的遗产究竟有多少，从美国回来的长子王文洋动作不断；三房提出的遗产申报书中不把大房王月兰列为遗产继承人，让王文洋相当不满，甚至气到想解散现有的台塑“行政中心”。

“行政中心”总裁王文渊天生个性刚烈，王瑞华副总裁也从不服软，王文渊与王瑞华常常意见不一致；王瑞华极有主张，常常否定王文渊的提议，对此王文渊极为不满；由于性格与思想原因，王瑞华和3个“老臣”时有争执，常常谁也说服不了谁。由于无一权威人物，“行政中心”内部常常闹得不可开交，也有多名7人小组成员表示，不排除解散“行政中心”的可能。为维护公司形象，总裁王文渊曾率多位主管召开记者会，强调“决策运作模式不会做重大转变，但会因时间、空间改变进行微调”。“微调”是一种婉转的对外说辞，有头脑者可以看出，这实际上就是解散的序幕。

从台塑的高层权力架构设计中可以得出两个结论：

第一，顶层设计呈现出一种无逻辑性、非理性、扭曲性的粗放型状态；

第二，顶层设计未树立起一个权威中心人物，最高决策层呈无力状态。

台塑顶层设计归纳起来就是三个层次：第一层次，董事会，董事长李志村；第二层次，行政中心，总裁王文渊；第三层次，集团总管理处，总经理杨兆麟。董事长应该是公司最高权力核心人物，但是，李志村仅是个职业经理人，非王氏家族成员，在集团内也无股份。在“行政中心”7个人中，王文渊是总裁，董事长李志村又是总裁领导的7人之一的普通成员，是王文渊的下属，那么，王文渊和李志村究竟是谁领导谁？这与华为集团董事长同时任集团副总裁一样。另外，集团总管理处总经理杨兆麟也是“行政中心”成员，而集团总管理处又是“行政中心”的下属机构，于是，杨兆麟就是在自己领导自己。

王永庆在安排交接班时，根本就未把自己卸任后的董事长看成是神圣的职位，董事长的地位与一个“七人小组”普通成员没有区别。那么，台塑的最高权威人物是谁呢？是“行政中心”总裁吗？表面上看是这样，实际上又不是。王文渊表面上是集团行政中心总裁，但同时又设立了一个有相当权力的副总裁王瑞华，而王瑞华副总裁则几乎掌握着台塑的半壁江山，加之又有王永庆女儿这一“公主”身份，无法撼动。这样一来，行政中心总裁的权力就大打折扣。同时，由于行政中心存在“集体议事规则”，大小事务须全部经七人达成共识之后方能推行。

王永庆过世后，台塑高层所有事情都久拖不决，无法对瞬息万变的市场作出迅速反应，丧失了大量商机。由于所有事情都要“七人小组”集体讨论，一个会往往开数小时或数天，到最后仍然无法达成共识。台塑“行政中心”变成了一个决策迟缓、议而不决、互相牵制、不负责任、互相推诿、缺乏效率、缺乏合力、缺乏领导力的“问题机构”，越向前走越困难。

“行政中心”没有七人小组成员的任期规定和换届选举规定，一旦有成员突然离职或离逝，怎样增补新成员，走什么样的程序，也无详细规定，而这就为未来更大的权力斗争埋下了隐患。台塑的“行政中心”从2008年运作至今已整整9年时间，台塑内部人士透露，目前运作已相当艰难，最大问题是缺乏强有力的领导力和坚定快速的决策力，也有台塑高层多人多次提出要废除“行政中心”。

1931年，张忠谋生于浙江宁波。1949年赴美国留学，先后获得麻省理工学院机械系硕士和斯坦福大学电机系博士学位。27岁，张忠谋作为麻省理工学院毕业的硕士生与集成电路发明人杰克·科比同时进入美国德州仪器公司。

1972年，张忠谋就任德州仪器公司副总裁，是最早进入美国大型公司最高管理层的华人。

1985年，张忠谋辞去在美国的高薪职位返回中国台湾，受邀出任台湾工业技术研究院院长。

1986年，张忠谋创建全球第一家专业代工公司——台湾集成电路制造有限公司，并迅速发展为台湾半导体业的领头羊。因其在半导体业的突出贡献，张忠谋被美国媒体评为半导体业50年历史上最有贡献人士之一和全球最佳经理人之一。国际媒体称他是“一个让对手发抖的人”，而台湾人则尊他为“半导体教父”，是他开创了半导体专业代工的先河。

2005年5月，74岁的张忠谋辞去台积电CEO一职，未将这一职务交给自己的儿子，而是交给公司首席运营长蔡力行出任，张忠谋则继续担任董事会主席。蔡力行在惠普工作过8年时间，担任过研发项目经理、制造工程项目经理以及高层行政主管，于1989年加入台积电，在公司担任过不同的管理职位。很多时候，蔡力行下达指令后，受令者还会去问一下张忠谋的意见，蔡力行处于一种十分尴尬的境地。

事实证明，这一交接班的实际效果并不理想，2008年金融危机后，台积电事业出现明显下滑，人们一致认为蔡力行能力不佳，于是，2009年6月，78岁的老将张忠谋不得不重任CEO，再次披挂上阵。2010年，台积电营收比 2009 年同期增长 50%，盈利增长 70%，业绩辉煌，成为全球晶圆代工龙头企业、台湾第一大市值上市公司。而与此同时，蔡力行被彻底否定，永远失去了在台积电发展的机会与舞台。

但是，2012 年张忠谋已 81 岁，不可能让一个 81 岁的老将再当 20 年 CEO，于是，接班人问题再次被提了出来。2012 年 3 月 2 日，台积电公司对外宣布了一个十分奇怪的高层人事任命：

1. 任命公司研发副总经理蒋尚义、营运总经理刘德音、业务副总经理魏哲家三人共为集团执行副总经理暨共同营运长；

2. 蒋尚义、刘德音和魏哲家在研发、运营和业务三大领域实行定期轮换工作，每人在每个领域都工作 6 个月时间。

刘德音 57 岁，美国加州大学伯克莱分校电机暨计算机博士，是前任执行长蔡力行从美国延揽回来的大将，其管理风格温和平柔；蒋尚义 65 岁，美国斯坦福大学电机工程博士，在台积电员工中有“微笑先生”“好好先生”之美誉，2006 年 7 月曾从台积电退休，2009 年又重新出山；魏哲家 58 岁，美国耶鲁大学电机工程博士，是开发业务高手，也是让台积电从逻辑 IC 跨进类比 IC 领域的灵魂人物。

台积电代理发言人孙又文接受《联合报》记者采访时表示，“三人轮替制就是为了防止出现不协调，这就是试着做的原因，看看能否协调。”

张忠谋在台积电具有无可替代的地位，张忠谋等同于台积电，无论谁接班，只要张忠谋存在，就无法消除“张忠谋光环”。因此，蔡力行在任时，头上顶着张忠谋的光环，难有良好的发挥，业绩不佳很难说完全是蔡力行一人的责任。

为了避免再度出现与选用蔡力行时的用人失察，张忠谋采用“三人轮替制”，让刘德音、蒋尚义、魏哲家三人在研发、运营和业务三大领域每 6 个月进行轮换，与大陆华为集团的“六月轮值主席制”颇为相似，这种做法看似可以解决“把所有鸡蛋都放入一个篮子里”的问题，但又带来了两个更大的新问题：

1. “三人轮替制”实际上就是预定三位候选人，再根据每个人不同表现从中确定一人为张忠谋的接班人，但是，每人6个月换一次岗的“三人轮替制”很难让人看出三个人中谁能力最强，因为6个月的时间很难做出什么实际成绩。到最后，就是最会搞关系和阴谋、而非最有能力的那一位接任张忠谋出任CEO。

2.2014年6月张忠谋辞去CEO职务，仍保持董事长职务。2014年6月从三人中选一人为公司CEO，新任CEO头上仍顶着张忠谋光环，也难有良好发挥，业绩不佳是肯定的结果。一旦公司业绩再度下降，年近90岁的张忠谋是否还要再度出山？

无疑，美国留学回来的张忠谋具有“去家族化”的现代企业思想，但又仅限于“董事长不由家族成员担任”的手段，仍然是“人治”，只不过由家族内的人变成了外人，其结果还是中国式“人治”。张忠谋把眼光全部盯在“人”身上，而不是企业顶层设计上，这就是台积电交班踉踉跄跄、举步维艰的本质原因。此思维倘若不改，台积电未来之路必然凶多吉少。

华为集团1987年成立，2010年进入世界500强，2015年全球营业额为3 950亿元，全球第一大通信设备供应商，全球第三大智能手机厂商，也是全球领先的信息与通信解决方案供应商。华为集团创始人任正非1944年出生，2017年已73岁，仍未选定接班人，企业二代接班人姓甚名谁仍不明朗。

2004年，华为开始实行EMT制度，推行“轮值主席”制，由不同副总裁轮流执掌半年。经过两个循环，轮值主席制度演变成轮值CEO制度。轮值CEO在轮值期间是公司的最高行政首长。2009年，华为EMT成员如下：董事长孙亚芳、副董事长任正非、郭平、徐直军、胡厚昆，常务董事徐文伟，常务副总裁孙亚芳、副总裁费敏、副总裁洪天峰、副总裁徐直军、副总裁梁华、副总裁胡厚昆。

在EMT制度中，孙亚芳和任正非的关系最令人玩味，孙亚芳是董事长，任正非是副董事长，孙亚芳是常务副总裁，任正非是总裁，按说一个公司最高职务者为董事长，但董事长又是总裁手下的常务副总裁，孙亚芳和任正非到底谁领导谁呢?

“6月轮值主席制”的内容是公司行政长官每人任期6个月。

“6月轮值主席制”是一种逃避领导责任和短期行为的制度：企业“轮值主席”在检讨前期错误时，总会把责任推到前任身上，因为自己的任期只有半年，而任何一项重大决策的实施效果都会超过半年才显示出来；“轮值主席”的决策永远都是短期行为，时间不会超过6个月，因为超6个月，决策彰显出来的成绩就是下一任总裁的。

如果“6月轮值主席制”合理的话，那么，华为是否可以设计出一种更先进的“6周轮值主席制”或“6天轮值主席制”呢？事实上，只有“6年主席制”才是真正的“主席制”。

2012年，华为总裁任正非撰写了一篇内部文章《千古兴亡多少事，一江春水向东流》，文章最关键的文字如下：“开始了轮值主席制度，由八位领导轮流执政，每人半年，经过两个循环，演变到今年的轮值CEO制度。”还说这种无意中的轮值制度，平衡了公司各方面的矛盾，使公司得以均衡成长。

古稀之年的任正非没有在文章里说将来谁会接替他的位置，而是空谈“团结就是力量”，董事会成员轮流担任CEO，等等，似乎华为的制度永远是“皇帝轮流做，明年到我家”。

副总裁徐直军表示，“华为的交接班是文化的交接班，制度的交接班”。这段话的重点是“肯定不会找一个接班人来接班”，这就等于说，有一天任正非完全退休，接替华为最高领导权的将不是一个具体的个人，而是由八个地位完全平等的人组成的“董事长群”。

这是任正非在不愿放弃对华为控制权的一种制度设计。这种设计安排只能说明一个问题，原掌权者在面临无法避免的权力交接时，不愿意继任者享有与自己目前同等权力而进行的一种设计。在华为，当“6月轮值主席”遭遇大事时还是会请示任正非。事实上，目前的“6月轮值主席”决非杰克·韦尔奇那种意义上的“企业总裁决者”。

笔者和一位在华为任高管职务、在法国生活过5年的管理学博士朋友谈及此事时，博士说："半年轮值主席制之所以能运转9年，就因为任正非这个超主席的存在，半年轮值主席制实际上是在玩虚的，如果10年后任正非不在了，半年轮值主席制就会玩实的，这时绝对玩不转，这样就必然会废除轮值主席制。华为高层每个人都能看出轮值主席制的荒谬性，华为高层管理者学历都在硕士以上，一半人从国外回来，华为人最不缺的就是智商，每个人都看穿了这套把戏，8个轮值主席也心如明镜。现在的问题在于，大家都明白一个道理，华为是任正非首创，一个没有任正非的华为就不再是华为，正因为如此，大家才不愿把问题摆在桌面讲明白。就像是揣着明白装糊涂地说皇上身上穿着新衣服。8个轮值主席每个人在公开场合都赞同轮值主席制，当着任正非的面都讲轮值主席制伟大、光荣、正确。任总已70岁，人过七旬古来稀，人总有走的一天，等任正非走后，八大金刚就会把一切翻转过来。就算任正非在离去前把任平扶上马，一旦'父皇'离去，八大金刚还是会把任平拖下马。第一，任平只有继承的1.42%的股份，第二，任平没有'先帝'的能力和威力，凭什么能力干得久?"

"轮值主席"制仅是任正非在任时控制华为的一种临时安排，一旦任正非离去，"6月轮值主席"这一非理性的制度必然终止，而终止它的人正是现在的华为高层内部人员。一种科学的体制应该是创办者身后也能长久延续，而一旦创办者离世后该体制戛然而止，则表明该体制一开始就存在错误。

任正非始终无法对媒体回答这样四个问题：

1. 轮值主席制对华为是一种百年制度，还是一种权宜制度?

2. 如果是百年制度，那么，在任正非百年之后，这一制度是否还能维系下去?

3. 如果可以维系，那么，怎么具体维系下去?

4. 如果只是一种权宜制度，那么，华为的百年顶层设计制度又是什么?

事实上，不要说任正非不敢对媒体回答这4个问题，就连对自己也不敢回答，轮值主席制内在的反理性机制让这一问题根本就无法回答。如果一定要客观理性地回答，就只能如是说："无法维系。"

2013 年 4 月 28 日，任正非在华为公司发了一份内部邮件，邮件回应了三大问题：

第一，关于公司上市的问题：5～10 年内不考虑整体上市，也不考虑分拆上市。

第二，关于接班人传闻问题：我的家人永远不会进入接班人序列。

第三，关于与媒体关系问题：对于媒体来说，我是全透明的，不一定非得面对面接受采访才算透明。

姑且不论邮件内容如何，仅邮件方式本身就耐人寻味：任正非不是公司董事长，也非公司时任轮值主席，更非公司法定新闻发言人，其正式身份只是公司副董事长，是否上市一类大事理应由董事会正式对外发布。"邮件事件"至少说明了一个问题，在任正非和全体华为人的潜意识里，副董事长任正非仍然是华为最高领导人。

台塑、台积电、华为的顶层设计有着某种共同点，三家企业都是一种高度集权的"强人体制"，企业创始人具有无可替代的权威及影响力，靠第一代创始人的才智及威信就可摆平一切。

但是，无法回避的问题来了，当第一代创始人日渐垂暮时，任何一位第二代领导人都不可能具有前辈的巅峰权力光环时，企业顶层权力又怎么办？这时只有两种办法：

第一，像美的集团和台湾艾美特公司一样改变集权的"强人体制"，建立起民主分立的管理体制；

第二，建立一种"四不象"的集体领导或轮流坐庄体制，如"七人小组制""三人轮替制"或"轮值主席制"。

对于第一种方式，华人企业家都有着一种本能的抗拒心理，因为这意味着未来的企业不再跟自己姓，而是姓"公"，于是，台塑、台积电、华为只有选择第二种方式。但是，第二种方式也有问题，"七人小组制""三人轮替制"和"轮值主席制"是一种效率极低、内斗严重、决策艰难的体制，出现问题永远找不到具体的领导责任人，集体负责就等于谁也不负责。而且，集体负责制是一种终身权力制，几位核心决策人不再每四年选举一次。

其中最为荒唐的是“轮值主席制”，如果说“七人小组制”在企业创始人离逝后还能勉强维持的话，那么，“轮值主席制”则在企业创始人离逝后会立即寿终正寝。

那么，有没有可能第二代领导人中也出现一个强人，继续“强人体制”呢？可能性极小，因为在第一代“强人体制”中，强人绝不允许另一个强人的存在。老狼只能与小羊在一起共事，如果羊群又出现一只小狼，则必不被老狼容忍，小狼要么被赶走，要么变成小羊。

台塑、台积电、华为的顶层设计实际上是一种既不愿走企业体制传承之路，又希望企业能长期维系下去的顶层设计，没有任何科学性和先进性，充满了非理性色彩，连设计者本人也对它充满了疑惑与无奈。

第五节　从华人企业倒闭看“顶层设计失败”

海外华人及港台企业通常都是一种政治集权化和权力私传化状态，老板一权独大，没有民主、没有监督，企业董事会和高层经营团队大部分为家族成员，形成“家族内阁”。企业内也存在激进的“反对派”和温和的“保皇派”，而“家族内阁”对两派人都不信任、不接纳、不重用，久而久之使两派人马都产生“政治冷漠”，要么离职，要么只管拿工资不管闲杂事。而一旦“家族内阁”的错误决策引发企业的“保路运动”和“武昌起义”，“反对派”和“保皇派”都不会积极地为企业力挽狂澜，要么马上离职，要么一旁冷眼旁观，坐视企业破产。最后，“爹未死娘就嫁人，各人顾不了各人”。

1882 年，胡文虎出生在缅甸仰光一个华侨家庭，从小不爱读书，好舞枪弄棍，1918 年，大字不识几个的胡文虎在新加坡创办了第一份海外中文报纸《星洲日报》，接着又陆续在厦门、香港、曼谷等地创办了《星华日报》《星岛日报》《星岛晚报》《英文虎报》，经过数年发展，最终建立起了一个报业王国。

1928年，胡文虎在上海和香港设立银行，以香港为定居和营运中心，同时在厦门、汕头、广州、上海、天津、汉口、西安、台湾和海口开设分行。

1932年，胡文虎到马来西亚和新加坡发展，势力越来越大。1938年，56岁的胡文虎资产达3 000万美元，在国内身价百倍，还担任了中国银行名誉顾问。

抗战时期，胡文虎在厦门、汕头、广州、上海、天津、汉口、西安、台湾和海口的银行分行全都停业或被日军摧毁。然而，这一切在胡文虎眼里并不算什么，抗战胜利不足一年，一切又全面恢复。除经营银行和办报外，胡文虎还制售“万金油”“八封丹”“头痛粉”等“虎”字商标药品，使他成为仅次于陈嘉庚的富冠南洋的华人亿万富豪。

1954年9月4日，72岁的胡文虎因心脏病去世，接掌胡家报业的是他最小的女儿胡仙，原因是在胡家诸多子女中，胡仙的性格及行事最像父亲。这一年，胡仙22岁。

继承父业后，胡仙接连做出一系列出色的举动，使星岛报业越来越兴旺。1972年，星岛报业在香港上市，并在20世纪80年代雄霸香港报业广告，无人能与之匹敌。鼎盛时期，胡仙名下控制的报纸多达7份，包括《星岛日报》《星岛晚报》《英文虎报》《快报》《天天日报》《华南经济日报》及在深圳创办的《深星时报》。星岛集团俨然是一个稳如泰山的报业王国，胡仙则在这个王国里也名声显赫，而此时，公司里连“家族内阁”都没有。

1985年，胡仙进军房地产市场，竞购香港地王大厦，半年后以8.3亿港元将地王大厦转卖，获利近2亿港元。初战告捷后，胡仙又在澳大利亚、新加坡、美国、加拿大等地大举出击，大量举债参与近20项物业投资。

1989年，海外地产业一落千丈，胡仙背上了沉重的债务。在股东大会上，胡仙首次承认以往投资海外地产比例过高，导致星岛集团背上巨额债务。由于负债累累，星岛集团开始进行债务重组，变卖资产救急。胡仙首次出售的财产是其个人名下持有的《快报》，以 3 500 万港元卖给了南华证券。

此时，正值美国华人企业王安计算机公司因“子承父业”式传承而倒闭，王安的儿子王列成为葬送父亲江山的“秦二世”，胡仙了解这个事情过程后心中不寒而栗，不断提醒自己：“挺住，千万不要步其后尘!”

1998 年亚洲金融风暴发生后，星岛股价跌到不足 1 元。胡仙个人负债已达 6 亿港元之巨，无奈之下不得不出售所持有的星岛集团所有股权。此时，胡仙昔日的恩人何英杰反目为仇。何英杰 1991 年曾借 5 亿港元给胡仙脱困，胡仙拖了 7 年未还清。1998 年 12 月，何英杰正式要求胡仙偿还欠款，向胡仙发出“法定要求偿债书”，通过儿子何柱国名下的一家公司正式向法院指控胡仙未能清还借贷，要求法院颁令胡仙破产。

1998 年 12 月，李嘉诚的长江实业集团斥资亿元收购虎豹别墅。虎豹别墅是胡仙父亲胡文虎于 1935 年建造，是星岛报业集团的标志，更是胡氏家族的祖传家业。虎豹别墅的出售意味着胡仙已陷入山穷水尽的困境。1999 年 3 月，已经房产尽失的胡仙被迫将星岛报业出售给国际传媒集团，胡文虎后代旗下再无任何产业。

我们再看一下港台企业的倒闭方式：2003 年香港宝丽金集团倒闭、2004 年香港金山华络公司倒闭、2007 年台湾硕泰克公司破产、2008 年香港老牌电器连锁店泰林公司倒闭、2008 年香港百灵达集团倒闭、2008 年香港合俊集团倒闭、2008 年香港毅力集团东莞汽车电子厂破产、2008 年台湾精碟科技公司倒闭、2009 年台湾茂德科技倒闭、2013 年台湾海陆运输集团倒闭，无不都是这样一条“清廷式死亡轨迹”。表面上看，以上倒闭事件都是金融危机、成本上升、材料上涨、市场萎缩等外力所致，但只要找来这些企业一手“死亡史料”研究一番就会发现，金融危机外力的背后都是如清朝覆灭一样的“政治死因”，都是内部“清廷政治式体制”运作所致。

1986年，美国华人企业王安计算机公司以30多亿美元在世界500强中名列第146位，在世界各地雇佣3万多名员工，王安个人财富以20多亿美元跻身美国十大富豪之列，仅6年后的1992年，王安计算机公司破产倒闭。而倒闭的原因决非外界宏观环境，决非不可抗拒的外力，决非资金不足、技术落后和设备陈旧，而是内部集权型、封闭型、血缘传承型的企业内部“清廷政治体制”。

最极端的例子是2007年8月11日佛山的香港因美泰玩具公司董事长张树鸿因“产品召回事件”而上吊自杀，企业随之倒闭。而“产品召回事件”则是一系列没有“企业议会”、没有企业内部权力制约机制的决策的最终结果，因美泰的张树鸿首当其责。

2008年10月，合俊集团一夜之间轰然倒闭，7 000名员工拉着横幅喊着口号追讨拖欠的工资；讨债的供应商怒气冲冲地占领了公司财务部和采购部；胡锦斌与合俊全体高层则集体“蒸发”，无影无踪。广东东莞樟木头镇社会处于白热化状态，空气中弥散着火药味，骂声、哭声、怨声、喊声一片，当地政府官员彻夜开会，商量解决对策，以稳定局势。

合俊集团高管陈奇否认了外界关于“工厂倒闭是因为美国金融风暴”的说法，他说：“我们的订单根本做不完。”那么，到底是什么原因导致公司倒闭呢？看一看倒闭之前曾发生的两件匪夷所思的怪事就明白了：

2007年7月，合俊集团曾花5亿港元巨资收购一家名为“雅田”的玩具厂，给自己背上巨大债务，收购不久雅田玩具厂就关门倒闭，5亿元打了水漂。2007年10月，合俊集团以3.09亿港元向美籍华人唐学劲购买了福建天成矿业48.96%的股权；唐学劲再用727万元人民币从合俊集团接手天成矿业95%的股权；唐学劲在一买一卖之间获利3亿港元，合俊集团亏了3亿港元；唐学劲持有合俊集团25.62%的股权，成为合俊集团十大股东之一。以上两件事让本来就利润微薄的合俊集团资金链断裂，走向了灭亡。

合俊集团为什么花5亿港元收购一家注定亏本的玩具厂？为何收购不久该厂就关门倒闭？合俊集团何以天价收购天成矿业股权？唐学劲何以能成为合俊十大股东？这两件让合俊集团吃大亏的决策究竟是谁做出的？合俊集团董事会有没有集体讨论表决这两项决策？合俊集团监事会是否对两项决策提出过反对？一切尽在茫茫黑幕之中，不得而知，而倒闭破产却真真切切。依笔者分析，合俊集团破产倒闭也是由“清式政治运作模式”所致。

合俊集团就是典型的“清廷式政治集权化和权力私传化体制”，老板胡锦斌一权独大，没有民主、没有监督，企业高层经营团队多为家族成员或有特殊背景成员，组成“家族内阁”，重大决策从来不经过企业管理层的“议会表决”，监事会和股东大会毫不发挥作用，这种状况就是不折不扣的“顶层设计失败”。收购雅田玩具厂和购买天成矿业公司股权的决策与清廷对川汉铁路“收路夺款”决策一样，于是，结局就是如清王朝一样，按“清廷式落后轨迹”而死。

合俊集团倒闭时的场景真可谓“爹未死娘就嫁人，各人顾不了各人”，一夜之间，工厂所有剩余财产均被“九光”：分光、拆光、抵光、拉光、卖光、赔光、偷光、抢光、砸光。

1935年，日本研究中国学者、鲁迅的朋友、日本“内山书店”老板内山完造出版了他研究中国的专著《活中国的姿态》，书中有这样一段文字：“中国不知为什么，有限公司总不能赚钱，一所公司才成立，则各董事无一不将自己家族亲戚拉入公司，使其吃公司，这些‘皇亲国戚’们每天只是叼叼烟卷，拿拿干薪罢了，像白蚁蚀巢一样，结局就是将公司吃倒吃垮。”

82年过去了，当今全球华人企业仍然如此，以上景观并无根本改变。从一开始，华人企业肌体内在着一种顽固的家族经营和血缘传承为取向的“顶层设计失败”，即便是明星级企业也未能免俗。

华人企业倒闭和中国王朝覆灭有一个相同之处，没有现代企业的顶层设计，决策呈现出一种个人化、私欲化、黑箱化状态，成了一种“顶层设计失败”，这种“顶层设计失败”一旦与外界灾难诱发元素相结合，便会导致企业破产。华人企业传承都是围绕“人”，要么是职业经理人，要么是自己的家人，没有第三种传承方式。只有在“外人快死法”和“家人慢死法”之间进行选择，而从不考虑“永生不死”型的现代企业顶层设计。在“中国式”思维方式中，企业厄运在创立的第一天就已经决定了。

第三章　传承的不同思考：日本企业这样传承

“日本是一个不一般的国家，是一个隐藏在‘暧昧’表象下、无与伦比的单一民族集团性和不择手段进取性的国家。不管‘菊花’也好，‘剑’也好，都是为了维护大和民族的共同体而进取扩张的手段——不同的手段而已。在日本人的世界里，两种不同的东西构成了奇特的互补。”

——新加坡资政李光耀

日本 DATABANK 调研公司调查结果显示：截至 2012 年，世界 500 强企业平均寿命 40 年，美国企业平均寿命 25 年，日本企业平均寿命 35.6 年，最长的为制造业，为 45.4 年。日本企业交接班已完全实现社会化、制度化、法理化、非家族化，日本企业平均寿命全球最高，不仅超过美国，也超过欧洲任何一个国家。

幕府时期，日本即实行财产“长子继承制”，以保证民间财富的集中与扩充，因此，即便在封建时代，日本社会也存在一个以将军和大名为主体的稳定的、有实力的、能长期延续的庄园领主阶层，类似于中产阶级，日本封建庄园领主制与西欧各国庄园领主制极为相似，都具有财富传承的不拆分性和长久延续性。

幕府时期对财富延续及对资本尊重的文化被保持了下来，日本企业家及小业主具有普遍的理性思维，更加着眼于长远。因此，对日本企业家而言，重要的是企业的永续经营、是企业旗帜永远不倒、是企业创始人的家族成员每年得到的企业股份分红有多少日元，至于企业的董事长究竟由谁担任？企业到底姓什么、由谁控股？这些并不重要。

日本企业家普遍认为：企业血缘传承和百年长寿在机制上是相互冲突的，是二者必须取一的哲学关系，彼此只能选择一个。如选择血缘世袭传承，企业未来一定走向倒闭，如果选择企业百年长寿，一定要舍弃血缘世袭传承。

第一节　亲眼所见：日本公司顶层设计

2012年5月，笔者应深圳一家管理顾问公司邀请，参加该公司组织的赴日“精益生产考察团”飞赴日本。我的主要目的不是去考察“精益生产”，而是借此机会近距离观察一下环太平洋近邻的“企业顶层设计”。

5月11日，考察团乘日本NAN全日空航班从中国香港飞往大阪，日程安排是，从大阪乘汽车到京都、名古屋、富士山、横滨，再抵东京，考察“精益生产”模式，再从东京飞回香港，共计10天时间。

东京×电器株式会社创办于1912年，是一家生产家用电器的企业，内外销均使用本企业品牌。公司拥有1 000名员工，迄今已经整整100年历史，被一些日本商务考察中介公司誉为“集中体现了日本企业的管理水平”，因此常有国外企业考察团造访。笔者深圳住宅对面住的是一对香港夫妻，爱唠叨的女主人常常在我太太面前夸耀她20年前在日本买的一只电饭锅质量超好，说内地品牌电饭锅大都只能用5年，这只日本电饭锅20多年仍完好如初，煮出的饭美味爽口。那只锅就是东京×电器株式会社的产品。

考察团在参观公司技术中心时，我看到会议室里一个穿着沾有油污工作服的员工正手握一个产品给10多个打着领带的白领职员讲着什么，一边讲一边用笔在白板上画着示意图。我问日方接待员：“他在讲什么?”会中文的接待员说，讲课者是车间一名普通员工，听课的是技术中心的工程师，员工说技术中心编制的一款新产品的《作业指导书》有一个错误，应该怎么纠正。这让我大感意外，《作业指导书》是技术部门编制出来指导生产工人操作的权威性指导文件，怎么会让低层员工来给工程师们讲课?如果在中国，低层工人怎么会提出《作业指导书》存在错误？技术部门的工程师们又怎么可能坐下来聆听一个小小打工仔“胡说八道”呢?

×公司厂房车间颇为陈旧，厂区空间狭小，第二次世界大战时曾遭轰炸，目前的厂房设施大多数是20世纪40年代末建筑，80年代又经全面修缮。员工年龄普遍偏大，与华人企业生产线清一色年轻人截然不同。公司每个职员办公桌及座椅都根据各人不同身份来决定其款式，会长（总经理）、社长（总经理）、专务理事（副总经理）、部长、课长、助理、专务担当、普通职员，每一个等级职务的桌椅都不尽相同。等级文化更体现在日常工作、举手投足的一切行为之中，如开会、就餐、接待客人、上下电梯等，都要体现下级对上级的尊重。

日方接待员在向我们介绍公司历史时讲了这样一件事情：1960年，有一次工人因为对工头的霸道行为及公司工资福利政策不满，由工会组织采取抗争行动，工会向董事会提出了增加工资福利的要求，工人们成立了工人纠察队，用拳头赶走了工头，然后用自己的方式将生产线产量提高了两倍，这让那些平日耀武扬威的工头们丢尽了脸。于是，董事会决定解雇那些被纠察队赶走的工头，并答应了员工们的全部工资福利要求，抗争行动大获全胜。

由于笔者在国内一家生产防止瞬间电流冲击的KBO“控制保护开关”的企业工作，在×公司生产线上，我注意到在所有精密设备上都没有安装“控制保护开关”，于是，我问日方接待员：“你们的精密设备不装KBO控制保护开关，如果外来电流不稳，有瞬间强大电流冲击，造成设备起火燃烧怎么办?”

日方接待员说：“日本电厂输出电流十分稳定，不会产生瞬间强大电流冲击，因此，日本企业生产线和社会公共设施从来不需装什么KBO控制保护开关。”

我瞬间愣住了，中国有500多家生产各类控制保护开关的企业，南存辉的正泰集团就曾是控制保护开关生产企业，仅温州一地就有100多家KBO控制保护开关企业，如果换成日本，这500多家KBO企业就得关门。

在参观成品仓库时，仓库正在出货，我发现没有OQC出货检验员工作，便问日方接待员：“为什么没有出货检验员验货?”日方接待员说：“日本企业的产品只要经过生产线入库，就一定完全合格，不需要浪费人力再做双重检验。”

我说：“那有没有出现过产品质量不合格导致客户投诉或退货?”日方接待员说：“建厂100年了，一次也没有。”

我又一次瞬间愣住了，如此看来，中国几百万家工厂设置的上百万名“OQC出货检验员”的双重检验工作，都是在为企业疏松的质量控制体系而做多余的无用功!

我在国内企业参与过精益生产的推导，也参观过几家推行精益生产的在中日合资企业，因此，对“精益生产”考察缺乏兴趣。我向日方接待员提出了一个要求，希望了解一下企业“治理结构”和“顶层设计”，日方接待员不知道什么是“治理结构”和“顶层设计”，日语娴熟的我方考察团长向日方接待员解释中国“治理结构”和“顶层设计”概念，对方终于明白。我以为日方会拒绝我的要求，但是很意外，日方在请示社长后竟然一口答应了下来，定于第二天下午由公司社长森田恒弘、管理顾问大岛浩二和人力资源部长佐藤幸子女士在社长办公室接待我。

社长森田恒弘55岁，东京工业大学工程硕士，英国牛津大学管理学博士，曾在×公司驻韩国和美国办事处各工作5年；佐藤幸子女士45岁，德国柏林大学哲学博士学位，曾在日本某大学任教10年，主动停职到企业担任人力资源部部长，据说还打算再回大学任教；大岛浩二先生65岁，日本早稻田大学政治学博士，×公司聘请的东京某管理顾问公司高级顾问师。

我发现，社长办公室面积很小，办公设施较为陈旧，完全无法与一般华人企业老板办公室相比。双方坐下客套一番后开始进入正题，日语熟练的考察团长当翻译。

森田社长说：“我接待过很多来考察的中国企业家，他们问我的问题大都围绕怎样迅速获得高额利润这一主题，如营销模式、设备性能、工艺标准等，对于企业顶层设计问题，没有一个企业家问过我。”

我说：“中国香港、台湾的华人企业家总有人向您提过这个问题吧?”

森田社长说：“华人企业家关心利润，不关心体制，注重扩张，不注重传承，一般华人企业寿命到30年已是极限。我甚至认为自己有生之年不会被中国人问到企业顶层设计问题了，你是第一个向我提出这个问题的中国企业管理者，我很意外。”

我颇为不悦地说：“阿里嘎多（谢谢），我想问一下，贵公司的顶层组织架构是怎样的?”

森田社长回答说：“2002年日本国会颁布了新的《公司法》，把过去的董事会与监事会并存的二元管理结构改成了董事会下设审计、提名、薪酬委员会的‘委员会制度’，取消了监事会。×公司从2007年开始由过去的二元管理模式转型到委员会制度。公司最高权力机构是株主大会（股东大会），股东分为三个部分，第一部分是外公司股东，属法人持股；第二部分是银行股东；第三部分是个人持股，个人持股是公司创始人吉泽先生的后代，另外，也有一些企业之外的社会小股东。株主大会下面是董事会，董事会会长由株主大会选举产生，5年改选一次。董事会下设三个委员会，分别是审计委员会、薪酬委员会和提名委员会。审计委员会职责是监察董事和社长、向株主大会提交聘任和解聘会计师事务所议案、审查财务报告和业务报告；薪酬委员会职责是制定公司薪酬政策；提名委员会职责是向株主大会提交有关董事任命和解聘的建议案。”

我问道：“那么，老板在公司里担任什么管理角色?”

森田疑惑地说：“我不明白你说的这个‘老板’是指公司里什么人?”

考察团长向森田解释中国人关于“老板”的概念。森田听懂之后笑道：“在日本公司，通常并没有一个作为具体个人的老板，如果一定要找出这个老板的话，那么，他是一个团体，就是株主大会全体成员。会长（董事长）并不是老板，也不是最大股份的拥有者，会长原本只是董事会的董事，通过董事会提名、经股东大会投票通过后才成为会长。会长与你们中国的老板完全是两个概念。中国大陆、台湾、香港的企业，会长必须是企业创始人或创始人的儿子、孙子，拥有资产所有权，权力至高无上。而在日本企业，老板的概念非常模糊，企业一般都是股份多元化，很少有哪个人拥有绝对股份，即便是某人股份超过了51%，也未必就是会长，因为会长要经常改选，今年担任会长者是最大股东，明年可能会由别人担任会长。第一任企业家创业时确实是老板，但他死了以后，企业股份就会多元化，随着企业继承人的变化，老板也就逐渐不再是老板了。而且，日本企业股份以法人持股居多，这样，就更不存在老板了。”

我问道：“那么，企业的最高决策者是谁呢？”

大概是因为涉及自己的职务，森田请人力资源部部长佐藤幸子回答。佐藤女士戴一副眼镜，一身职业套裙，气度高雅、文质彬彬，人到中年仍楚楚娇美，举手投足间透出一股高知女性的儒雅柔美。

佐藤幸子博士说：“最高决策者是社长，就是企业总经理，社长就是企业最高行政负责人。×公司没有老板，如果一定要找出这个老板的话，那么，老板就是株主大会全体成员。”

我问道：“那么，社长是如何产生的呢？一般是从企业内部选拔还是在外面聘请？社长的任期一般有多少年？如果社长任期结束之后又当如何安排其位置？”

佐藤回答：“企业社长由董事会会长提名，董事会全体通过，任期一般为3～5年。社长一般从公司内部产生。公司从一开始在人力资源安排上注意培养具有社长潜质的各部门部长和课长，作为未来社长的储备人选，日本企业很忌讳从社会上聘请社长，这样做风险太大。没有火灾的时候就要准备好消防器材，不要等大火燃烧起来后再去买灭火器。人力资源部一开始就必须为公司10年后的社长人选做准备。比如，森田社长25岁硕士毕业来到公司工作，在公司已经工作了30年。社长任期结束之后有两种出路：第一，如果他在任期能力卓著，会长提议他连任一届，一般都会获得董事会通过，比如，森田社长就已经任满两届了。但最长不能超过三届；第二，也可以担任董事会的会长或董事会三个下设委员会的负责人，如果担任会长，前会长就担任本企业管理顾问；第三，如果他是技术出身，有一定技术专长，可以担任公司的技术开发顾问，或某一方面他擅长的专业顾问。决不会让卸任总经理离开企业。”

我又问：“近年来日本首相总是像走马灯一样换来换去，日本企业社长一般都能任满法定任期吗？”

佐藤回答："日本社会特点是上层流动下层稳定，企业和地方政府官员十分稳定，日本企业高层管理者只要任期内没有贪腐行为、没有严重失职，为了企业高层稳定，一般都能够做满任期，即便是工作上有一些小瑕疵也无关大雅，任何人都会有失误，日本企业不会因为一点小失误就马上撤换社长。一般日本企业社长都是稳定的，与首相完全不同。"

我问道："能够任满任期的日本企业社长的比例是多少？"

佐藤回答说："这个我倒没有进行过统计，估计日本也没有专门做这方面统计的政府部门或民间机构，但是，就我个人经验来看，应该在99%以上，比如，森田社长就已经任满两届了。"

我又问："那么，一个能力卓著的社长最多能任几届？"

森田说："最多连任两届，明年我就要卸任了。不过，这也没有全国统一规定，各企业可以根据自己的实际情况而定，如果社长表现十分优秀，年龄和身体状况又允许的话，经过董事会提名，株主大会（股东大会）通过，还可以再连任一届，但是一般不会超过三届。"

我又问："如果某位总经理上任后各方评价很差又怎么办？能否撤换？"

佐藤说："那要看是什么原因，如果是品德问题，比如，有贪腐行为，那毫不客气，马上罢免并予辞退。如果此人行为处事上有些激进、不太会处理人际关系或某些怪异的个人行为导致众说纷纭，但同时企业效益又在持续增长，这没关系，每个人都会有些毛病，就是再换一个人也会有另外一些毛病。最关键的是看他的实际业绩，如销售额、利润率、产品不良率和客户投诉率。"

我又问："如果他品德很好，但销售额、利润率一直很差，那又怎么办？是否会在任期中途就立即予以撤换？"

森田请管理顾问大岛浩二回答。大岛先生65岁，政治学博士、东京某区议会议员、日本管理协会（JMA）会员、东京某管理顾问公司首席顾问师，曾在中国台湾某大型财团任管理顾问10年，熟悉中文。

大岛说："董事会在任命一位新社长之前都会进行认真考察，要倾听各方意见。日本企业总经理年龄一般都在50岁左右，最年轻者也不会低于45岁。由于候选人这时通常都已经在公司任职20～30年，他的一切优缺点都暴露无遗，一般不会出现失察用错人的情况。如果万一用人失误，一般情况下也不会马上撤换，通常的做法是在他的第一任期结束后不让他连任即可。如果一位社长任职才半年或一年就撤换，企业高层就没有稳定性，一个企业总经理不稳定比总经理能力低更危险。除非他的能力差到无以复加的地步，但是，如果能力这么差，当初董事会怎么会选拔他上来呢？这种情况在日本企业不存在。”

我又问：“为了几个儿子利益均衡而将企业强行拆分、老板死后数个遗产继承人为了利益进行内斗的现象，在日本企业是否也存在?”

森田说：“日本在幕府时代之前，父亲的财产也是平均分配给每一个儿子，到了幕府时代，日本的德川家族的将军发现这种做法会造成社会单个小手工产业的衰败，因为每一次分家就会造成一个完整作坊的解体，就会造成社会经济细胞的破灭，因此，幕府将军就下令实行长子继承制。在一个家庭里，只有长子才能够继承父业，次子和三子必须独立到外面去打拼。这样就使得社会上每个小经济体免于分裂，也就保护了日本工商业发展。第二次世界大战后的日本《民法》虽然言明企业可以多子平均继承，但是，真正这样做的日本企业并不多，绝大部分还是单子继承，日本虽然是法治国家，但在这一点上民众好像不太守法，如果一个日本农村的老夫妻把全部家产给了长子，只要次子和三子不去起诉，政府也不会干预此事。另外还有一个做法，就是超血缘继承，如果父亲发现儿子能力低下，可以把产业传给养子、女婿、旁系亲人或管家。日本企业主不把血缘看得至高无上，在血缘传承与企业发展之间发生冲突时宁愿选择后者。我看过一份资料，日本自明治维新以后企业主把产业传给养子、女婿和管家的约占1/3，这种传统直至今天仍然延续。日本人不把血缘关系看成是家庭的唯一纽带，日本人的家庭概念是一个大家族，其中包括旁系亲戚、远房亲戚、养子、女婿、管家以及店铺伙计，他们都是家族成员，都拥有与自己亲生儿子平等的产业继承权。18世纪的大阪就有商业协会会员集体签下协议，不把家产分给子女，而是交给作坊和商铺的‘番头’（管家）。×公司创办于1912年，由吉泽弘一先生创办，吉泽先生在1938年将企业大权交给了自己的养子小岛，小岛先生在1960年将企业交给了自己的女婿矢村先生，矢村社长从1970年开始推行企业股份多元化，不断缩小自己的股份，同时卸下社长职务转任会长，在1980年又辞去会长职务，由外人担任社长与会长，自家人全部离开企业。到2012年为止，吉泽家族仅保有公司8%的股份，只有一名董事在企业任职，但是，公司的商标和旗帜一直保留了下来，再过300年也不会改变。这就是×公司经营100年而立于不败之地的奥秘所在。”

佐藤女士说：“日本是一个岛国，资源贫乏，国土狭小，没有什么自然优势和天然竞争力，但拥有企业顶层设计制度，这就是日本经济的核心竞争力。如果哪一天有两家中日大企业展开市场竞争、中国公司败下阵来的话，那它绝不是输在设备、技术和市场上，而是败在企业顶层设计制度上。”

我心中一愣，此话正刺中我心灵深处的那扇门，我又问：“贵公司有没有老板的家族成员在企业任职?”

佐藤女士说：“既然没有老板，也就没有老板家族成员。会长和社长都不是老板，他们家里也无人在公司任职。”

我问：“日本企业创始人把公司股份多元化、社会化，又让自己的家人后代退出企业，这样不是断了家人后代的生计吗？以后让家人后代靠什么为生?”

佐藤幸子回答说：“恰恰是让自己家人后代退出企业，才是保证他们生计的唯一出路。您想一下，如果由自己家人后代来经营企业，两三代后企业必然倒闭，家人后代必然沦为工薪阶层，到别人的公司去打工。现在让他们退出企业，让专业精英来管理企业，企业就可以经营300年以上，只要企业永久存在，家人后代就可以永远靠股份分红为生，永远有生活保障。我是学哲学的，其宗旨就是使人的决策和行为符合自然规律、符合事物发展的自身内在逻辑、符合天理和人性。理性主义排斥个人情感、排斥主观臆断和不切实际的幻想，完全遵循事物自身的发展轨迹。”

我说：“如果家人后代不甘于只分股份红利的庸庸碌碌、无所作为生活，很想找个企业平台一展拳脚，想轰轰烈烈地拼杀一番，那又怎么办?”

佐藤说：“那很简单，他们可以以普通候选人身份按《公司章程》在日本大企业也有很多由创始人子女担任社长的情况，但都不是靠血缘继承，而是靠董事会民主选举。另外，他们也可以一边享受祖辈公司的股份红利，一边自己从头创业或到其他公司任职，同样可以找到平台一展拳脚。其实，他们就算不外出奋斗也能衣食无忧，但没有人愿意呆在家里享乐，都在外面工作。这大概就是你所说的不甘寂寞，想轰轰烈烈地干一番吧。”

我说：“如果后代在外求职屡屡无人雇用，自己创业又屡屡失败，想回祖辈公司一展拳脚，那又怎么办?”

佐藤说：“那太危险！回来肯定把公司整死！宁愿每月白给他付工资！也千万别回来！千万不要在祖辈公司里出拳动脚，那样只会把企业打死。”

佐藤女士的话让我产生一个感觉：理性主义对于中国人来说是多么的遥远，中国自近代以来的所有历史悲剧难道不都是缺少理性主义所至吗?中国传统文化与企业制度设计上最缺失、最不足的不正是在这里吗?

虽然在国内时参观过不少日资企业，但此时仍强烈感觉到，无论是生产安排、设备管理、现场管理、仓库管理，还是员工敬业精神、工作效率、团队文化，一切都尽善尽美、无可挑剔。外在硬件是由内在软件所派生，软件决定硬件，透过日本企业“唯美”的外在硬件，我仿佛看到了日本企业隐藏在背后的那个“顶层设计”的软件。

第三天，考察团结束对×公司的考察，吃完午餐，大家坐在×公司会客厅等车接我们去成田机场。路过会客厅的管理顾问师大岛先生对我打招呼：“您好，公司安排的车还没来接你们吗？他们这么失礼可不好。”

我走出会客厅对他说：“您有空吗？想跟您聊一下。”于是，两个人到会客厅外办公楼大厅的沙发上坐下聊了起来。

大岛仿佛知道我想聊什么，便主动对我说：“像×公司这样的非血缘化企业在日本企业是一种普遍现象，华人企业也应该走这条路。”

我故意站在国内一些反对去家族化的企业学者的立场说：“各国的情况都不尽相同，日本企业的去家族化的做法不一定符合中国的国情，不一定适合华人企业。”

大岛博士说：“的确，每个国家都有每个国家的具体国情，都应该根据自己国家的实际情况来选择发展道路。”

大岛接着说：“1982 年我随日本管理协会 JMA 考察团到天津参访，第一次去中国，那时中国几乎没有私营企业。在天津的一家大型国营纺织企业里，我发现中国工人居然在棉花仓库里抽烟、在生产车间现场看报纸。但是，30 年过去，一切都变了。我上星期看了一则《朝日新闻》的报道，2011 年中国 60%的 GDP 由私人企业所创造。我相信，再过 30 年，中国民营经济会占 GDP 的 95%，和日本一样。日本企业非血缘化模式肯定也适合于华人企业，21 世纪内，中国至少 30%的企业都会实现非血缘化传承。”

大岛说：“任何社会的改变都是从少数精英开始，可以从一个民族的少数精英对外国人问的问题中看出这个民族在思考什么，这种思考会逐渐转化为一种思维，有一天当这种思维成为一种民族共识时，就会转化为具体的行动，那么，这个民族在这一领域的整体性改变就为期不远了。”

送机场的大巴车来了，考察团成员纷纷登车，大岛先生从办公室取了一个光盘送给我——《长寿企业大国——日本》，我感激地和大岛先生握手致谢，并向前来送行的美丽的佐藤女士挥手道别：“可尼希娃（你好），莎呦啦啦（再见）!”

上车之后，我闭上眼睛，眼中浮现出森田脸上呈现的轻蔑和不屑的表情，耳边响起那句话，“全世界的华人企业家都一样，只关心利润，不关心体制，只注重扩张，不注重传承，一般华人企业寿命到 30 年已是极限”，胸中五味混杂，心情久久不能平静……

第二节　日式财富传承：永远延续的财富

幕府时代之前，日本实行的是与中国同样的“家产诸子均分制”，但随着家产被后代越分越小，众多家族产业走向了消亡，可谓“末代之乱逆，子孙不和之基”（出自江户时代名著《世镜抄》）。

因为意识到了诸子分产的社会危害性，幕府政府在法律上废除了“诸子分产”制度，实行“长子继承制”，由长子继承全部或大部分家产，避免财产分割。长子对弟妹们负有各种责任，比如，安排弟妹到企业中工作或在一定时期支付一定生活费，但不会把财产分给他们一部分，也不能让他们留在家里长期生活。

“连炉灶前的灰尘都是长子的”，这句日本的流行语便是对这种习俗的反映。长子继承制避免了像华人企业那样在企业创始人过世之后就被诸子瓜分的命运，日本家族企业的发展在很大程度上得益于这种传统文化。

本家族财产由长子继承，其他儿子则送到有血缘关系的其他家族做养子，这样既避免了继承权之争和“袁世凯分家法”，还让血缘家族产业越滚越大。长子继承不是唯一的，如果事实证明长子不堪其用时，可由弟弟、养女婿、无血缘关系的养子等来继承，而没有子嗣的富豪家族则可尽早接收养子。确切地说，日本社会是一种“单子继承”制度。

在日本人看来，产业高于血缘、资本高于宗脉，家业继承者的能力远比他血管里流着谁家的血液更为重要，只要百年后自家产业和姓氏依然存在，至于产业掌管者是否为自己的宗亲并不重要。

日本的“家”与中国的“家”不同，日本的“家”是一个经营体概念，强调财产与居住关系，血缘关系仅作为财产、权力分配的参考依据，不作为必要条件。如果企业创始人认为儿子无能力接管企业，或儿子不愿接管，那么，他会在公司年轻人中物色一个能力最强的小伙子，把一个女儿嫁给他，婚满一年后，再通过仪式把女婿正式收养为自己的儿子，让其改姓成为自己的养子。然后，就由这个女婿养子成为家族掌门人。

在日本，“分家”的概念也与中国不同，日本所谓的“分家”是指由长子之外的儿子在本家之外建立的分支家庭，在同一村落中的本家和分家的关系是一种主仆关系，分家并没有土地继承权，这样就形成了拥有土地的本家和不拥有土地的分家的主从关系。

作为分支家庭，所耕种的土地所有权由本家掌控，由此分支家庭的经营就需依靠本家，这样就保证了主体家庭产业的完整不可分。这样，“家”就成为代代相传的永久性经济团体，家的土地、房产、农具及所有生产用具都由唯一一个主权者所有，不会分裂，“家”作为社会最基层经济单位，其完整性延续了下来。

日本家族企业在选择继承人时，首先考虑的是家族事业的永久传承，而不是血缘延续。对于日本家族企业而言，“业”的传承高于一切，产业必须选择最优秀的后代继承。如果家族选择养子或女婿来继承，养子、婿养子要改姓为家族的姓，被“扫地出门”的儿子可以做其他家族的养子或女婿，这种传统文化造就了日本企业的长久繁荣。

除长子、养子、婿养子继承外，日本还有一种“番头继承制”。18世纪，大阪地区的商人签订协议，不将企业传给无能的子女，如果自己没有女儿或女儿不愿意与父亲物色的婿养子结婚，就由“番头”继承家业。番头即是企业“总管”，“总管”大都是从社会上雇佣的，类似中国封建社会地主庄园的管家。“番头”通常在企业经营决策中享有极大的决策权，作为主人继承人的最后选择。

日本1947年颁布的《民法》从法律上废除了传统的“长子继承权”和户主制度，按照法律面前人人平等的现代人权原则，夫妇、亲子、兄弟姊妹以平等原则继承，从而确立了平均继承的制度。但是，与传统相对立的平均继承法律原则在日本很多地方难以实行，尤其在农村地区进行不下去。

一般情况下，真正继承家业的只有一个子女。如父母办有企业，一般情况下只能由父母钦定的继承人一人继承。

由于可以到血缘之外找女婿养子做接班人，这给现任掌门人的子女带来竞争压力，让亲生儿子不至于因为家业必然是他们的而变得懒惰，逼着他们去奋发向上！在这种压力下，即使家族企业最终由儿子接管，也不会“富不过三代”。

事实证明，“女婿养子”掌控的家族企业平均业绩与寿命高于亲生儿子接掌的企业。日本公司经营状况最佳的是女婿养子传承掌舵的企业，其次是职业经理人掌舵的企业，最差的是掌门人亲子继任掌舵的企业。事实上，直到2017年，长子继承这一与《民法》相对立的习惯做法在日本的很多地区还极有生命力地存活着，原因是“维持家产不分”的观念仍有很大的影响力。

三井家族一位掌门人说：“我宁可要女儿而不要儿子，因为有了女儿我可以选择我的儿子!”这话概括了日本家族企业继承模式的基本机制。三井财阀从17世纪创业起维持了300多年盛而不衰，就是得益于养子继承家业。从1900年到1945年，在三井财阀下面的总领家、五本家、五连家共29位负责人中，就有6人是养子；

日本产业集团旗下拥有日立、日产汽车、日本水产等多家大企业，该集团近百年都采取了“女婿养子”继承制度，集团辉煌的发展史就是其成功的证明；

松下电器株式会社在1918年由松下幸之助创建。1961年，65岁的松下幸之助把会长权力传给了婿养子松下正治，而松下幸之助的孙子松下正幸担任副社长；

丰田汽车创始人丰田佐吉在东京以机械纺织业起家，1936年正式进入汽车制造业。他有亲生儿子，但丰田佐吉年长后将整个家业交由丰田利三郎掌控，丰田利三郎原名叫小山利三郎，是丰田佐吉的婿养子；

日本著名百货商伊势丹的第二代创始人小菅丹治及其继任者高桥仪平都是伊势丹家族的养子；

住友集团开业200年，广濑宰平原被住友江户支号掌柜广濑义右卫门收为养子，由于他勤勉刻苦、善于经营，于1965年升为住友总裁，之后

30 年间把企业送上辉煌之路；

安田家族是明治维新时代的特权商人，安田善次郎一代建立的财阀以银行、信托、保险业为中心，是日本金融业的支柱企业。财阀创始人安田善次郎虽有儿子，却选择婿养子作为自己的继承人；

日本产业集团前身是久原财阀集团，创始人是久原房之助。在被父亲指定为继承人后，其兄长就被送给大地主田村做养子，弟弟也被送给另一位富豪做继承人，虽然是亲兄弟，姓氏却完全不同。

在亚洲，实行"长子继承"和"非血缘化"继承制的仅日本一国，这与欧洲自中世纪以来以英国为首的"长子继承权"制度不谋而合。如果说这种继承方式是明治维新时学习西方制度的产物，那倒令人不难理解，但是，"长子继承"和"非血缘"继承文化是在幕府初年就已经形成，比明治维新早 600 年，那时候，日本只与中韩两国来往，与西方并无多少接触，根本不了解欧洲的"长子继承权"制度，不可能学习西方。这让人觉得日本是亚洲的一个文化另类。如日本不具备这种文化特质，断然不会取得今天的经济成就。

"长子继承"和"非血缘化"继承是典型的"要产业不要平等、要财富不要亲情"的资本主义原则，有一种难以让亚洲人接受的"合理残忍性"，在漫长的亚细亚封建文化圈中基本上没有市场，即便在西方文明入侵之后仍然如此，至今为止，亚洲仍无一国采用这种做法。这表明，日本早在明治维新之前就已存在一种资本主义因子，存在一种与"袁世凯分家法"截然对立的继承文化，因此，明治维新后，日本得以在亚洲以最快速度实现资本主义。

日本家庭继承制让长子保住现有财富，同时，另一部分后代去新领域创造新财富，去其他领域、去军队、去海外浴血奋斗，开拓一番全新的事业，结果就是财富越来越多。失去继承权的儿子们把视野转向外面的世界，像美国西部牛仔和欧洲航海冒险家一样，开拓出一片全新的天地世界，从某种意义上讲，日本的历史是由在家里失去继承权的儿子们创造的。

第三节　走在世界前列的顶层设计

日本公司治理结构为株主大会（股东大会）、董事会、管理者（社长、副社长、专务、常务）、监事会四层结构。其中株主大会是公司的最高权力机构，董事会是重大问题决策机构，管理者负责日常经营活动，监事会负责廉政监察。

株主大会一年召开一次例会，大部分株主大会在30分钟之内结束，而且，大部分株主大会仅由管理者做单方面说明，极少股东提出质疑。大股东平常极少来公司，一个职员在公司入职10年未见过最大股东的情况十分正常。

日本企业董事候选人主要由社长提名，大多数时候在株主大会上都会原封不动地获得通过。虽然日本《商法》规定，社长任免由董事会决定，但由于董事会成员几乎是由职业经理人安排的人员组成，极容易与管理者形成合力。因此，日本企业与其说是所有者控制，还不如说是管理者控制。

日本大企业董事会成员有许多外部董事，很多企业董事会中外部董事的人数超过内部董事，外部董事一般不以谋求股息或红利为目标，也不参与企业的经营管理。企业经营稳定时，外部董事不参与任何经营活动。

日本企业外部董事制度弱化了股东对企业经营的影响，强化了企业管理者的独立地位。同时，董事会中非股东董事人数有较大比例，为管理者独立行使决策权、少受股东干预创造了良好的条件。一言以蔽之，日本企业形成了一种使产权所有者无法干预企业日常管理事务的体制架构。

严格说来，日本企业全都是“家族企业”，而日式“家族企业”呈一种“四无”状况：1. 企业创始家族无绝对控股，且股份越来越少；2. 企业创始家族成员要么从事“非企业”工作，要么自行创业，要么到其他公司任职，无人在自家企业内任职；3. 通常情况下，家族无人在企业任终身董事长和总经理；4. 企业创始家族成员即便是在企业任董事、监事一类职务，也从无“干政”行为，一般都依从现任董事长和总经理的决策。日本家族企业后代大都跟松下幸之助的后代一样，一边拿着3%的股权，一边干着与松下公司毫无关系的事情。因此，用“日本也是家族企业为经济主力军”来作为华人家族企业“存在合理”的理由是一种认知误区。

一般而言，企业资产及其利润皆归股东所有，且股东参与公司的主要目的是以分红方式获得资产收益，分红数量取决于企业不同时期的收益，日本上市企业分红率呈固定化倾向，即按面额的10%或15%分红，即利润丰厚也不多分，出现亏损也不减少，这使得股东们很少有干预企业政务的契机。

日本企业投资所有者主要有三类：

第一，金融法人机构：包括银行、保险公司和其他非银行金融机构；

第二，企业法人机构：生产和商业领域的企业法人机构，一般是同行业企业和同一集团内部企业；

第三，个人投资业者：包括企业创始人、公司内资深高管，社会人士。

日本企业股权结构有以下特点：

第一，稳定股东比例高：日本企业稳定股东比例高，一般持股后极少退股，往往在50年或80年内一直持有一家公司股份，企业稳定股东比例高的原因在于股东基本上是银行、非商业对象企业及集团内部企业；

第二，法人间相互持股：持有企业股票的法人机构大都是金融机构，尤其是银行与保险公司，这些金融机构大股东大多是其所持股对象的最大股东。此外，一般制造或商业企业之间也有相当的相互持股。

日本企业之间的互相持股十分普遍，远远超过了个人持股。法人相互持股主要表现为公司与公司之间相互持股、银行与公司之间相互持股、集团内企业交叉或循环持股，也有少数外集团持股现象。由于个人投资者少，且不占大股份额，因而不存在个人控股，也就没有作为具体个人的“老板”。

日本企业很难说是归哪一个个人所有，正如国家不属于君主个人一样，企业一旦创办起来，就不再属于企业创始人个人及家族，也不属于某个特定地区，而是属于株主大会、属于董事会、属于全社会、属于整个民族。

两次世界大战期间，日本公司顶层设计发生了某些变化，来自创业家族以外的职业经理人开始掌握公司大权，日本公司开始出现所有权和经营权的分离。日本公司个人股东持股比例很低，公司较少受到个人股东的影响，由于法人之间相互持股形成了相互控制的局面，而法人大股东通常不会像个人持股者那样直接干预企业的正常经营，故而职业经理人获得极大的控制权。

日本企业总经理（社长）大都是由内部产生，在公司工作多年，按等级和阶梯一步步晋升，很少从外部招聘，这使得公司管理者对公司各方面业务较为熟悉，对公司培养起深厚的感情，更容易注重把公司长期发展作为个人目标。企业日常事务由职业经理人全权负责，社长（总经理）一般任期为3～5年，大都能任满任期，不存在华人企业那样的职业经理人频繁更换现象。

总经理任期表现出色，可在董事会提议下连任一届，极为优秀者最多也不会超过三届。如果一位总经理初就任时50岁，任期为5年，连任两届后60岁，再将总经理职务交给下一任，这样，无论如何也不会出现交接班危机。就算总经理连任三届，卸任时也才65岁，并不算垂暮老人，也不会出现交接班危机。下一任社长人选由董事长提名，董事会表决通过即可。前任总经理与继任总经理只要办一下交接手续即可，一个小时就足够了。

前任总经理卸任后仍然在公司里工作，新任总经理有不明白的事可随时向前任请教。就算新任总经理突遇车祸身亡，也有前任总经理在一小时内顶上，一边维持企业日常运作，一边给董事会充裕的时间作下一步总经理人事布局。如此一来，交接班危机从何而来？

日本管理学家谷彦男先生说：“日本文化的一个特点是，在企业中取得成功——获得一个高职位——受到社会高评价，由于所有企业的价值观都是相同的，在企业中取得成功就等于在社会中获得了成功。”因此，日本公司职业经理人十分注重个人声誉，加之日本社会成熟的职业经理人社会管理机制，日本企业极少出现职业经理人的贪腐行为。

日本企业一般分为“有限会社”和“株式会社”。“有限会社”规模小，一般就在10～20人，最大的“有限会社”不超过30人，类似于华人企业的“小规模纳税人”或“个体户”。“有限会社”公司顶层设计与华人企业大同小异，也有一个无所不能、吆五喝六的“老板”，老板一权独大，股权单一，行业技术含量低（如清洁公司或蔬菜公司），发展缓慢，家族及个人色彩浓厚。

株式会社则完全不同，株式会社全部为股份制，一般由5个以上股东构成，规模大，行业技术含量高，类似于中国的“一般纳税人”，其特点是企业家族及个人色彩淡，除了企业名称和品牌与企业创始人有关外，其他的一切均与创始人及其家族无关。对国家经济起决定作用的是“株式会社”。

第二次世界大战后，“株式会社”个人持股比重日益减少，迄今为止在全国企业中平均不足10%，在这种股权结构下，企业没有作为具体个人的有名有姓的老板，既然没有老板，也就谈不上权力交接，因为法人企业和银行是不会像个人那样有生理寿命的，永远不会死亡。既然不会死亡，也就没有中国企业那样面临老板生理寿命快结束前的交接班危机问题。

日本公司监督和约束主要来自两个方面：一个是来自交叉持股的公司，如果企业经营绩效差或者管理者没有能力，大股东就会对该企业的管理者提出批评意见，督促其改进工作，直至罢免管理者；另一个来自主银行，主银行可以向持股比例较大的企业派驻人员，但通常并不干预公司日常事务，只是当公司陷于经营困境时才迅速介入并采取行动。

在日本，为防止职业经理人权力过大而产生决策失误，企业内部大都有一种民主禀议决策机制：决策前的决策案能够在股东及董事成员之间得到传递，由大家来集体判断问题，通常可以避免决策者主观错误带来的企业风险。

禀议决策机制的具体办法是：在进行决策时，将通过民主商议形成的最终决策内容做成《禀议书》，并在相关部门间进行传阅，顺次盖章同意，再传回到起草者手头，使决策事宜得到各部门一致承认。

简短概括一下，日本企业所有权不由一个具体的个人来掌控，企业无老板，所有权归法人企业和银行，而法人企业和银行都不会死亡，因此，永远不必进行所有权交接，也不存在交接班危机。而管理权完全按照日本首相上任和权力交接模式运作，不存在交接班危机。日本企业交接班靠的是一种社会机构、组织体制和程序制度。

日本企业顶层设计模式可以用“七个一工程”加以总结归纳：

第一，一个所有者团队：企业产权呈多样化形态，法人持股、银行持股、创始人持股、个人持股，所有权归属非某个人，非一个由个人组成的群体，而是法人组织机构，一般企业最容易出现的所有者凭借资本所有权对管理者的权力干预被降到最低。同时，由于长子继承文化，企业不会出现财产分割，不会出现两个所有者团队；

第二，一个管理者团队：企业十分重视内部人才的培养，包括基层管理者、中层管理者和高层管理者。总经理来自于企业内部，大都是在公司服务20年以上的老职员。除了一些企业内部奇缺的顶端技术型人才需社会招聘和驻国外贸易人才需要在所驻国当地招募外，企业高端人才皆从内部产生，并终身为企业服务；

第三，一个权力中心：企业不存在“二元权力中心”，只有一个唯一的日常事务权力中心，那就是企业社长（总经理），社长按《企业章程》规定的职权展开工作，一般性决策由社长与各部门部长协商决定即可，无须请示会长（董事长），会长也不会过问，只要有相关记录备查即可。重大决策由社长提报董事会，董事会集体决策；

第四，一套监督机制：企业或按旧《公司法》设有监事会，或按2002年新《公司法》设有审计委员会。无论是监事会还是审计委员会，都履行着对企业高层管理者的监督职能。监督机构深度介入公司内部管理，无论是对财务开支、人事安排还是重大决策，监事会和审计委员会都会全面介入，遇到问题立即向管理者提出质询，并向董事会报告；

第五，一套运作规则：企业对董事会如何运作、监事会如何工作、提名委员会运作、审计委员会运作、薪酬委员会工作流程都有明确的规定；对会长及社长任命程序、任职期限规定、连任程序、离任程序都有明确规定；对会长职权范围、会长与社长的职责划分也有详细说明。所有的高层权力运作都规范化、细则化、程序化；

第六，一套分权体制：如果是大中型企业，大都呈现出一种分权体制，即公司有一套总部与各分公司的权责划分规定、公司各部门与总经理办公室的权责划分规定。为让企业内部活力永存，公司总部通常只保留必要的权力；

第七，一个理性思维：经过149年资本主义的发展，日本企业股东已经养成了一种对待职业经理人的理性思维，内容是：不指望经理人是旷世奇才，不指望他如孔明，不抱持过高的期望值，只需在维持现状基础上平稳渐进即可。如果在拿破仑和赵子龙之间选择，股东们宁愿选择按部就班的赵子龙当社长。

第四节　理性主义传承思维：不要血缘要体制

日本民族性中有一种理性主义民族思维，这种理性主义并非来自于西方文明的输入，而是日本文化的自生。

同样，日本企业也具有理性主义文化传统，这种文化传统不仅仅体现为一种内在意识，更体现为有一种外在制度的支撑：①长子继承权，企业不得拆分；②非血缘化继承，企业拒绝低能继承者；③多元化股份，企业不存在老板；④社长内部产生，任职有期限规定。在这种模式下，企业的体制传承高于血缘传承，顶层运作在一种理性主义原则下进行，把一切个人情感的、私人恩怨的、非理性的东西全部排斥在外。

日本民族的可贵之处就在于能普遍确立“体制传承高于血缘传承”的思维方式，并以社会文化、国家法律和企业内部制度加以支持和配合，这种思维方式不仅存在于企业家内心，而且成为一种固化的规则和制度，世代相传，生生不息。正因为如此，才出现日本创业1 000年以上的企业有7家、500年以上的有35家、200年以上的有3 146家、100年以上的有5万家的壮丽景观。

日本企业家很少把企业看成是自己的私有财产，而是把企业看成是社会必不可少的组成部分，不过是社会借自己之手将其创办起来罢了，决不可因一己私利而将其葬送。企业一旦创建，企业家就不再把它看成纯粹个人家庭的营利手段，而是属于社会、属于国家、属于民族创造财富的实体，希望它能长期存活下去。只要企业标志和旗帜能够在500年传承下去，那么，公司总经理究竟是何姓氏、是否是自己的子孙嫡传则并不重要。

日本人在100年前就已经很清楚企业血缘传承与体制传承之间天然对立。要血缘传承，企业就会慢慢死掉，要体制传承，企业会长寿永存，但掌舵人就不会是自己的血脉传人。在两个不可调和的矛盾体之间，日本人毫无例外地都选择了后者。

日本企业顶层设计，其基本特征是权力非个人所有、权力非血缘继承、权力社会化、权力交替按游戏规则进行，兄弟恩怨、父子恩怨、夫妻恩怨、个人不伦行为都局限在家庭内部，不会影响企业的发展。

把日本企业家理性主义思维进行一个归纳总结：让企业所有权社会化和管理权专业化，这种方式是让家族成员享有永久性生活保障的最明智做法。这样，企业旗帜和品牌可以百年不倒，家人后代又有永久的生活保障。

第五节　千年企业背后的深层原因

亚洲企业最大数据库日本帝国数据银行统计，截至2010年8月，创业1 000年以上的企业有7家、500年以上的有39家、300年以上的有605家、200年以上的有3 146家、100年以上的有5万家。尽管如此，日本企业研究专家们仍普遍认为，这些调查数据都未能完整反映日本百年企业的实情，日本还有大量的百年企业不为外界所知，若全部统计，总数至少近10万家。50年以下的企业在日本算是短命企业，80年左右的企业算少年企业。

2006年，《胡润百富》在上海发布了《胡润全球最古老的家族企业榜》，全球 100 家家族企业上榜。第一名是日本大阪寺庙建筑企业金刚组，成立于公元 578 年，传到第 40 代，已有 1438 年的历史。第二名是日本小松市饭店管理企业粟津温泉酒店，成立于公元 718 年，传到第 46 代，1 298年的历史。

2008 年，韩国中央银行发表《日本企业长寿的要因与启示》报告书。报告指出，世界最古老企业第一名、第二名的都是日本企业。报告书显示，世界上持续存在 200 年以上的企业有 5 586 家，分属 41 个国家，其中 3 146 家集中在日本，占 56%。德国 837 家，荷兰 222 家，法国 196 家。历史最悠久的企业是创立于公元 578 年创立的日本金刚组公司，这家专业从事寺院建筑维修的公司已有 1 438 年的历史。

公元 578 年，朝鲜人柳重光东渡日本，开始了自己的建筑事业。公元 593 年，圣德太子招请柳重光等人主持修建“四天王寺”弘扬佛法，此次修建让金刚家族声名鹊起。公元 607 年，金刚家族开始营造法隆寺，此寺达到日本古代木造建筑的最高峰。1583 年，丰臣秀吉在大阪城修建军事要塞，金刚家族是实际组织者。明治维新时，金刚家族因明治天皇的“灭佛毁寺”运动而受到了巨大的冲击。为了度过这次因政治变化而带来的经营危机，金刚家族开始从事商业建筑的建造与维修。“二战”给金刚家族带来更大的挑战，日本建筑业基本都停顿下来，金刚组通过制造木箱和棺材熬过了这次大危机。1955 年，日本经济走向高速增长，身为第 39 代传人的金刚利隆抓住这次机会，由单一寺庙建筑、庭院建筑业发展成综合建筑业，企业由此不断成长壮大。1990 年，日本经济遭遇严重衰退，在 20 世纪 80 年代购买大量土地的金刚组摇摇欲坠。2006 年 1 月，金刚组卖掉了除寺庙建筑之外的全部业务重归主业。

这个全球最古老的家族企业在 1 435 年的传承中，凝聚了一套宝贵的传承之法：

1. 选择一个稳定的、长远的、不会消退的行业；

2. 拥有高超的行业工艺技术是生存发展的核心；

3. 企业内部分成多个小组，各组保持其独立性，互为竞争；

4. 佛教寺庙建造与维修作为核心业务，长期坚持基本业务；

5. 不单纯采用长子继承法，选择有健康心态、责任心和智慧的儿子及家族后代实行单子继任。

“池坊华道会株式会社”创业于公元587年，是经营旅馆的企业，目前在近畿地区依然经营多家历史悠久的传统旅馆。同时，在全日本也拥有多家花道教室，是日本花道主要传授机构；

“松井建设株式会社”创业于1586年，历经432年，是日本最早的建筑公司，在上市公司中也是最古老的企业；

“锅屋百迪株式会社”是铸造铁器的企业，从日本战国时代就开始经营，至今450多年历史，锅屋百迪株式会社制造和销售高精度、高性能机械配件产品，2011年在中国投资的锅屋百迪精密机械（苏州）公司开业；

“住友商事株式会社”至今已433年历史，从事各种大型挖掘设备的研发生产，跻身日本五大综合商社之列，是综合性跨国企业，目前在世界83个国家设有146个独立法人和办事处，职工总人数为31 492人；

“花王株式会社”1887年创办，经营妇女日用品，1902年设立直营工厂，1935年直营工厂独立为“大日本油脂株式会社”，2006年在中国设立“花王（中国）研究开发中心有限公司”。

日本企业的经营理念传承大都是通过家训或者遗言书来传承，企业有着严格的家训、家宪、家规。锅屋企业的信条：“番头制、莫谈国事、不得从事娱乐业”；住友集团的信条，“不可乘一时之机为急功近利而铤而走险”；奈良县食品企业的信条，“经商如牛垂涎细长，如牛行路步步扎实”；金刚组的信条，“不可盲目、不切实际多样化经营”；古河长盛的信条，“把别人已经掘尽的再挖掘一次”。

日本长寿企业经营的范围主要集中在食品、料理、药品以及与传统文化相关的行业，它们持久生存的因素有这样几个：重视本业、诚信经营、透彻的匠人精神、超越血缘选定继承人、保守经营。日本企业长寿表明，企业活到1 000岁不仅是可能的，而且是现实的。一个企业经历1 000年岁月，遭受多少凛冽寒风吹打、忍受多少酷暑烈日烘烤，还能奇迹般地存活下来并发展壮大，可以断定，靠的绝对不是运气。

从日本回国后，我看了大岛先生送我的光盘《长寿企业大国——日本》，尽管该片只讲日本长寿企业的一些经营理念和管理方法，并未讲高层权力交接模式，但是，该片却告诉世人一个事实：日本长寿企业数量及具体寿命在世界居第一位也是不争的事实。

如果日本的长寿企业都是在明治维新之后产生，这并不值得奇怪，可以用“成功引入了资本主义制度”来解释了。但是，很多长寿企业是在明治维新之前就已诞生，这样，日本企业的长寿就不能用“成功引入资本主义制度”来解释，而必须在日本人古老的民族性中寻找原因。2012 年我在日本京都时曾在一个普通点心店买了两个当地特色小圆饼，卖饼的是位浓妆艳抹、颇有些姿色的老太太，是店里唯一的服务员。我操着生硬的中式日语比画着问她这家店成立多长时间了？她回答说：“现在已经 140 年了。”算起来大约是 1872 年就成立了。这是一家只有一个售货员、不足 50 平方米的小店，它的长寿显然不能用“成功引入资本主义制度”来解释。

在日本民族身上，更有一种强烈的生命延续的意念：不想让民族灭亡、不想让生命死亡、不想让企业倒闭、不想让团队解体，哪怕只是延长一天寿命，也要举全国之力而奋力为之。东京有一个 LAWSON 连锁便利店，在离开日本的前一天晚上，我在该商店买几盒点心带给女儿，我看见一个日本小店员很认真地用一根木棍将铁锁门底下的泥垢杂物抠出来，以便能够顺利将铁拉门关上，这种镜头在一般中国商店里绝对看不到，于是，我马上取出相机拍下了这位让我肃然起敬的小店员。小店员的举动让我亲眼看到日本民族身上涌动着的那种敬业勤奋、全力投入、力求完美的精神，与秋山真之的精神一模一样。这大概就是那种永不断裂、持续不变的持久能力的表现吧。

第四章　制度保障的财富：欧美企业这样传承

“全香港有钱人中，只要有三个仔或以上的，肯定搞不定。”

——中国香港恒基兆业集团董事局主席李兆基

当代世界最现代化的企业“顶层设计”不在日本，而在欧美。前页中重笔谈日本企业“顶层设计”，是因为日本与我国同处东亚，国情与文化相近，企业“顶层设计”较欧美国家更具可借鉴性。事实上，欧美国家是现代工业文明的开山鼻祖，企业“顶层设计”经历工业革命后300年的发展演进，一直走在世界各国企业的前列。

欧美企业的顶层设计含有一种文艺复兴的人文主义文化底蕴；有一种法国大革命后确立的顶层体制设计元素；有一种肯定人权、支持民生的倾向，这一点尤其体现在德国企业的工人参与管理的《联合决定法》里；企业实现社会化管理，企业不再是血缘传承，而是体制传承。

欧美企业的顶层设计是一条船，水面部分船体是治理结构中的各种组织设置及运作程序，而水下部分才具有托举高层装置的巨大浮力，这种浮力就是一种民主、权力制衡、社会化、人文主义、人权、法治的文化价值观。在欧美企业的顶层设计里，注入了自文艺复兴与法国大革命以来人类社会的基本价值观念，这是西方企业治理结构的本质，也是欧美百年企业成功的终极原因，我们从中看到的是西方文化价值观念在企业中的一种折射。

西方企业最大的特色就是所有权与管理权分离，管理权的职业化、社会化、被监督化、非终身化，最高权力不是一个单个的“人”，而是一套三权分立的系统，系统中的任何一个要素都不能一手遮天。

很多华人企业表面上也建立了与欧美企业同样的治理结构，其中各种组织设置及运作程序一样不少，为什么仍然运作艰难、形同虚设、毫无效果？原因就在于我们只学了船体的水面部分，而对于水底文化价值观部分一无所知。

下面，我们选择美、德、英三国企业做介绍，之所以如此选择，是因为美国国力最雄厚、德国社会最稳定和谐、英国资本主义历史最悠久。三国代表了西方最先进的社会形态，三国企业也代表了当代世界最优质的企业顶层设计。虽然三国企业各有不同，但总体上的“人文主义、社会化管理、体制传承”的主线轴却完全相同。看清楚了三国企业治理结构，也就等于看清楚了全部西方国家企业的顶层设计。

第一节　美国公司顶层设计：企业领袖接替机制

在西方国家中，美国企业“顶层设计”有着完善和科学的美誉，美国企业“顶层设计”的特点是首席执行官兼任董事长、董事会中心主义；顶层设计系统全面，具前瞻性，所有环节都设置得滴水不漏；顶层设计与时俱进，创新多、变革快，能迅速适应不断发展变化的社会的需要，从中也表现出一种美国独有的“不断创新、不断变革、永远充满活力”的西部牛仔精神。其中最值得华人学习之处就是它的“最高职务迅速接替机制”，即无论何时何地，企业都准备好了首席执行官的候补人选，不存在家族企业领导人的不可替代性。

美国企业“顶层设计”有以下几个突出亮点：

1. 首席执行官制

美国企业股东众多，上市公司多则有上万个股东，很难有一个“绝对控股”的大股东，股权的分散使企业没有一个作为固定个人的、看得见摸得着的具体的“老板”。这使得首席执行官的地位异常突出，公司日常经营由首席执行官负责，虽然头衔或称总裁、总经理、董事长，但殊途同归为一人。美国公司虽有董事会集体负责制，实质上却体现出个人负责制。大约3/4以上的美国公司由首席执行官兼任董事长，管理层负责人和董事会负责人职位结合为一体。美国公司首席执行官大都不是企业创始人后代，之前也不持有公司股权，他们要么是在公司服务10年以上的资深职员，要么在同行业或相近行业公司任高职的有名气的职业经理人。

2. 董事会中心主义

美国企业董事会不是一个虚设机构，董事会负责战略和经营决策，董事会中设有一个高级主管委员会负责日常事务，下设三个委员会：①薪酬委员会：负责决定公司高级管理人员的薪酬；②审计委员会：负责审查公司财务和战略决策的正确性；③提名委员会：负责提选下届董事人选及董事长人选，以削弱经理层对董事会的控制。董事会每月召开一次会议，听取管理层经理的报告，对企业营运情况进行分析，并作出各种重大决定。美国公司运作上确立董事会中心主义，董事会对重要事项做出决策，然后交由首席执行官执行。

3. 职务迅速接替机制

美国一般企业有一个不成文惯例，总经理尚健在时，就明确设立一个候补继位人，或称副总经理，或称董事长特别助理，相当于“影子总经理”，其“政治地位”见诸公司正式档。一旦总经理出现意外，候补继位人一天之内即可补上，不会出现各方再为由谁接替总经理而内斗不休。美国企业危机意识极强，永远把最坏的情况提前考虑到，比如，一般美国企业总经理与“影子总经理”从不乘同一架飞机外出。

4. 股东大会常设制

董事会及管理层成员在具体工作中有时不一定像出资人那样履职尽责，常会有懈怠和渎职行为，这就需要对董事会进行监督和制约，此权力归属于股东大会。股东大会是一个常设机构，有固定办公地点，设有主席及秘书长职务，这是华人企业所没有的。董事会成员由股东大会选举产生，股东大会有权罢免不称职、不尽职的董事会成员。股东大会表决权就是悬在每位董事会成员头上的一把利剑，迫使每位董事全身心地投入到企业中来。

5. 独立董事制度

独立董事是指那些除了董事身份和董事会中角色外，不在公司内承担其他职务，与公司无产权关系或商务关系的董事。他们通常是商界名人、专家、顾问、学者及专业人员，由于与股东间没有利益冲突，因此被股东大会聘任为独立董事，负责对内部业务和财务进行监督。美国公司 75％的董事会内有一个以上的外部董事，有的董事会甚至有 3/4 的外部董事。外聘独立董事的目的是为了吸收更多的外部智力，有效地监督公司经营管理。独立董事制度体现了一种崇尚正义廉洁、崇尚独立人格、反对邪恶的美国精神，是国家精神注入企业的一种表现。

6. 审计委员会制

美国公司不设监事会，监事会职能由审计委员会行使，审计委员会成员主要由独立董事组成，作用在于监督公司风险管理与经营信息的正确性。《美国示范公司法》规定，企业内部审计工作应由外部专业机构参与，这种做法在于防止企业内部容易出现的弊案。审计委员会功能包括：①确保内部及外部财务体系之质量；②确保公司管理风险因素降至最低；③审查审计人员提交的年度报告；④提供公司财务情况给社会财务分析家及信用评级机构；⑤征询公司外部律师、会计师和其他顾问的意见，向股东大会及董事长报告；⑥与董事会一起审查公司财务报表质量。

7. 家族信托基金

美国企业所有者家族后代通常不进入企业工作，要么自己独立创业，要么到其他企业求职。如果既无能力创业又无能力求职，富翁们也不会将财产完全交给子女支配，而是将子女的生活托付给一个专门的“家族信托基金会”。在信托契约设计时，信托机构能够根据父辈对子女的生活安排设定拨款条件，所发款项使子女只够过中等家庭生活，子女不可能任意挥霍。美国富豪子女日子并不像中国人想象的那样纸醉金迷，而是与一般美国中产阶级的日子相仿或略低，在崇尚个人奋斗的美国，当“富二代”决非一件轻松愉快的事情，更不是一件有尊严的事情。

由于美国企业的这种现代型“顶层设计”形态，企业最高权力的移交从来不是一种危机，即便是非正常突发性权力转移也从来不构成危机，以下举一个案例加以证明：

案例：麦当劳CEO离世——最高职务迅速接替机制

2004年4月19日，麦当劳全球加盟商大会开幕，麦当劳员工、供应商和全球加盟商共1.2万人在美国佛罗里达州的奥兰多市会聚一堂。突然，麦当劳首席执行官坎塔卢波过世。

坎塔卢波1974年加入麦当劳，1987年成为麦当劳总裁，主要业绩是成功开拓了俄罗斯、中国和东欧这些过去无法进入的市场，1999 年成为麦当劳全球总裁。紧要关头领袖猝死，对公司产生了巨大打击，却不是致命打击，因为麦当劳有一个美国企业的普遍传统：当一个 CEO 尚健在时就指定一名候备继任者，此做法已延续 30 年。平常，坎塔卢波和贝尔一起出差，即便同时到同一个地方，也要分别乘两个航班。

坎塔卢波死讯传出，董事会迅速召开会议，6 小时后便做出决定：贝尔被确定为新的首席执行官者。43 岁的澳洲人贝尔是坎塔卢波在两年前亲自指定的首席运营官，已被麦当劳内部确定为 CEO 法定接班人。

公司董事会成员大都是机构股东代表，麦当劳创始人家族仅持有可怜的一点股份，董事长及总裁早已不由其家族成员担任，该家族甚至不在董事会拥有席位。麦当劳创始人家族在企业里不是影响力极小，而是毫无影响力。

贝尔出身于澳大利亚一个贫寒的农民家庭，由于家里无钱供他读书，1976 年，15 岁的贝尔初中毕业便辍学，挎着一个和中国大陆农民工完全一样的蛇皮袋子，从乡下来到悉尼找工作，据贝尔回忆，当时他是乘坐一辆送蔬菜的货车进的城，而且是偷偷爬上去的，原因是没钱买客车车票。贝尔冒失地闯进一家麦当劳餐厅询问是否需要帮手，并说自己不需要太高的工资，给口饭吃就行，被大厅经理不耐烦地骂了出去，经理突然想起昨天一个扫厕所的小工刚辞职，便连忙走出门去叫住了这个瘦小的孩子，这就是 28 年后麦当劳集团全球总裁当年加盟公司的全过程。

今天，在麦当劳集团美国芝加哥总部的高管人事档案里，公司总裁的《员工入职表》还是 28 年前臭骂他一顿的那位大厅经理所填写的，表上的入职工种是“清洁工”，其实，“清洁工”是好听一点的说法，实际上就是“厕所工”。

这时，贝尔相当于是澳大利亚的“农民工”，在麦当劳的第一份工作是扫厕所。贝尔的出身和出道决不比每年数千万外出务工的中国大陆农民工强。不久，“农民工”转正成为正式员工，并被公司列为重点培养对象，他逐渐掌握了生产、服务、管理等一系列技能。

“农民工”19岁便被提升为店面经理，27岁当上麦当劳澳大利亚公司副总裁，29岁成为麦当劳澳大利亚公司董事。“农民工”任麦当劳澳大利亚公司副总裁期间，澳大利亚麦当劳连锁店从388家增加到683家，这在当时全球麦当劳业务扩张中是最快的。随后，“农民工”被调去美国总部，先后担任亚太区、中东和非洲区、欧洲区的总裁及麦当劳芝加哥总部负责人。

麦当劳全球加盟商大会如期开幕了，“农民工”坐在坎塔卢波的座位上，新总裁贝尔宣布了坎塔卢波的死讯，带领大家向坎塔卢波致哀，并代前任总裁向大会致辞。

企业并未出现权力断层，一切工作都衔接上了，公司未经任何动荡就顺利渡过最高领导人过世的危机。

第二节 德国公司顶层设计：职业经理掌控一切

德国公司“顶层设计”模式为：股东大会—监事会—董事会—经理层。顶层设计最大特点是强势的监事会，董事会服从监事会；最大优点是企业兼顾到社会责任，尊重人权、关注民生、工人参政，所有矛盾都在工厂内解决，劳资和谐及社会稳定。德国是欧洲警察占人口比例最低、社会骚乱最少的国家。欧洲在效率与公平之间把握最得当、将社会正义与人民福利发展到最大的属德国，这一切均起源于俾斯麦思想中的成分。

自俾斯麦时期开始，德国工人的待遇、福利保障及民主权利在全欧洲最高，警察人口比例在全欧洲最低，游行示威、街头暴力事件也在全欧洲最少。德国工人中流传着这样一句话：“德国工人确实没有自由，但也没有挨饿的自由。”第二次世界大战后至今，德国未发生过一起维权诉求的工人上街游行事件，优质“顶层设计”的德国企业促成了一个稳定、和谐、秩序、理性的德国社会。

德国公司“顶层设计”有以下几个特点：

1. 强势的监事会

德国公司监事会由股东大会选举产生，监事会与董事会为领导与被领导关系。监事会不仅是监督机构，还是决策机构，负责重大经营决策和经理、董事的聘任。监事会与经理层、董事会严格分离。德国公司监事会有以下特点：①做出重大决策；②对董事具有人事任免权；③听取董事会汇报工作；④决定董事报酬及对董事提供信贷。监事会作为一个常设机构，具有监督所有者及管理者的双重职能。监事会对董事会成员有行使选聘、解聘及决定他们薪酬的权力。总经理的任命、报酬也由监事会决定。监事会由股东大会选举产生，监事会和董事会成员不得相互兼任。董事会执行监事会决议、负责公司日常运营，定期向监事会报告工作。监事会一般不介入公司的日常经营活动，但重大的决策需要经过监事会的批准，如公司发展战略、重大融资项目、对管理委员会业绩的评估等。

2. 银行股东监控

德国公司的最大股东通常是银行，银行在公司的顶层设计中处于核心地位，形成了“公司全能银行控制”制度，因为银行是最大股东，所以股权相对集中。德意志银行是掌控德国企业股票最多的银行，可谓是“一跺脚德国就要抖三抖”。一般情况下，银行不干涉公司的正常运营与管理，当公司业绩出现下滑或异常时，银行会密切注意其资金状况，如果继续恶化，银行有可能召集董事召开董事会来更换管理者。

3. 交权职业经理

第二次世界大战后，德国企业监事会主席、董事会主席及总经理逐渐改由职业经理担任，企业所有者完全交权职业经理。到 20 世纪 60 年代，规模企业顶层管理人员基本职业化，企业所有者不再过问日常事务。德国公司个人持股小，法人持股和法人相互持股比例大，大股东大都是银行或大企业，企业里找不到作为具体个人的老板，“老板”已被抽象化、组织化、机构化。家族后人们只继承股权、享受年度分红，并不在公司内任职。即便是新创办企业，第一代创始人依然健在，通常也会逐渐实现股权多元化、社会化。德国企业家子女忌讳在父辈企业任职，富商后代往往一方面继承祖辈财富，另一方面又在其他公司任职，因此，德国社会往往有一个奇怪现象，一个不起眼的小职员往往持有比任职企业资产还要多的另一家公司的股票，他的工作已不是为了谋生，而是为了参与社会。德国公司为职业经理人的生存提供了良好的环境，职业经理人在企业具有绝对的权威。

4.“打工仔”参政

1976 年，德国议会批准《联合决定法》，该法案规定，雇员代表必须进入公司监事会，监事会中资方和劳方代表人数必须相等。据 1988 年统计，在德国 100 家大公司中的 1 496 名监事中，职工代表有 729 名，占 48.7%，关系到职工切身利益的决策没有职工代表的同意很难通过。股东和雇员共同治理法减少了劳资矛盾、降低了企业内耗、提高了企业效率。企业职工和产业工会代表在监事会中占有一定席位并参与决策，监督职工利益法规和劳资协议的执行情况，在职工福利方面与资方有对等表决权。德国法律不仅明文规定“打工仔”必须进入企业最高权力机构，而且，对何等规模企业安排多少“打工仔”代表进入监事会也有明确规定：拥有雇员 500 人以上的公司必须设立监事会，监事会人数依公司规模而定，最少 3 人，最多 21 人。2 000 人以上的公司，监事会中须有 1/3 的监事是员工代表。

德国企业“顶层设计”的最大特点就是劳资和谐。俾斯麦任德国首相时，目睹英法两国风起云涌、暴力特征的工人运动，觉得为避免阶级斗争、消除社会矛盾，必须在工人走上街头之前就解决他们的福利、医疗、工资等问题，把英法两国用于警察维稳的开支全部用于工人福利保障，给工人们充分发言权，让他们在会议室内把不满全部发泄出来，俾斯麦的思想是：“不要让工人把企业内部矛盾拿到大街上去解决。”

在一次笔者任职企业招待德国客户的宴会上，中文流利的德国公司亚太区总监汉森对笔者说：“我父亲在德国联邦议会当议员，他说，德国政府迄今的劳工政策仍然是140年前的俾斯麦思想，与其把大笔钱用于购置高压水枪和催泪弹，还不如用于工人的社会福利，动辄用警察镇压暴乱是最愚蠢不过的政府。良好的医疗保险、民主的企业制度和充分的工人发言权同样也能镇压暴乱。俾斯麦主义思想是，对外用拳头，对内用馒头。普鲁士军队可以在普法战争中给法国军队以沉重打击，但从来没有过对内镇压德意志人民的历史记录。”

我问汉森：“德国有没有老百姓上访？”

汉森说：“德国没有上访现象。如果一位慕尼黑公民权益受到损害，可以找当地法院，问题马上可以解决，根本不必跑到柏林去找联邦最高法院。”

案例：贝塔斯曼家族

1835年，普鲁士印刷商贝塔斯曼创建了贝塔斯曼图书印刷公司，他是一个德国工业化时代少有的理想主义商人，其理念是：“用商业和企业推动人类道德和社会进步的理想。”

1850年贝塔斯曼去世，将企业传给了儿子海因里希。海因里希主政企业期间正值俾斯麦进行武力统一德国的事业，由于贝塔斯曼公司印刷品质全国第一，普鲁士军队使用的《普鲁士步兵操典》都由贝塔斯曼公司印刷。

1887年，海因里希去世，女婿乔汉纳成为公司第三代继承人。1910年，乔汉纳宣布了企业员工带薪休假制度，这是全世界第一家实现“员工带薪休假”的企业。

1921年，乔汉纳儿子摩恩接手贝塔斯曼公司，摩恩任命职业经理人为企业总经理，自己任董事长。由于德国封建容克传统厚重，这在当时德国企业界十分罕见，贝塔斯曼公司可谓在德国开创了第一个由“外番”担任总经理的先例。

1947年，摩恩去世，儿子莱恩哈德继承了父亲聘用职业经理人为总经理的做法，自己只任董事长。

这时，公司已经传承到了第五代，由于企业扩大，业务量骤增，管理日益复杂，家族式管理的弊端日渐明显，管理难题越来越多，莱恩哈德被公司几桩客户投诉和退货事件折磨得焦头烂额。一天，莱恩哈德看员工们整理旧仓库时翻出一本100年前公司为普鲁士陆军总参谋部印刷的《普鲁士步兵操典》，便拿来认真研究起来。

《普鲁士步兵操典》详细说明了德意志历史、军旗军歌、军装军衔、部队建制、指挥系统、军人职责、组织原则、武器使用、步兵战术、外军简介等，最后还有普鲁士军队的历史使命，那就是武力统一德意志各邦，打败以法国为首的欧洲所有阻止德意志统一的国家，建立统一强大的德国。

看着《普鲁士步兵操典》，莱恩哈德仿佛听到了100年前巴黎凯旋门下普鲁士军队"嘎嘎嘎"的整齐脚步声。

莱恩哈德发现，《普鲁士步兵操典》的基本思想就是推行专业化、程序化、制度化、标准化、秩序化、规则化、一元化、理性化、法治化，而家族企业就像一群绿林草莽部队一样，呈现出一种亲缘化、感性化、个性化、无序化、易变化、多元化、人治化特质。贝塔斯曼公司虽经历5代，聘请了职业总经理，仍未完全脱离家族化，目前的管理难题、客户投诉和退货事件的根本原因就在于此，现在要做的就是把这支绿林草莽部队按《普鲁士步兵操典》改编成一支正规部队。通过《普鲁士步兵操典》，莱恩哈德终于意识到家族企业的局限性，痛下决心对家人"大开杀戒"。

1971年，莱恩哈德让贝塔斯曼家族成员全部离开企业，同时把贝塔斯曼公司转变为贝塔斯曼集团，按德国《公司法》建立了股东大会、监事会、董事会、管理委员会。两年后，莱恩哈德卸去监事会主席和董事长职务，任命了一名资深职业经理人为企业监事会主席，再任命由监事会主席推荐的一名资深管理人员为董事长、一名管理人员为总经理。从此，贝塔斯曼公司成为完全意义上的社会化企业。

1977年，莱恩哈德建立了贝塔斯曼基金会，1993年又将其所持贝塔斯曼公司大多数股份转移到贝塔斯曼基金会，使基金会成为贝塔斯曼公司最大的股东，从财产所有权上进一步削弱了公司的家族特征。莱恩哈德用“贝塔斯曼基金会”获得创始人大部分股份，收益用于公众慈善事业。时至今日，莱恩哈德的书桌上仍然放着那本《普鲁士步兵操典》。

2016 年，贝塔斯曼公司已发展为超大型跨国集团，业务遍布 70 个国家，员工人数达 12 万人，2016 年收入 250 亿欧元。

第三节　英国公司顶层设计：不要权力的所有者

英国公司“顶层设计”的最大特点是：高度的分权监督机制、强势的独立董事、董事长和总经理不能一人担任的硬性规定。顶层设计相对稳定保守，设计时务求严谨审慎，一旦付诸实施则百年不变。由此可看出英国式稳重、理性的民族性格，如同英国至今不肯加入欧元区一样。而最值得中国人学习之处是英国企业创始人、家族后代及大股东普遍具有的一种“要股权不要管理权”的思想观念，只要企业名称不变，只要股权在我手中，谁当总经理都无所谓。

英国公司“顶层设计”有以下几个特点：

1. 强势的董事会

英国公司“顶层设计”框架由股东大会、董事会及首席执行官三者构成，股东大会是公司最高权力机构，董事会是公司最高决策机构，首席执行官依附于董事会，负责公司日常经营。董事会大多由独立董事组成，董事长一般由独立董事兼任，既是决策机构又承担监督功能。英国公司董事会的独立董事特色非常突出，一半以上董事由独立董事担任，独立董事代表董事长和总裁与股东们保持密切沟通，及时传达和反馈信息。

2. 严格制衡机制

英国《公司法》有一个硬性规定，董事长和公司的总裁不能由同一人兼任。董事长一定是不负责日常事务的非执行董事，总裁也不得兼其他职务。董事任命要经过严格透明的程序，凡提名委员会委员都由独立董事兼任，同一个人不能兼任一家以上公司的董事长和董事。而且，公司总裁卸任后不能转任董事长，以免有操纵工作嫌疑。英国管理者认为，总裁是负责日常业务的，董事会是制定大政方针，两者互相制约，不能大权一人独揽，这样才能把公司治理好。美国有45%公司的总裁与董事长由同一个人担任，这在英国企业是绝对不允许的。

3. 要股权拒管理权

第一次世界大战之后，英国企业普遍主动开始“脱胎换骨”，放弃对日常事务的控制，把大权交给职业经理人，家族只保有原始股权，有的连董事位置都不要。第二次世界大战后，“要股权不要管理权”成为绝大多数英国家族企业对待企业的终极处理办法。随着社会的进步与企业的发展，越来越多的英国企业家认识到家族管理对企业的危害，到20世纪90年代末，英国企业基本实现了家族“要股权不要管理权”。如今的英国，除了街边小商店和作坊企业之外，很难找到规模型家族企业。英国所谓“家族企业”顶多只是由家族始创、仍由家族控股，但决无由家族成员担任终身董事长或终身总经理的情况。

4. 企业无“老板”

英国公司投资者基本上是机构投资者，包括银行、保险公司、投资信托公司、信用合作社、国家或团体设立的退休基金等组织，机构投资者持股比例远远超过个人股东，大公司机构持股者持股率甚至高达70%以上。因此，英国企业里找不到一个作为具体个人的老板，企业所有者是一个共同利益团队，老板被抽象化、虚拟化、非个人化。

5. 审计委员会制

英国公司不设立监事会，其监督功能由董事会下的“审计委员会”承担，审计委员会全部由独立董事组成，呈现出一种比美国更甚的社会化监督倾向。“审计委员会”主要职责可以归纳为三个方面：①确保审计独立性；②领导内部审计；③监督财务报告。“审计委员会”具有以下特征：

一是"或遵守或解释"规则：英国所有上市公司的"审计委员会"应在上报证监会的年报中披露是否遵守《2003年公司治理联合准则》，若没有遵守则应做出解释与说明；二是职责不断扩大：审计委员会职责不断扩大，包括：a. 就外部审计师的聘任、审计费用和解聘等有关问题向董事会提出建议；b. 在年度财务报表提交董事会前进行复核；c. 就每次审计行动的性质、范围及其他任何审计问题与外部审计师讨论；d. 审核外部审计师的管理意见书；e. 在董事会签署关于内部管理制度前进行审核；f. 复核各种内部调查报告；g. 复核内部审计计划，报告内部审计的资金和人员情况。

英国公司"顶层设计"最有特色之处就是"要股权不要管理权"，举一个典型案例说明英国人如何因此而成功：

案例："要股权不要管理权"的森思百瑞家族

1880年，英国森思百瑞公司在伦敦创办，经过三代家族成员的努力，零售业不断发展壮大，一度以高质量商品成为英国中产阶级购物首选。20世纪70年代前，在伦敦只要提到"森思百瑞"，人们就会立即想到英国绅士传统的礼帽、燕尾服、白手套和绅士伞，"森思百瑞"成了"英国绅士"的代名词。

1954年拍摄的英国经典电影《百万英镑》上男女主角演员的服饰及所有贵族绅士使用的道具均由"森思百瑞"提供。森思百瑞的成长一直伴随着英帝国的扩张。

20世纪80年代，英国零售市场挤进众多对手，人们消费观念发生巨变，消费者更需要廉价、便利、多样化的商品和服务，一般超市纷纷按市场变化采取各种灵活创新的手段：扩大商场规模、开发小型便利店、推行会员卡。而森思百瑞家族决策者却对外界新变化无动于衷，墨守100年前祖上传下的各种成规，对员工提出的各种改革建议一律拒绝；家族管理模式等级鲜明、血统尊卑观念浓厚，下属参与意识和创新精神受到压制；森思百瑞仍然坚持“礼帽、燕尾服、绅士伞”的传统套路，仍然沉浸在《百万英镑》的荣耀和一些人的夸奖之中。

随着社会的发展，伦敦街头着“礼帽、燕尾服、绅士伞”的绅士越来越少，森思百瑞柜台上这些19世纪的“爵士服饰”的销量越来越少，公司有如一位行动迟缓的垂暮老者，被后来居上的泰斯克商业连锁店远远抛在了后边。

1998年，森思百瑞家族第四代传人戴维在10年的艰难经营后得出结论：家族企业管理已成为企业发展的最大阻力，于是主动选择交出家族管理权，实行社会化管理。

董事会决定进行“要股权不要管理权”改革：森思百瑞家族成员全部退出企业，同时大量吸纳社会股份，稀释家族股权，家族不再涉及公司管理，任命一位非家族董事任董事长，聘请一位在公司工作35年的职员担任总裁，森思百瑞家族变成“只要股权不要管理权”，彻底结束了森思百瑞家族掌管企业的118历史。

森思百瑞家族成为英国最后一家实行“要股权不要管理权”的企业，被戏称为“伦敦冬天里最后一朵贵族玫瑰”，1998年后，英国再也找不出一家创始家族既要股权又要管理权的规模企业。

新职业经理董事长和总裁接手公司后，彻底改变了企业的文化，废除了家族管理模式的等级尊卑，下属参与意识和创新精神得到尊重，底层员工与公司董事长一律平等。

新领导发动员工出谋划策，将大笔资金投入到商场扩建、商品开发和广告设计上，同时开发小型便利店、推行顾客会员卡，《百万英镑》中的“礼帽、燕尾服、绅士伞”及一些人喜欢的晚礼服被撤下柜台，大量时尚商品展现在顾客面前，森思百瑞重现朝气活力，一改过去家族集权时的僵化空气，呈现出勃勃生机。

2008年，森思百瑞改革10年后，业务量增长10倍，以其历史悠久的高质量商品将中产阶级顾客重新吸引回来，将泰斯克商业连锁店远远抛在后边。

2016年，森思百瑞已发展成一家拥有雇员20万人、年创收300亿美元的国际零售业巨头。这时，森思百瑞家族只控制40%的股份，虽然家族成员不再参与管理，虽然《百万英镑》中的“礼帽、燕尾服、绅士伞”被撤下柜台，但家族成员却每年享受企业“百万英镑”的股份分红，一直保持在英国富豪榜行列中。

第四节 对比中西企业顶层设计

西方企业“顶层设计”有以下几个共同特征：①非家族化；②无老板化；③三权分立；④监事会实际运作；⑤董事会实际运作；⑥股东大会实际运作；⑦职业经理人制；⑧雇员参与管理；⑨家族要股权不要管理权；⑩独立董事制度；⑪独立审计制；⑫继承人明确化。西方企业“顶层设计”凝聚了企业高层对管理的最高智慧，走在经济社会最前列。

笔者曾在广州和深圳的两家大型台资企业工作过，在香港时又接触了各类香港企业。从中发现，历经百年发展，港澳企业如今在“顶层设计”形态上与当今内地企业并无本质差别，并无多少西方现代企业特征，足见华人企业在“顶层设计”上顽固的守旧性。

置身于一间将要倒塌的房屋内，永远不知道房屋即将倒塌，只有进入另一间坚实的楼房才会发现危机。假设欧美企业就是另一间坚实的楼房，走进去，跳出传统思维框架，才能看到华人企业的真正问题。下面，我们来对比一下中西两个截然不同的世界：

1. 西方企业董事长遵守制度规则，华人企业老板难按规则行事。

西方企业最高行政权呈制度化交接形态，董事长及总裁上任后均有一定任期，卸任者和继任者并无血缘或亲缘关系，没有终身任职的董事长或总裁，董事长及总裁预定任期满后按制度规定卸任。西方企业董事长大都严格在企业现有制度规则框架下工作，能够遵守企业的各种准则，执行董事会和监事会的决策，只在自己的职权范围内行使权力，重大决策大都由董事会集体民主讨论。

华人企业老板大都终身任职，很少有制度规则观念，自己签署的制度往往自己违反，一句话就能否定一份管理制度，拍一下桌子就能废除公司高层集体讨论形成的决议。企业内无议事决策规则，老板成为企业规则的最大破坏者。虽然也会征求下属或股东的意见，但老板始终享有最终裁决权。华人企业也召开董事会，极少会出现老板主张被最终否决的情况。企业经常因老板个人非理性错误决策而大起大落。

2. 西方企业家族后代只继承股权，华人企业家族后代同时继承股权与管理权。

西方企业最高负责人的继任者不是前任的儿子或血亲，权力继承已经不再是血缘传承。西方企业所有权与管理权严格分开，企业股东后代只继承股权，不在企业担任实权职务。西方虽然偶有“子承父业”的状况，但大都是小型“个体户”企业，对国民经济无决定性影响。

华人企业最高负责人的继任者是儿子或血亲，最高行政权呈血缘化交接形态，董事长上任后均无任期限制，卸任者和继任者大都是血缘或亲缘关系，华人企业所有权与管理权大都“政教合一”，后代对股权与管理权一并继承。华人企业主就像封建皇帝那样把企业看成自己的私人财产，靠血缘传承来维持家业，维持姓氏不变。

3. 西方企业无“老板”，华人企业老板一权独大。

西方企业是股份多元化、分散化、流动化，企业没有一个或几个作为固定个人的、看得见摸得着的、具体的“老板”。董事长也不是“老板”，顶多只相当于4年一换的“轮值主席”。企业的重大战略必须按《企业章程》由董事会、监事会、管理委员会投票决定，有理性、有民主、有制约。企业总经理尊重下属的意志和主张，诸事征求大家的意见，吸取众人智慧，使员工保持极高的参与感和主动精神，进而对企业有极高的向心力。久而久之，员工都成了关心企业、自主意识强、自治精神强的“公民”，一旦企业有难，全体员工都会主动挺身而出。

华人企业产权集中在一个人手中，有一个具体的“老板”，“老板”无所不能，手握大小决策权，一切事物笼罩在“皇权”阴影中，老板往往能在半小时内独立作出一个重大战略决策，没有理性、没有民主、没有制约，不尊重下属的意志和主张。如此久而久之，员工都成了不关心企业、无自主意识、无自治精神的“顺民”，一旦企业有难，全体员工都退后三步，很少会主动承担，挺身而出。

4. 西方企业总经理内部产生，华人企业总经理外部招聘。

西方企业总经理大都从企业内部现有干部中产生，公司里有着一个高学历的管理者团队，有着大量顶级人才储备。由于企业文化良好，有个性棱角的优秀人才能够被包容，得以生存下来。

华人企业总经理无法从企业内部现有干部中产生，公司里无顶级人才储备。老板更喜欢“奴才”而非“人才”，有个性棱角的内部人才难被包容，最后的出路只有辞职一条。一旦总经理出现缺位，企业现有“奴才型”干部们无一堪胜大任，唯一的办法就是招聘“空降兵”。而“空降兵”往往会因为不同的企业及行业背景而水土不服，虽然外来的和尚好念经，但念着念着就可能念歪了，最后还是被方丈赶出庙门。

5. 西方企业总经理任职稳定，华人企业总经理频繁更换。

西方企业总经理大都任职稳定，一般为4～5年，可连任一届。由于总经理从企业内部产生，熟悉技术业务、熟悉内外环境、有稳固的人脉基础、公司对其知根知底，卸任后大都继续在公司内工作，极少因人品或能力出现问题而中途被免职。董事长极少干预CEO的工作，CEO极有尊严感和成就感，大都能任满其任期。

华人企业总经理任职不稳定，能任满任期者也是万事皆由老板裁决，总经理仅仅是个执行者，万事委曲求全，毫无尊严感。总经理大都从外聘请，与公司文化不契合，与老板也无工作默契，只要职业经理人的价值观、行为方式及处事原则与老板不同，纵然你无贪污腐化行为、企业业绩也飞速成长，你也必须走人。于是，华人社会形成了一个独特的“职业经理人”群体，他们以当总经理为职业，干完东家干西家，从来是流动任职，不会为一家企业终身服务。

6. 西方企业有制度化继承人规定，华人企业无制度化继承人规定。

西方企业大都有正式档规定的最高负责人职务继任者，一旦最高权力者出现不测，在一两天之内就会有继任者上任。企业决不会因为最高权力者出现空缺而股票大跌或工作无人处理。

华人企业一般没有正式档规定的最高负责人职务继任者，老板继承人姓甚名谁始终是一个神秘的问题，一旦最高权力者出现不测，内部各派争夺最高权力的斗争立即开始，残酷而激烈，企业长时间处于权力真空状态，因而股票大跌、大量工作无人处理。

7. 西方企业权力监督机制完善，华人企业权力监督机制虚设。

西方企业有完善的对管理层的监督机制，如德国强势的监事会、美国独立董事制度、英国审计委员会，西方企业总经理始终处于严密的监控之下，在既定规则下开展工作，所有行为晒在阳光下，稍有不轨行为或失误就会受到弹劾。

华人企业虽然也有名义上的监事会，但大都形同虚设，监事会成员大都在公司内任职，是老板的行政下属，监督者同时又是被监督者的下属，如同猫儿是老鼠的下属，猫儿就变成了老鼠的服从者与支持者。

8. 西方企业主无“绝对控股”观念，华人企业主“绝对控股”观念强烈。

西方企业所有者无“绝对控股”观念，只要对企业有利，只要能增加企业资金，不在乎新加盟者投入多少、是否会超过自己成为大股东。董事长不一定是由出资最多的一方担任，大股东的唯一意义是分红时多得一些，保持自己“绝对控股”并无太大意义。

华人企业主“绝对控股”观念强烈，在合资经营时一定要自己的股份占51%以上，即便牺牲发展的良好机遇也在所不惜。老板们潜意识中一定要企业永保本人姓氏。在企业长远发展与个人控制力之间，华人老板大都选择后者，企业永远都处在小规模经营状态，一旦发生危机小船立即翻覆。

9. 西方家族企业定义为“家族始创加社会管理”，华人家族企业定义为“家族始创加家族管理”。

美国《家族企业》杂志2012年统计，美国家族企业比例为54.5%，英国为76%，澳大利亚为75%，西班牙为71%，意大利为90%；美国家族企业股票回报率为15.6%，非家族企业股票回报率只有11.2%。这成了国内一些学者反对去家族化的理论依据。但此家族企业非彼家族企业，欧美家族企业与华人家族企业的定义完全不同。

在全球500家大型企业中，有175家家族企业。而在美国公开上市的最大型企业中，有42%的企业仍为家族所控制，美国大家族仍然控制着家族企业较大的股份。于是，这成了国内诸多“反去家族化”学者及企业家坚持其观点的强有力依据。

但是，此家族企业非彼家族企业，华人社会与欧美国家家族企业的定义、形态及运作模式完全不同：

欧美家族企业的定义是：企业由家族创办，家族只有少量股权，美国家族企业股权平均不超过19%，企业家族成员通常只任董事长、董事或监事，极少担任CEO，极少参与日常工作，家族成员更不在企业担任普通中低层职务，家族对后代只传股权不传管理权，董事长、总经理通常由选举产生，有固定任期制。

华人家族企业的定义是：企业由家族创办，家族拥有全部或大部分股权，香港家族企业股权平均达47.4%，除董事长、董事、监事、CEO均由家族成员担任外，家族成员还在企业担任普通中低层职务，家族后代既要股权也要管理权，董事长、总经理不由选举产生，由家族成员永久担任，没有固定任期制。

欧美家族企业也有家族拥有全部或大部分股权，且董事长、董事、监事、CEO均由家族成员担任，家族后代既要股权也要管理权，董事长、总经理不由选举产生，董事长由家族成员永久担任，但为数甚少，不成主流。

2006 年，福特家族第四代传人比尔·福特交出公司帅印，聘请艾伦·穆拉利担任董事长。按中国标准，福特早已不是家族企业，但美国《家族企业》杂志 2013 年仍将福特公司划为家族企业。不仅如此，微软、戴尔、杜邦、安利、洛克菲勒、宝马也都被划为家族企业，其实，这些企业在 20 世纪中下叶大都完成了股权社会化，明显呈“四无”状况：①创始人家族无绝对控股；②家族成员无人在企业中低层任职；③家族无人任终身董事长；④家族成员无人担任总经理。因此，用“西方家族企业仍有强大生命力”来为中国家族企业的存在进行辩护是一种认知误区。

最典型的例子莫过于掌握全球零售业巨无霸沃尔玛集团的沃顿家族。沃尔玛在全球的零售商店已超过 4 700 家，2016 年销售额达 2 800 亿美元。2015 年，沃顿家族仅拥有沃尔玛全部股份的 33%，在董事会 10 名席位中仅占两席，家族成员仅担任董事长，除此之外再无家族成员在企业任职。

如果用华人社会的标准看，“四无”状况的欧美家族企业根本不是家族企业，而是公共企业，欧美社会几乎没有家族企业；而用欧美社会的标准看，不要说“四有”状况的华人家族企业都是家族企业，就算那些“四无”状况的华人公共企业也是家族企业。

华人公司在企业规模、营业额、利润率、研发能力、产品质量、企业寿命、决策质量等方面与西方企业还是差距甚大，仿佛是两个世界。原因何在？就在于中西企业“顶层设计”的根本不同。一言以蔽之，华人企业顶层设计中呈现出的是一个无所不能的“老板”，是一种家族化、血缘化、个人化、集权化、封闭化的文化，而西方企业顶层设计中呈现出的是一种利益集团化、开放化、分权化、规则化、社会化、体制化的文化，这才是西方企业的“核心竞争力”。

第五章　走出血缘传承、走向体制传承

“交接班的阶段，是一个企业的弱点最容易暴露的时期。”

——日本 ICO 企业顾问公司董事长井上和弘

在华人企业主观念里、企业是我创造的，因此是“我”的。既然企业是“我”的，那么，就应该传给“我”的后代。与一套房产和一台计算机一样，“我”的后代具有天然的继承权。这一继承权既包括所有权，又包括管理权和处置权。至于后代本人是否愿意继承、是否有能力管理、是否能让企业长久存活下来，华人企业家们考虑得很少。

当后代们不愿意继承、也没有能力管理时又该怎么办？华人企业家碰到这种问题时，大都会软硬兼施竭力说服孩子愿意接班，同时采取各种方法对孩子进行“接班培养”。但是，这种竭力说服的“长期效果”如何？对孩子进行“接班培养”是否真正有效？华人企业家考虑得更少。

即便第二代愿意继承，也有能力管理，谁又能保证第三代、第四代也愿意继承，也有能力管理呢？如果中间有一代人不愿继承、又无能力管理，那又怎么办？怎么保证企业 100 年地存活下来，华人企业家们就不考虑了。

企业不是一套房产或一台计算机，它是一个有生命的、不断变化的系统，它需要管理力的投入，需要不断地决策和选择，需要承担风险与责任。到底用什么方法来让自己创办的企业在后代们不愿意继承、没有能力管理的情况下也能长久存活下来，并且在自己往生的100年、300年后还能继续存活下来呢？

这一点，华人企业家们似乎根本不考虑。华人企业家的传承思想仍然是家族内部的血缘传承，而非现代体制传承。

第一节 培养接班人？错！

华人企业家大都有一种“培养接班人”的思想观念，在实际工作中也做了很多具体的“培养接班人”安排。一般情况下，被培养的接班人大都是自己的儿子、女儿、女婿或其他有亲近血缘关系者，与老板的血缘关系越近越有可能被定为“接班人”。

“培养接班人”实际上是培养“血缘接班人”，其做法无外乎是在企业主现有子女中选择一人，送出国培养，再回公司担任要职，让他们负责重要的工作项目、参与公司的各种重大决策，并参加各种“企业领袖培训班”，一步一步接近父辈的顶层职务。最后，在父辈离任或离世前执掌企业大权。但是，大量事实表明，这种做法效果并不佳。确有少数“接班人”表现优秀，但大部分接班者表现并不理想，难当大任。这种思维及做法实际上犯了四个错误：

第一个错误，接班者不可替代性。由于接班人只能是企业主子女，注定了接班人具有不可替代性。如果企业主有三个儿子，只能在此三人中选择。如果三子中碰巧有一个有实力，那是企业的幸运。如果三子中无一人有实力，则只能在三个儿子中选一个实力稍高者。这样，企业的命运就全部押在企业主儿子的能力上面。血缘传承的最大问题在于接班者不可替代性，这一点恰恰触犯了“组织中如果有了一位不可替代的人，则组织已经犯了管理失败的罪过”的警句。

第二个错误，接班者缺乏意愿。拿破仑说，“不想当将军的士兵不是好士兵”。其实，不想当将军的将军更不是好将军。由于社会行业多元化、职业多元化选择和个人兴趣多元化，当代社会中愿意接父辈班的“富二代”越来越少，大部分企业主子女不愿意接班，反而更愿意从事教师、公务员、军警、艺术、科研、文化等更符合自己个人兴趣的职业。个人职业选择就必然多样化，不可能父辈做什么自己就完全做什么。如果一个梦想做文学家或核能研究家的企业家子女被硬逼着当董事长，如同让一个不想当将军的人当将军，让事物按照被扭曲的方向发展，企业家子女不会有好的发展结果，企业更不会有好的发展结果，因为不想当将军的将军绝对当不好将军。

第三个错误，接班者缺乏能力。即便接班者不乏接班意愿，其能力亦面临巨大考验。由于血缘继承模式，接班者不会像内部选拔或对外招聘那样经过严格的能力考查，这样，就存在一个像绵羊一样的低能者担任企业领袖的问题。这样，一只羊领导一群狼的格局就形成了，其结果便是，这只羊纵然不被内部狼吃掉，也会被外部狼吃掉。

第四个错误，无法每代人优秀。即便血缘继承者有强烈接班意愿，又具有狼的能力，既能驾驭手下众臣，又能吃掉外面的狼，却不能保证每一代血缘继承者均有狼的能力。在中国历史上亦不乏如秦嬴政、李世民、康熙这样的精敏强势的皇权血缘继承者，但是，却不能每一代血缘继承者都具有激荡江山、吞吐宇宙的能力。盘点一下中国历代王朝君主可以发现，90%的皇上都是昏庸之君。同理，企业血缘继承者中出现一两代高才者并不足以为奇，但是，血缘继承制却不能保证企业在300年中的10位血缘继承者都像柳传志或松下幸之助一样。只要血缘继承者中出现一位“昏君”，企业就立即倒闭破产。

在上述四大错误中，最大的错误是“不可替代性”，在任何一个组织系统中，只要有一个人不可替代，都是该组织系统的致命错误。在清军制中，一般百姓不能当兵，只有八旗军与绿营军的后代才能血缘继承当兵，具有八旗军与绿营军后代的“不可替代性”，而八旗军与绿营军到清末又不堪一击。

血缘式“培养接班人”的成功必须满足三个假设：第一，接班者有强烈接班意愿；第二，接班者必须能力优秀；第三，每一代接班人都能力优秀。其实，要满足前两个假设并非完全没有可能，当下华人企业界不乏优秀"少帅"，成功血缘接班者亦并不罕见。但是，要满足第三个假设则完全没有可能。世界上没有任何一个企业家能保证自己的企业在未来300年中的10位血缘继承者都如自己一样优秀。这样，哪怕是9位血缘继承者都优秀，只要有一位血缘继承者昏庸无能，企业也会在他手上葬送掉。

血缘式"培养接班人"建立在一种虚妄的假设上，即接班者有强烈接班意愿、接班者能力优秀、每一代接班人都能力优秀。真实的情况是，大部分接班者没有接班意愿、大部分接班者能力平庸、无法保证每一代接班人都优秀。

"培养接班人"的思路及做法在国外亦不成功，美国通用公司总裁杰克·韦尔奇曾经用8年时间培养通用公司候备领袖。韦尔奇把有可能继承公司顶层职位的人员分成三组：第一，最优组，3人，是公认为最有可能继承CEO位置的精英，无论学历、潜力还是资历都堪称最优，被认为白天鹅；第二，中等组，7人，学历、潜力、资历较"最优组"稍次一些，但仍公认为具有相当实力，为第二梯队，被认为灰天鹅；第三，低层组，10个人，学历、潜力、资历相对最次，公认为无太大实力，作为第三梯队，被认为丑小鸭。通用公司人力资源中心在8年中对上、中、下三个组的成员给了待遇不同的培育，自然是对级别越高的组员投入了越多的培育资源。8年后的结果完全出乎人们的意料：白天鹅与灰天鹅全部出局，丑小鸭当上了王后。"最优组"的3人和"中等组"的7人全部被淘汰，最后胜出担任通用公司若干最高职务者全部出自于"低层组"。

大凡人才，分为"技能型"与"领袖型"两种。对于前者，确实需要培养，而对于后者，我们只需要把他放在适当的岗位上，其余的一切事情均由他自己去做。需要外人施予培养才能成为领袖的人根本不是领袖，领袖人物完全靠自己的天赋和内在能量而获得成功。

领袖人物不是靠"培养"出来，是靠他自己"钻"出来，而不是靠他人"拉"起来。领袖人物的内在力量不是来自于现存秩序的安排，而是潜藏在未来领导者内心深处的一种潜质，如果不具备这种潜质，给他再好的条件也培养不出来。

一只体弱的羊通过培训或许会变成一只体强的羊，但永远无法变成一只狼。因为从根本上讲，羊的生物基因不可能变成狼。如果强行要把羊变成狼，那么结果必然是，羊终究没有变成狼，却被逼着领带一群羊去与狼群交战，最后，羊群被狼群全部吃掉。

华人企业家总是在做着“羊变狼”的美梦，而十年后企业的倒闭正是从这一厢情愿的美梦开始！

第二节　艰难的拉动式交接班

“拉动式”培养血缘接班人，是指接班人自身并无接班意愿及能力，需要靠交班者施以拉力来使之成功接班。中国港、澳、台的华人企业大都采用一种“拉动式”的培养血缘接班人方式，通常有5个步骤：①企业主送子女到国外或在本地著名高校接受高等教育；②子女学成毕业后有两种选择：a. 进入本家族企业基层实习，b. 到外部企业或国外企业从基层做起；③数年后，待子女积累了一定工作经验，在35或40岁左右到家族公司担任高层职务，边工作边接受父辈的指导，以增加工作能力；④适时参加各种“企业领袖培训班”，以提升精神境界；⑤待父辈年长垂暮或病逝前最终接班。

这种接班方式既照顾到华人企业主血缘传承的中国式心理需求，又能通过对子女的现代化培养造就合格接班人，是目前最能让实行资本主义制度的该地区华人企业主接受的模式，也是大部分企业主准备采用或已经采用的模式。

盛田昭夫是日本盛田公司的法定继承人，公司以生产“子日松”牌米酒闻名。盛田昭夫10岁就被带到公司办公室旁听董事会议，但当他长大成人后，却将继承权让给弟弟盛田和昭，自己与他人创办了一个小工厂，就是后来的索尼。盛田昭夫比梁冶中早6年就开始被“拉动”，而拉动的最终结果却是将继承权拱手转让。

“汽车大王”亨利·福特对儿子埃兹尔·福特严苛要求、极端摆布，结果亦适得其反，1943年5月，埃兹尔·福特因精神压力太大患病过世，年仅49岁。强力的“拉动”最终毁了接班人的生命，不得已，亨利·福特只能让孙子接班。

国外企业大量事实证明，“拉动式”努力大都以失败告终。华人企业“拉动式”接班方式实际效果如何呢？我把2013年中国香港前10家企业排名（加创办时间）、2016年中国台湾前18家企业排名（加创办时间）作一个表述，“拉动式”接班方式的实际效果就清楚地显现出来了：

2013年，中国香港前10家企业排名为：汇丰控股（英资1865）、国泰航空（1946）、和记黄埔（英资始创1863）、恒生银行（1933）、长江集团（1950）、地铁公司（1975）、新鸿基地产（1963）、太古集团（英资1816）、文华中国酒店（1963）、中华煤气（英资始创、公共事业1862）。除了英资控股和英资始创的汇丰控股、和记黄埔、太古集团、中华煤气四家企业创始时间在19世纪以外，其他六家纯华人企业创始时间都在1933～1975年。香港自1841年实行英式资本主义制度至今已176年，香港工商史料显示，从1841年到1933年的93年时间里，有大量香港华人企业建立，那么，为何中国香港华人企业经营时间极少能超过100年？除了李锦记集团和利丰集团创办超百年外，再无其他华人企业过百年。1841～1933年这93年时间，香港华人们创办的那么多企业都到哪儿去了呢？答案很简单，全部倒闭了。

2016年，中国台湾前18家企业排名为：鸿海精密（1974）、台塑石化（1992）、广达电脑（1988）、台达电（1971）、华硕电脑（1989）、宏碁电脑（1976）、仁宝电脑（1984）、南亚塑胶（1954）、光宝科技（1975）、中国钢铁（1971）、明碁电通（1984）、友达光电（1996）、台湾化纤（1964）、台湾塑胶（1954）、英业达股份（1975）、联华电子（1982）、远东纺织（1954）、奇美电子（1998）。

中国台湾排名前18家企业中，创办时间最长的是1954年建立的南亚塑胶和台塑集团。台湾工商史料显示，从1896年到1954年的58年时间里，有大量台湾本土企业建立，那么，如今这些企业都到哪儿去了呢？答案也很简单，也全部倒闭了。在中国台湾长达123年的资本主义历史中，除了辜显荣儿子辜振甫的后代尚在苦苦经营，为何再无一家企业寿命超过100年？

这说明一个问题，港台华人企业“拉动式”培养接班人方式完全失败。

为什么“拉动式”培养接班人方式会完全失败？其实，依然是前节的四个原因：

第一，接班者不可替代。仅仅在企业主子女中选择接班人，富家子弟未经过痛苦磨炼，大都不成才，难当重任；

第二，接班者缺乏意愿。企业主子女亦是正常人，正常人志向必然多种多样，不可能每个人都愿意“子承父业”；

第三，接班者缺乏能力。即便是进行5个步骤“拉动式”培养，也只能把体弱羊变成体强羊，但无法把羊变成狼；

第四，无法每代人优秀。即便企业主子女不乏接班意愿和能力，却不能保证每一代接班人都有接班意愿和能力。

因此，“拉动式”培养接班人方式导致的结果就是中国香港、中国台湾无一家能传承四代以上的百年企业。

在“拉动式”培养接班人的5个步骤中，最受海内外华人企业主们重视、投入最多的是第四个步骤，即参加各种“企业领袖”培训班。“二战”后，中国香港兴起了很多“企业领袖”培训班，大富豪们纷纷把子女送来学习。20世纪60年代初，中国台湾亦兴起众多“企业领袖”班，当地人及在东南亚的华人富豪们亦纷纷把子女送来。

2002年，一部台湾版偶像剧《流星花园》风靡大陆，剧中讲述台湾一所四大家族为培养企业接班人而创立的“超级白金学院”里发生的真实故事。半个多世纪来，从历届“流星花园”企业领袖班毕业的富豪子弟成千上万，而事实表明，毕业生真正有成就者寥寥无几。从中国香港第一届“企业领袖”培训班学生毕业至今六十多年过去，人们看到更多的是这些毕业生与前文所述袁世凯、徐华清的子女无甚区别，大都在败家，而不是旺家。

2005 年，大陆浙商版“流星花园”上演——浙江大学城市学院开办了大陆企业“创业人才孵化班”，第一期选拔的 29 个学生基本都有家族企业背景，其中 26 人家庭资产在亿元以上，有 5 人家庭资产上十亿元。该班被誉为大陆企业“少帅班”，“少帅班”学制一年，每周六上一天课，每人学费 80 万元。然而，交钱上课之后，个别学员并不来上课，更有学员上课时玩手机打游戏。更出人意料的是，2006 年 7 月毕业后，29 人竟无一人回家“接班”。除一人在杭州筹资创办了一家游戏公司外，另外的 28 人都在房地产、汽车、网络等行业自行谋职。首期“少帅班”最终以“零产出”宣告彻底失败。“少帅班”失败的事实揭露出“拉动式”培养接班人方式的失败。

企业家们会说，如果这样，我就让儿子在企业内工作，通过实践工作来培养锻炼其成才。当然，可以让儿子在公司内担任副总或总监，这种工作也确实能使其工作能力增长，但是，这种做法亦会带来三个负面结果。

第一，职务与能力错位。企业主子女在公司内工作，其所担任的职务往往与其能力不相符，如同乡长被任命为省长。如此一来，企业就必须屡屡为此错误安排造成的经济损失而埋单。

第二，形成虚假优越感。企业主子女在公司内工作，除老板本人外，无人敢指出他的缺点错误，平常工作中看到的大都是虚假的笑脸，听到的大都是被过滤了的虚假信息，天长日久，难免养成一种虚假优越感。

第三，“潜规则”毁明规则。企业主子女在公司内工作，大都不会遵守公司各种制度与规则，上班迟到、开会迟到、违规报账、不穿工作服、不执行会议决定、不执行总经理安排。久而久之，成为一种“潜规则”，被大家仿效，逐渐导致明规则被破坏。

“拉动式”培养接班人方式是基于拉动者对被拉动者实力的主观判断，这种判断有一定准确性，但人的潜能往往隐藏得很深，很多潜能往往连自己都不知道，而且，外人的判断往往带有太多的先入为主性、个人情感性和主观性，易受“被拉动式者”的伪装欺骗，会误将人才看成劣才，误将劣才看成人才。

“拉动式”培养接班人如同去努力纠正一件大方向就已经错误的事情，这种纠偏努力会有一些作用，但充其量只有2%。“拉动式”培养接班人如同用混凝土做飞机材料，无论怎么做，飞机都不会腾空而起。

第三节　开放的钻出式交接班

现代企业权力交接模式为“钻出式”，即竹笋破土而出模式，其基本特征是主体有强烈的主动意愿、动力十足、卓有能力。“钻出式”权力交接模式的首要条件是“搬开石板”，把压在竹笋头上的石板移开，让竹笋破土而出。

这其中包括两层意义：第一层，搬开第一块石板，破除家族成员血缘化权力传承，唯贤是举；第二层，建立起一种机制，当第一个破土而出的竹笋体能退化或能力不足、逐渐变成新石板时，有办法再将其搬开，让第二个竹笋顺利钻出来，如此不断循环。

“钻出式”产生领袖方式与“拉动式”培养接班人方式的最大区别就是最高领导人是否具有可替代性。“钻出式”产生领袖方式与“拉动式”培养接班人方式有四点不同：

第一，接班者可以替代。新领袖候选人不局限于家族嫡亲内，而是在企业全体员工内进行选择，对低能者撤换。

第二，接班者意愿强烈。新领袖有强烈担当领袖的意愿，有勃勃雄心和坚定意志，敢为天下先。

第三，接班者能力卓著。新领袖能力卓越，是狼领导羊，不是羊领导狼。

第四，保证每代人优秀。新的治理结构形成了一种保证每代企业领袖都足够优秀的机制。

这四点，恰恰都是“拉动式”培养血缘接班人方式的致命弱点。“钻出式”产生企业领袖方式是只提供平台，表演是自己的事情，谁表演得好用谁；“拉动式”培养接班人方式是既提供平台，又教其如何表演。

在商场上的成就并不取决于他毕业于哪一所军事学院、老师是谁、考试分数多少，而是取决于他的判断能力、应变能力、决策能力、意志力和领导力，这些素质从来不是在大学或研究院课堂上养成的，而是在父母启蒙教育、幼儿园游戏、街头市井闹剧、胡同顽童嬉戏、少年使力用强、中学体育运动会中形成。

“领袖型”人才的价值观念、精神气质、领导才能不是一种通过培训可以养成的技能，而是一种与生俱来的综合潜力，在 15 岁以前就基本定型，后续培养固然有一些作用，但仅仅只有 5%的影响。企业主固然可以送子女去国内外各种“少帅培训班”或“EMBA 班”学习，毕业后也确实较入学前有 10%的进步，但如果老板们天真到认为这样就可以培养出柳传志一样的企业家，那么，要么是老板弱智，要么老板打算让企业 10 年后倒闭破产。如果某老板问笔者何出此言，老板只需回答一下自己在创办企业之前入读过何种“少帅培训班”或“EMBA 班”即可。

比尔·盖茨（微软）、摩根（摩根财团）、洛克菲勒（美孚石油）、岩崎弥太郎（三菱集团）、保罗·高尔文（摩托罗拉）、雷蒙德·克罗克（麦当劳）、哈兰·山德士（肯德基）、本田宗一郎（本田）、威廉·休利特（惠普）、李秉哲（三星）、井植熏（三洋）、郑周永（现代）、丰田英二（丰田）、露丝·汉德勒（芭比娃娃）、雪铁龙（雪铁龙）、盛田昭夫（索尼）、山姆·沃尔顿（沃尔玛）、皮尔·卡丹（皮尔·卡丹）、巴菲特、索罗斯，无一人进过“培训班”或“EMBA 班”。

“钻出式”企业领袖产生方式的本质是不预先设定权力接替者，完全由候选人凭自己的能力脱颖而出；“拉动式”培养接班人方式的实质是中国君权血缘传承的变种，唯一的区别不过是在预先设定传承者的前提下进行一些现代管理知识培训。

“拉动式”培养接班人方式造成了无数块石板压在家族成员外的员工身上，企业的创新和发展处于极度僵化和沉寂状况中；而“钻出式”权力交接模式搬开了压在大家身上的无数块石板，让企业充满创新与活力，让大家拥有企业主人的积极性与主动性，扔掉的仅仅是企业创始人血缘嫡亲的权力延续，得到的却是企业旗帜的百年飘扬。

大陆企业里，“钻出式”产生企业领袖最成功的企业当属广东美的，美的集团的整个顶层设计就是通过最典型的“钻出式”。在美的集团，创始人何享健本人及家人全部离开企业，所有大股东本人及家人亦一律不在企业任职，此举等于为美的搬掉了最大一块石板。

何享健说：“我儿子也大了，别人说可以接班了，但我的想法是在公司绝对不让他进入高级决策层，他努力也不行，干脆自己到外面闯。我这样做好多人不理解，但是我想，美的是上市公司，不是我个人的，不搞这一套。”

美的不是“举贤不避亲”，而是“贤亲亦不举”，这实际上就是“钻出式”顶层设计。

1997 年，美的集团销售额为 30 亿元，2016 年达到 1 423 亿元，19 年时间增长 46 倍。

2015 年《财富》中国 500 强中，美的排名第 32 位，位居家电行业第一名；2016 年福布斯发布《2015 全球企业 2 000 强榜单》，美的排名第 436 位，进入福布斯全球企业 500 强；2016 年美的以中国民营企业 500 强第 13 名、中国制造业企业 500 强第 38 名继续保持家电行业领先位置。

2016 年，美的集团员工 15 万人，旗下拥有美的、小天鹅、威灵、华凌、安得、正力精工等十余品牌。在国内有顺德、广州、中山、江门、合肥、芜湖、武汉、荆州、无锡、淮安、苏州、常州、重庆、临汾、贵溪、邯郸等 16 个生产基地，在越南、白俄罗斯、埃及、巴西、阿根廷、印度等 6 个国家建有生产基地。

1997 年，海尔集团销售额为 108 亿元，2016 年达到 2 016 亿元，19 年时间增长 18.6 倍。

同样的时间段，同样的家电行业，美的增长46倍，海尔增长18.6倍，美的胜过海尔33倍。数字最能说明问题，孰优孰劣一目了然。在企业发展后劲方面，海尔集团显然落到了美的的后面，“33倍”的数字说明何享健的成功与张瑞敏的失败。

张瑞敏发明了“要赛马不要相马”理论，但是，在企业顶层设计层面，张瑞敏至今既未赛马又未相马，在海尔集团，至今只有他这一匹“万里马”在驰骋。2017年，“万里马”已69岁，有朝一日跑不动时又怎么办？而何享健早已从千里马变成了局外的“看马人”，每日落个清闲，不必再万里奔驰了。

美的实行一种分权自主式管理模式，具体体现在《分权手册》里，规定了美的集团和事业部的定位和权限划分，阐明了美的集团经营管理中的所有重要决策权的归属，为分权管理模式提供了制度保障，形成了“集权有道、分权有序、授权有章、用权有度”的内部授权模式。

美的集团一直在推进集团管控模式的转变，通过企业所有权、经营权、监督权三权分立实现美的的规范治理。美的集团顶层设计是典型的“钻出式”，其主旋律是“我要干”，其中含有某种自主性和创造性，《分权手册》充分释放了各部门及事业部负责人的积极性。

第四节　体制传承与血缘传承

华人群体似乎难以理解血缘传承与体制传承之间天然对立的哲学道理，往往有一种因家族血缘利益而牺牲企业利益的倾向。华人企业普遍不愿做权力移交预先制度安排，往往是车已到山前，路仍看不见。华人不停地创造新企业，又因传承失败让企业不停倒闭，华人企业永远是年轻的。

“血缘传承”的定义：企业主将大权仅交予与自己有血缘关系的继承人，以保证自己血缘姓氏在企业永续传承。

“体制传承”的定义：企业设置一套现代企业治理结构，形成一个科学化的企业顶层体制，让最高领导人在体制中应运而生。

血缘传承顶层设计与体制传承顶层设计到底有什么不同？血缘传承顶层设计到底有什么害处？体制传承顶层设计到底有什么益处呢？我们对血缘传承顶层设计与体制传承顶层设计进行一个全面系统的比较：

1. 领导者产生方式之不同

血缘传承顶层设计下，最高领导者在家族成员中物色，家族内部人才有限，大都是指定接班，只有一个候选人，没有选择余地，即便是庸才也无法更换。被传承者具有不可替代性，无论能力优劣都要“登基”。的确，有时也会有少数优秀家族成员，确实卓有能力，但不是一种常态现象，大多时候，家族成员中难出俊才。

体制传承顶层设计下，最高领导者在企业全体员工中物色，也可以在社会上物色，选择范围大得多，以唯优原则找到最优秀人才。股东大会选举董事长、董事会选举总经理，本着唯贤是举原则在全体员工中选择领导人。在这种体制下，被选出来的领导人即便不是最优者，亦决非阿斗庸才。唯才是举、人竞天择、强者胜出，符合大自然的“自然选择”原则，企业内部有才者大可凭自身能力采用各种方法“钻”出来，可保证企业新一代领导人的最优化，由最强者领导企业发展。

2. 领导者更替方式之不同

血缘传承顶层设计下，最高领导者都是职务终身制，除非死亡或身体不支，否则不会进行更替，如此，最高领导者思想观念几十年如一日，企业亦难与时俱进。而且，职务终身制会使企业的一些黑洞永远无法见到阳光。血缘传承顶层设计终身执政，大权独揽，寿命越长执政越长，一旦出现庸政，则会无限期持续下去，结果必然是创新尽失、改革不再，任何突破现存模式的努力都会受到压制，当同行业其他企业不断创新进步时，“超稳定性”企业必然与其垂暮的执政者一样最终被埋葬。

体制传承顶层设计下，最高领导者都是职务定期更换制，只要任期届满，无论身体状况如何都必须卸任，如此，企业不同时期有不同风格领导者，企业不断实现与时俱进。职务定期更换制还会使企业的一些黑洞见到阳光。企业创新很大程度上取决于领导人更新，没有领导人的更替很难实现企业创新，最高权力者执政阶段性破除了企业的“超稳定性”，让企业不断创新、充满活力、日新月异。

3. 领导过失处咎方式不同

领导人定期更替更能避免企业黑幕式管理的长期存在，面对一个黑色领导人，即便企业内部机制未将其罢免，面对固定任期规定，他也总有下台的一天。

血缘传承顶层设计下，最高领导者无论犯下多大错误，只要未触犯刑法，都不会面临弹劾，都能继续把官当下去，也无人敢有微词。如此一来，领导者没有顾忌和自律，同样的错误未来还会一犯再犯，不断给企业带来损失。

体制传承顶层设计下，最高领导者犯下大错误，无论是否触犯刑法，都会面临弹劾，不能把官再当下去，如此一来，领导者诸事会十分小心慎重，严于律己，防微杜渐，不因人为失误给企业带来损失。

4. 权力监督制衡机制不同

血缘传承顶层设计下，由个人权力过度集中，缺少制约，监事会、审计委员会和独立董事形同虚设。这样，一方面容易滋生腐败，一方面决策失误无人阻拦。世界上85％破产倒闭企业皆因决策不慎造成。

体制传承顶层设计下，公司有能发挥作用的监事会、审计委员会和独立董事，并按规定行使职权，权力始终处在被监视状态中，这样，稍有滥权和贪腐即会被曝光，企业不易滋生腐败，亦不易错误决策。

5. 企业最高权力形态不同

血缘传承顶层设计下，权力高度集中，公司内大小事情均须请示老板，老板未答复就无法行动，容易坐失良机。由于个人决策对细节考虑不周，决策经常改变，难有一贯性，即便按老板意思执行，也可能会在执行过程中突然变卦。

体制传承顶层设计下，企业处于分权体制，一切按书面《岗位职责》行使权力，各部门职责内工作无须请示老板，可迅速行动。重大事情由决策委员会集体讨论后决策，对细节考虑周全，决策具有科学性、全面性和稳定性。

6. 公司财产归属认知不同

血缘传承顶层设计下，企业发展到一定阶段，家族成员对个人利益的追求必将展现出来，利益诉求和家族关系掺和在一起，模糊的关系难以界定。如果矛盾处理不好，就会出现家族内部激烈窝里斗。华人社会素无长子继承权传统，一旦企业主过世，要么互相争夺最高权力，要么为避免争斗将企业按继承者人头进行拆分，企业陷入严重危机之中。独生子女政策造成一代人的“单子”状况不会永远持续下去，从长远看，中国家庭仍以“多子”为主流。

体制传承顶层设计下，公司产权关系明晰，股东的股份额度均以书面档方式表明，大家对财产归属认知高度统一，不会发生产权争斗。即便是家族成员，其股份额度也以书面档方式说明，不存在可争议之处，企业和谐稳定。由于“体制”有一套系统的架构、机制、规则与程序，企业主子女们通常只继承股权而离开企业，一切按规则行事，不会出现权利争斗和诸子均分企业。

7. 身份地位平等原则不同

血缘传承顶层设计下，老板嫡亲为一等公民，一般家族成员为二等公民，外来职员为三等公民，老板很难拿舅子叔伯、七姑八姨开刀，万难实现“制度面前人人平等”，这样，公司内部就形成皇亲国戚“潜规则”，没有是非黑白。

体制传承顶层设计下，家族成员大都离开企业，加之股权多元化，家族成员与企业没“皇亲国戚潜规则”，是非黑白界线清楚，员工们身份地位一律平等，没有次等公民感觉，“制度面前人人平等”得以成为现实。

8. 创新力与应变力之不同

血缘传承顶层设计下，职员必须与老板“一德一心”，凡事唯老板是从，职员变成了老板的私人附庸，不能有与老板相反的主张，难有创新力。出现重大变异时，职员缺乏主动应变能力，一切请示老板，尽失战机。

体制传承顶层设计下，职员具有独立思考能力，由于存在分权体制，职员有自己权力空间，具有较高的积极性与创新力。出现重大变异时，职员有主动应变能力，不必一切请示老板，抓住战机果断行动取得成功。

9. 吸引高级人才能力不同

血缘传承顶层设计下，老板一权独大，企业里形成一种反对独立思考、服从高于异议、现状高于创新、一切唯老板马首是瞻的文化。而高级人才大都有独立思想及意志，个人主张及尊严感强，难以在这种文化中生存下来。

体制传承顶层设计下，企业里有一种民主宽松的文化氛围，鼓励独立思考、鼓励不同声音、鼓励变革创新，只服从规则与制度，而不服从某一个具体个人。高级人才大独立思想及个人尊严得到保护，得以长期生存下来。

10. 企业内在利益形态不同

血缘传承顶层设计下，企业利益与家族利益并非在任何时候都完全一致，在某种情况下，两者之间会发生冲突，一旦企业利益危害了家族利益，家族成员会将家族利益凌驾于公司利益之上。

体制传承顶层设计下，只有企业利益，没有家族利益，一切都变得单纯起来，员工们不需要在企业利益与家族利益之间进行艰难的选择，企业永远只有一种利益形态，反而让管理变得简单。

11. 企业里“确定性”的不同

血缘传承顶层设计下，把企业交给一个人，实际上就是“人治”，人治更具有专断性、随意性、易变性、非理性、霸道性。企业没有建立起一套体制，一切只有靠人，等于把企业置于一种极为危险的不确定性状态中。

体制传承顶层设计下，把企业交给“体制”，实际上就是“法治”，而大凡法治，都具有民主性、科学性、稳定性、合理性、正确性、进步性。“体制”本身就有一种法治、民主与理性的精神文化，这种文化里，企业的所有活动及决策都具有一种确定性，架构与机制是确定的、程序与规则是确定的。建立了体制传承模式，等于给企业上了一套保险装置，董事会、监事会和股东大会也会发挥有力的制衡作用。

12. 企业再传承风险性不同

血缘传承顶层设计下，把企业交给一个人，即便此人为“贤人”，依然存在风险，因为“贤人”总要老死，一旦圣者离世，难保后来继任依然贤明。只要在传承链中出现一个“昏君”，企业没有内在机制罢免“昏君”、或把“昏君”造成的损失减少到最低，最终必然死路一条。

体制传承顶层设计下，体制再传承无风险性，把企业交给“体制”，企业按照组织体系平台的既定原则周期性轮替最高领导人，最高领导者人选必是人才中最优者，如此最高领导人无论多少代再传承都毫无风险。

我举四则国外企业家传承案例：

2006 年，股神巴菲特决定将自己 80%的财产捐给慈善事业，其中价值 370 亿美元的主要股份捐给比尔和梅琳达基金会，剩下股份分捐给三个孩子运作的基金会。

2007 年，美国饭店集团巨亨巴伦·希尔顿发布声明，将 23 亿美元遗产中的 97%捐献给希尔顿基金会。原因很简单，家业继承人孙女帕丽斯·希尔顿令他失望，虽然女儿和帕丽斯的弟弟妹妹都大喊冤枉，而巴伦·希尔顿心意已决。

2008 年，比尔·盖茨将 580 亿美元财产全数捐给名下慈善基金比尔和梅琳达基金会。三个子女会有基金会照顾，一生衣食无忧。

2008 年，日本服饰品牌优衣库创始人柳井正以 106 亿美元净资产夺得日本首富桂冠，柳井正对媒体表示，不给后代留财产，只留股份，把优衣库留给真正懂它的人。

我再举两则华人企业传承的案例：

1918 年，台湾小贩林尚志创立“协志商号”；1942 年其子林挺生接任董事长，协志商号更名为“大同”；1949 年大同跨人家电业；至 20 世纪 60 年代，大同发展成台湾第一大家电企业，家家户户都有大同电饭锅、电视机，广告歌曲《大同歌》是当时台湾人的共同记忆，“大同”成为台湾地区国货的代名词。

林挺生长子林蔚山行事过于保守、缺乏冲劲，于是，林挺生任命其妻林郭文艳任大同执行副总，主持大同日常工作；郭文艳巾帼不须让眉，任职后屡创奇功，但林家有本姓男子接班的文化，林挺生不选择儿媳为接班人；林蔚山儿子孙林建文工作表现出色，于是，林挺生决定跳过第三代林蔚山，直接由第四代林建文为大同集团接班人；从 2000 年起，大同集团的一切都围绕林建文接班而布局。

2005 年 4 月，林建文突然英逝，打乱了大同接班布局，之前为林建文接班做的一切准备均成泡影。

2006 年 3 月，林挺生自觉来日无多，只得回过头来任命以前一直被自己否定的长子林蔚山任董事长。

2006 年 5 月，林挺生辞世，享年 88 岁。林挺生担任大同董事长达 65 年，超过中国历史在位时间最长的清康熙皇帝（61 年），被台湾企业界称为“永远的董事长”。

林蔚山自 2006 年接任大同董事长后，七年来大同集团同林蔚山性格一样，其经营业绩一直表现平平，截至 2016 年，既无新发展亮点，又无重大增长。2011 年 10 月，林蔚山被控掏空大同集团十亿元新台币资金，填补他私人投资的通达国际公司亏损。

1950 年，香港小商人林百欣接办丽新制衣厂；1959 年，丽新公司成功将产品打入英美市场；1964 年，丽新公司收购了台湾民与纱厂大部分股权，成为香港最大的成衣制造商；1983 年，丽新公司投资房地产，经过多年发展，成为香港房地产业巨头。虽然企业一路蓬勃发展，林百欣却一直为继承问题而苦恼。大儿子林建民“不务正业”，二儿子林建岳颇有灵性，从小就获得林百欣的欣赏，于是，林百欣决定“废长立幼”。

1987 年初，林建岳从美国大学毕业后，返港任丽新集团副主席。林建岳不经父亲同意，私自操刀投资，屡出臭棋：

1987 年底，林建岳决定丽新集团买下了亚洲电视大部分股份，结果亏损高达30亿港币。

1994年，林建岳收购新世界发展有限公司20%亚视股权，致使丽新集团身陷亚视资金泥沼，后来丽新国际因成交量少，被取消恒生指数成分股地位。

1997年，林建岳以69亿港币高价收购了市值仅31亿元的富丽华酒店，致使丽新总负债升至125亿港元，在接踵而至的亚洲金融风暴中，市值600亿的丽新股价落到最低市值仅15亿元，为香港上市公司蚀钱最多的企业。

此后七年时间，丽新一直陷入倒闭危机，而林建岳的一千万港币年薪未减少一分钱。林建岳所做的一切，已退居二线的林百欣都看在眼里，身边幕僚对林建岳看不下去，屡劝其考虑撤换儿子，而林百欣始终一言不发。

2005年2月，林百欣逝世。直到去世前林百欣一直未提撤换儿子之事。林建岳获大部分遗产及旗下公司控制权。此后，林建岳屡屡出招欲使丽新起死回生，而效果一直不佳，至2017年，丽新集团与台湾大同集团的平庸状况相仿。

从以上过程可以看出，大同集团是典型的血缘传承体制，最高领导者只能在家族成员中物色，是指定接班制，只有一两个候选人，就连自家儿媳也无资格；最高领导者是职务终身制，董事长一任就是65年，企业还根本谈不上变革创新和与时俱进；把一切寄托在孙子林建文身上，一旦林建文早逝，则一切方寸全乱。丽新集团也是典型的血缘传承体制，最高领导者只能是儿子，外人完全不考虑，只有一个候选人；最高领导者是职务终身制，无论犯下多大错误都能继续把位置坐下去，无人敢有微词；由此个人集权，监事会、审计委员会和独立董事形同虚设，完全限制不了老板的非理性决策。

优秀领导人的产生必须通过优胜劣汰的自然选择，而血缘传承恰恰就违背了优胜劣汰的自然选择规律，使愚者和劣者也能担任领袖，丽新集团就是绝佳例证。

以上，我们比较了血缘传承顶层设计与体制传承顶层设计的十二大不同，又列举了四则国外企业传承实例及两则华人企业传承实例，可以看出，血缘传承顶层设计体内存在着以上无法克服的弊端，是一条难以走过的死胡同，它的另一端是一堵死墙，永远走不过去。从一开始，血缘传承顶层设计就已经输给体制传承顶层设计了。家族服务于企业，企业则健康发展；企业服务于家族，企业则萎缩衰败。家族企业的弊端正在于此。

第五节　艾美特与宏碁：走在“体制传承”的前列

1973 年，史鸿尧在台南安平工业区创办东富电器集团，1990 年底，史鸿尧看准大陆市场，在深圳创办威昂电器发展（深圳）有限公司；威昂电器投资总额 4 750 万美元，共有 60 条成品生产线，成品年总装能力 2 000万台；2002 年威昂电器更名为艾美特电器（深圳）有限公司，产品营销国内 31 省（区）市及日韩、欧美等世界 60 余国家，是全球电风扇主要设计生产厂商之一，在大陆仅次于美的集团而居于“家电老二”的地位；艾美特和日本三洋公司合作开发空气净化器，三洋公司在日本市场销售的产品全部由艾美特生产；2007 年获大陆商务部颁发的“最具市场竞争力品牌”；2008 年“艾美特”商标被国家工商总局认定为驰名商标；2011 年获“广东企业 500 强”；2006 年“艾美特”被世界品牌实验室评估品牌价值为 13 亿美元。“艾美特”家电产品在大陆各地商场随处可见。

2017 年，艾美特员工 1.5 万人，年营业额 300 亿元人民币，此时，公司已创办 45 年整，超过了日本企业平均寿命。

史鸿尧创办东富电器集团不久，职业经理人李博文、郑立平就加盟东富，成为史鸿尧的左膀右臂；1990 年底，史鸿尧在深圳创办威昂电器，这时，职业经理人蔡正富加盟公司；史鸿尧任威昂电器董事长，李博文任总经理、主管生产营运，郑立平任业务副总、主管业务销售，蔡正富任行政副总、主管社会关系及行政内务；史鸿尧占威昂电器股份 80%，为稳住公司高管，史鸿尧给李博文、郑立平、蔡正富均分有少量股份。史鸿尧有一子一女，儿子史瑞斌天资聪慧、颇有才华，继承了父亲的一切优点，但史鸿尧在其国中毕业后就让他独自到日本发展，先在日本爱知县中部大学电子专业读书，回中国台湾服完兵役后又在日本汤浅株式会社任职，坚决不在艾美特任职。公司内没有哪怕是一名史鸿尧家族成员。

1995 年，李博文总经理去世，郑立平任总经理。由于销售业务占据了郑立平太多的精力，1996 年，史鸿尧请来台湾职业经理人杨浴复担任董事长特别助理，协助郑立平管理生产营运事务。杨浴复是台湾资深管理专家，进入艾美特后果然不负重望，短时内将内部管理提升了两个台阶，由于企业发展势头良好，2006 年，艾美特在中国香港成功上市。

从 1991 年建厂伊始，除战略性决策外，史鸿尧的公司管理事务几乎是交给李博文、郑立平、蔡正富、杨浴复打理，而即便是战略性决策，也大都是审批而非“拿主意”。公司董事长办公桌上总是厚厚一层灰尘，常常数月无人入座，这种“老板风格”与王永庆、张瑞敏、宗庆后、任正非、李瑞师等“企业强人”的乾纲独断作风完全不同。公司高层职业经理人最大的感受就是老板的充分授权和绝对信任，“君臣之间”毫无芥蒂，久而久之，“臣臣之间”也毫无芥蒂。

史鸿尧为人低调，所有抛头露面的事都交给蔡正富，因此，在深圳商界谈起艾美特，一般人只知蔡正富，不知史鸿尧。凡官方来企业只找蔡正富，不找史鸿尧。而史鸿尧完全不在乎光环荣耀被他人拿走，这一点与大陆民营企业喜欢抛头露面、把全部光环都顶在自己头上、以自己为中心的老板们完全不同。在这一点上，史鸿尧不输刘备。

史鸿尧对职业经理的定位与一般华人企业老板完全不同。一般华人企业老板的定位是，“我”是主公，你们为我打工，企业是目的，你们只是手段，当手段促进不了目的时，我就改变手段，因为我是主体；史鸿尧的定位是，我与你们都是手段，共同为企业这个目的而奋斗，当手段促进不了目的时，由你们来想办法，因为你们是主体。正因为有这种定位，艾美特的顶级职业经理李博文、郑立平、蔡正富、杨浴复进入企业后就是终身服务，如郑立平服务时间已达41年；而张万全、丁和华、罗理珍等一大批担任副总、总监的高级职业经理服务时间也已达20～25年；而担任经理级干部的中层职业经理平均服务时间也都在10～20年。同时，艾美特普通员工流失率在深圳制造型企业属最低之列，每月不足2%。一般在其他企业频频跳槽的职员，到了艾美特往往就5～10年不动。2004年公司决定“从总资产中划出10%份额给全体员工配股”，推行“明确配股原则，规定配股条件，量化配股数额，逐步扩大比例”的配股办法。管理人员占配股总金额19.2%；一般员工占配股总金额80.8%，这是大陆第一家给普通员工股份的台资企业。

虽然少年从商、学历不高，史鸿尧知道岁月无情的道理，更从佛经中悟出“家族传承富不过三代”的哲理。儿子史瑞斌在日本大学毕业，在日本企业出任高级管理干部，才华横溢，其能力决不在李嘉诚之子李泽钜和李泽楷之下，与艾美特现有管理者不相上下，回来继承父业完全不成问题，但是，这样做会形成一种血缘传承体制，且只能保证企业在史瑞斌这一代手中辉煌，第三代、第五代“家族传人”就很难都如史瑞斌一样，而只要“传承链”中有一代人能如阿斗，艾美特就土崩瓦解，而史鸿尧对艾美特的期许绝不是百年企业，而是千年企业。

因此，从1999年起，史鸿尧就开始对自己身后艾美特的顶层权力架构进行布局，基本原则不是“传贤不传子”，而是“子贤亦不传”，坚决走社会化职业化道路，不走家族化传承道路，儿子和妻子继承的仅仅是自己的股票，董事长、总经理由家族外董事会人员担任，当时能有此种认知者在中国台湾企业家中并不多见。

艾美特聘请了一名日本管理顾问近滕恒弘，近滕20世纪30年代出生于天津，日本投降后随父母返国，大学毕业后在松下电器服务40年。近滕对于艾美特里的管理瑕疵从来都毫不留情地予以曝光，无论得罪多少人都要强势地予以纠正。除日常生产管理咨询外，艾美特高层也向近滕请教日本企业顶层设计和交接班方面事宜，近滕则尽心尽力提出自己的意见。

2009 年，史鸿尧去世，儿子史瑞斌和妻子史李嫺珠继承了其全部股份，并出任董事；经股东大会民主选举，选举出郑立平任董事长；由郑立平提名，董事会表决通过杨浴复担任总经理，并进入董事会。由于10 年前就开始交班布局，由于史鸿尧几乎不参与日常工作，因此，史鸿尧的过世对艾美特的生产运营未造成任何负面影响。

从 2010 年起，艾美特董事会由九位董事所组成，其中陈明璋、邱显比、范钦华及齐莱平均为不拥有股份的独立董事，占董事总数一半，这超过了一般美国和日本企业独立董事的比例。史鸿尧家族与艾美特的关系仅仅是股票的关系，史李嫺珠和史瑞斌平时在台南居住，只有开董事会时才来深圳，开完会立即离开，决不在公司内施加影响，公司里的绝大部分中高层干部甚至根本不认识史李嫺珠和史瑞斌，因此，史鸿尧家族与对艾美特公司日常经营管理的影响几乎为零。而郑立平、蔡正富、杨浴复与史鸿尧既无血缘关系又无亲缘关系。史瑞斌仅担任台南东富集团董事长，而此时的东富集团在台湾只能算是一家小企业，在营业额、规模和人数上与艾美特相比是芝麻比西瓜，而且，名义上东富集团是艾美特的母公司，而实际上妈妈早已管不了儿子了，因此，史瑞斌担任东富集团董事长得到的仅仅是一张“董事长名片”，与不担任该职没有本质区别，这一点史鸿尧心知肚明。我们看一下《艾美特公司董事会人员构成表》（见表 1）：

表 1　艾美特公司董事会人员构成表

职称	姓名	学历及经历
董事长	郑立平	中国台湾淡江大学毕业，台湾东富电器（股）公司副总经理
副董事长	蔡正富	中国台湾高雄科技大学硕士，深圳台商协会常务副会长，深圳工业总会副会长、主席团主席
董事	杨浴复	中国台湾大学毕业，台湾凌群计算机（股）公司工程师

续表

职称	姓名	学历及经历
董事	史李嫺珠	中国台湾高雄光华女中高中部毕业
董事	史瑞斌	日本爱知县中部大学毕业，日本汤浅株式会社高级经理
独立董事	陈明璋	中国台湾政治大学博士，台湾“行政院”“陆委会”经济处职员，“中国生产力中心”总经理
独立董事	范钦华	美国威斯康新大学硕士，美国加州敬业会计师事务所职员
独立董事	齐莱平	美国芝加哥大学国际关系学硕士，中美大都会人寿董事总经理
独立董事	邱显比	美国华盛顿大学财务学博士；中国台湾大学财务金融学系专任教授及系主任

如果说史鸿尧在世时还有一个“老板”的话，那么，史鸿尧过世后艾美特已经没有作为一个具体个人的“老板”了。董事长郑立平从职业经理人转化而来，只持有公司极少一部分股份，显然称不上“老板”；总经理杨浴复也是从职业经理人转化而来，持有股份更少，也称不上“老板”；而持有股份最多的史李嫺珠和史瑞斌平日根本不过公司政务，更称不上“老板”。那么，谁是老板？答案很简单，艾美特没有老板。而在2009～2017年没有老板的几年时间，公司良性运营的状况甚至超过有老板的岁月，8年间的公司《财务报表》可以证实这一点。

一般华人企业在“老板”去世后都会出现激烈的高层权力斗争，而艾美特在史鸿尧过世后丝毫未有权力斗争。一般华人企业只要有两个以上合伙者，大都存在“510”现象，即或在合作第5个年头时合作破裂，或在第10个年头时合作结束，合伙者变成冤大头，要么分道扬镳，要么对簿公堂。而奇怪的是，艾美特的“三巨头”郑立平、蔡正富、杨浴复共事20年，不仅未分道扬镳、对簿公堂，反而越来越融洽，三者如一人。“三巨头”在价值观念、思维方式上不存在一般中国民企大股东之间的那种互不认同，彼此之间在技术层面的具体措施上或许会有一些不同主张，但在公司大政方针上却出奇地观点一致，因此，重大决策总能迅速形成。

艾美特设有股东大会、董事会、审计委员会、薪酬委员会，审计委员会行使监事会职责。股东大会一年召开一次，董事会半年召开一次，审计委员会每月召开一次例会，薪酬委员会一年召开一次例会。公司一般内部营运管理事务由总经理杨浴复全权负责，外部事务由副总经理蔡正富负责，重大问题由董事长郑立平召集董事会集体讨论，分工明确、职责清晰，相互制约，不存在个人独裁现象。

我认真分析过艾美特的顶层设计模式，发现其与日本企业极为相似，亦可用“七个一工程”概括：

第一，一个所有者团队。艾美特股份呈多元化状态，企业创始人及家人、企业高管、公司中低层员工、法人机构均有持股，没有某一个人一股独大的现象，因此，艾美特无老板。

第二，一个管理者团队。目前，除了郑立平、蔡正富、杨浴复三位核心人物外，企业内部还有一个高端管理人才的第三梯队，其中包括台湾籍干部、香港籍干部，年龄多在35～45岁，学历多在本科到硕士之间，在企业担任中高层职务，服务年限多在15～20年，人数在30人左右。2017年郑立平、蔡正富、杨浴复均年事已高，正在物色第三代董事长及总经理人选，进行交班布局，无论最终人选是谁，有一点可以肯定，决不轻易使用“空降兵”。

第三，一个权力中心。艾美特只有一个日常事务领导中心，那就是总经理杨浴复；董事长郑立平重点考虑长远战略和股东关系，极少过问日常事务；副总蔡正富主要精力放在对外公共关系上；企业内部不存在多头指挥现象。

第四，一套监督机制。艾美特设有审计委员会，审计委员会由全体独立董事组成，协助董事会执行其监督职责及负责公司法、证券交易法及其他相关法令所赋予之任务。审议事项包括：财务报表、会计政策与程序、内部控制制度、重大资产或商品交易、会计或内部稽核主管之任免。

第五，一套运作规则。艾美特有《股东大会组织章程》《董事会委员会组织章程》《审计委员会组织章程》《薪酬委员会组织章程》，四大章程对股东大会如何运作、董事会如何运作、审计委员会运作、薪酬委员会工作流程都有明确规定；所有顶层权力运作都规范化、细则化、程序化。

第六，一套分权体制。从建厂开始，艾美特一直是一种金字塔集权体制，2008 年，员工人数猛增至 8 000 人，总经理杨浴复明显感到力不从心，于是，公司开始采行分权体制，划定公司总经办与各部门的权责，划定营销总部与各销售分公司的权责，虽然没有制定美的集团那样的《分权手册》，但大量过去由总经理审批的权限已下放二级单位。

第七，一个理性思维。从史鸿尧开始，公司就不指望经理人是旷世奇才，郑立平、蔡正富、杨浴复也有过一些工作失误，但史鸿尧从未因此而换将。同样，郑立平、蔡正富、杨浴复在培养第三梯队干部时，也不要求他们如孔明般扭转乾坤，从不抱持过高期望，有赵子龙之能即可。

用西方企业标准看，艾美特的顶层设计虽然亦有很多不完善之处，比如，没有设立提名委员会、没有董事长和总经理的定期轮换制、总经理也是董事会成员，董事会与审议委员会成员交叉任职，但是，其交接班布局和治理结构的现代化程度也已经超过了长江集团和台塑集团，我们作如下详细分析：

第一，王永庆过世后，台塑集团的总裁、副总裁均由创始人家族后代担任，长江集团的接班安排也是由家族后代担任董事长；而艾美特董事长和总经理都不由史鸿尧家族成员担任。

第二，台塑集团“七人小组”中没有一个核心人物，谁也不服谁，难成统一决策；而艾美特董事长和总经理责权分明，日常事务由总经理杨浴复负责，重大问题董事长郑立平召集董事会讨论，政令统一。

第三，长江集团将企业一分为二，李泽钜和李泽楷各掌一半；而艾美特并没有将企业一分为二、由史鸿尧儿子女儿各掌一半。李嘉诚把企业看成是可以分割的家产，史鸿尧把企业看成是一个社会经济体。

第四，王永庆过世时台塑集团经历了权力结构大动荡大洗牌，企业效益大降，而史鸿尧过世时艾美特权力结构异常平稳，效益如初，艾美特股票丝毫未受影响。

企业长寿取决于两点：其一，现代化顶层设计，其二，某种永久性企业价值观。在这两点上，长江集团和台塑集团都不具备，而艾美特都具备，因此，三家企业百年后的命运当下已经决定。今天，长江集团和台塑集团的规模固然远远大于艾美特，但是，就凭以上两点的不同，100 年后艾美特一定存活；而除非改弦更张，否则，100 年内长江集团和台塑集团必然败亡。30 年的辉煌不是辉煌，100 年的寿命才是辉煌。在交接班布局和顶层设计上，长江集团和台塑集团已经败在了艾美特面前。

2013 年，蔡正富说：现在，公司第二代几位领导人都已年过 60 岁，我们已经在进行第三代领导人的选择和培养，第三代领导人绝不会是企业创始人或现任领导人的家族成员，也不会是“空降兵”。重要的是，艾美特有了一个现代化的顶层设计体制，是一种社会化企业治理结构，这样，谁来担任董事长和总经理都一样。从这句话中，我们不难看出史鸿尧的一贯思想，如果问史鸿尧留给艾美特的最大遗产是什么，那就是这一思想。

笔者曾在艾美特公司任总经办助理，在艾美特工作期间，我最大的感受就是顶层领导者与大陆民营企业老板完全不同的行为方式，郑立平、蔡正富、杨浴复每天都穿工作服上班，每天早上与普通员工一样打卡，早上 7：45 与员工一起做早操。如果史鸿尧在公司，行为也完全一样。我每天早上 7：40 来到办公室时，董事长、总经理、副总经理办公室的灯光都已亮了起来。自离开艾美特后，我再未见过一家大陆企业老板能有类似行为。

一天夜晚，我在公司拜佛堂与公司“佛学会”会员们一起席地聆听史鸿尧的《波罗蜜多心经》课程。

讲课结束后，我问史鸿尧：“董事长，您看艾美特什么时候能成为世界 500 强?”

史鸿尧思考了一下说：“艾美特也许做不了世界 500 强，但有朝一日一定可以做世界 500 长。”

我问：“什么叫世界 500 长?”

史鸿尧笑道，“100 年后，如果美国《财富》杂志举办全球寿命最长的

500 家企业评选，愿艾美特榜上有名。”

我说：“可那时我们都不在了。”

史鸿尧说：“一个心中有佛的企业家，看重的不应是自己生前企业有多辉煌，而应为自己生后企业百年长寿做打算。”

当时，我觉得这不过是老头子的随口套话罢了，然而，17 年后，当我看到艾美特走过的一路脚印，才知道这不是套话，而是一个人的肺腑之言，他这样说，也实实在在这样做。如果海峡两岸各有一万个史鸿尧，那么，中华民族的 GDP 总量就可以在不做任何资源投入的情况瞬间翻上两番。

史鸿光留下的不仅是一个庞大的企业集团，更是一种经世济民的人格与精神。史鸿尧离开了，他的灵魂永远存在，艾美特将永远存在。如今，在海峡两岸各地商场的每一件艾美特产品上，人们都能看到他纯真的笑容，那笑容仿佛在告诉世人：个人和家族只是手段，企业之永存才是目的，勿为手段而抛弃目的。每每回忆起史老先生当年课堂上的举手投足，我心中就会有一种深深的感动。他的思想不仅造就了一个伟大的人格，更成就了一个非家族化的公共企业体制。

2004 年 12 月 31 日，60 岁的施振荣从泛宏碁集团董事长位置上退休，把泛宏碁分拆为纬创、宏碁、明基三大集团，从此，“泛宏碁集团”成为历史名词。宏碁集团老总王振堂、明基集团老总李焜耀、纬创集团老总林宪明将独立负责自己手中的一块业务，形成“三分天下”的局面，泛宏基集团顺利过渡到“后施振荣时代”。

与所有台湾企业不同，施振荣未将企业交给子女，而是交给“外番”。施振荣有两子一女，长子施宣辉 1987 年成立扬智公司，是 IC 生产企业，其电脑晶片产量一直位全球前列；次子施宣麟自行创业，经营运动器材行销；女儿施宣榕已嫁人。

随着宏碁、明基、纬创三家分立大方向的转型的完成，施振荣最后终结了“泛宏碁”集团，取而代之“ABW 集团”。ABW 分别是宏碁、明基、纬创英文词的第一个字母，彰显出与过去泛宏碁时代的不同，即三家公司真正、完全独立运作。

施振荣表示：退休后，宏碁将不会设荣誉董事长或荣誉集团总裁等名位，我是完全放手交棒。明年起不再出席三家公司董事会，未来在这些公司身份仅仅限于股东，不再介入公司日常运作。

施振荣表示：我没有像一般中国家族企业那样，将董事长职位交给自己孩子，这有两个理由：一是科技业本身变化太快，不适合家族继承；二是我希望有自己风格，为中国社会建立一个新传统，这不一定是对的，很多家族事业都做得很好，但我希望造成一个案例，让大家知道一家企业可以交给外面的专业经营者，家族承继人可以只做股东。

2011 年 5 月，中国中央电视台的“对话”栏目中有这样一个精彩场面：

施振荣说：“我既不想把企业交给子女，子女也不愿接我的班，因此，交给职业经理人是最佳选择。”宁波方太集团茅理翔不以为然地对施振荣说：“我把方太分给儿子大部分，分给女儿小一部分，中国法律不健全、经理人不成熟、社会信誉低，还是传给子女最放心。你将宏基一分为三是上策，可以东方不亮西方亮。但我还是要对你说，这其中没有一块传给你的子女，你将来肯定会感到遗憾。”

主持人陈伟鸿讲了一句幽默而又意味深长的话：“施振荣先生把企业看作自己的孩子，茅理翔先生把孩子看作未来的企业。”在这里，两完全不同的传承观念明明白白地显露了出来。

从以上过程可以看出，施振荣宏基集团是典型的体制传承模式，三家企业最高领导者均是“外番”而非家族成员；领导者非职务终身制，企业创始人 60 岁就退休；监事会、审计委员会和独立董事能限制老板的非理性决策；企业处于分权体制，各部门职责内工作无须请示老板，可迅速行动；重大事情由决策委员会集体决策，极少决策失误；职员有自己决策及权力空间，具有较高的积极性与创新力；在“分权”式民主氛围中，高级人才独立思想得以保护，能长期生存下来。

施振荣将企业一分为三，固然有类似“袁世凯分家法”之败笔，但其中亦恐有难言苦衷。2013 年 11 月，台湾宏碁集团因业绩持续不佳陷入困境，公司董事局主席兼 CEO 王振堂离职，施振荣重新回归执掌宏碁。世上任何事情都难尽善尽美、都会有反复，吾等不必过于责怪施振荣。

无论结果如何，施振荣最大的贡献是在华人社会第一次开创了老板不把企业管理权传给儿子、而是交给“外番”的先例。从 2005 年到 2017 年的 12 年情况来看，施振荣的“我希望造成一个案例，让大家知道一家企业可以交给外面的专业经营者，家族承继人可以只做股东”这句话基本上成为现实。

受施振荣影响，5 年后的 2009 年，大陆美的集团何享健第二次实现了华人大型企业“传贤不传子”的成功交班，而美的交接班比宏碁更完美，那就是不拆分的整体传承。

在华人社会，企业传承的对象大都是自己的儿子，即便不是自己的儿子，也是自己的女儿、女婿、孙子、侄子或其他嫡亲中的某一个人，是传承给某一个具体的人，而非一个管理体制或一套组织系统。华人企业主思想中只有“人”的概念，而没有“体制”的概念。

有人会问：如果我的儿子能力很强，能否做到血缘传承呢？无可否认，确有能力卓著的二代，如清康熙和雍正皇帝，但是，一代两代或许真有，而三代、五代、八代则未必都有，更多的是道光、咸丰和同治这样的平庸皇帝。把希望寄托在一代能力卓著的主公后代身上、而不是寄托在建立一种万古不变的高层体制上，这种思维已经失败。

宏碁和艾美特是华人社会中最早实行“职业化公共管理顶层设计”而成功的企业，开启了华人企业“体制传承”的先河，在漫漫五千年长河中第一次对“血缘传承”说“不”，尽管两家企业的治理结构都还达不到通用电器、西门子和松下电器的那种成熟的现代化程度，但是，两家企业的“顶层实践”第一次向世界宣示，华人企业能够摆脱“富不过三代”宿命，完全能像欧洲和日本企业那样实行西式“顶层”，并千年传承。

宏碁和艾美特相比，艾美特在规模、营业额及知名度上显然逊色许多，但是，艾美特没有像宏碁那样把企业一分为三，而是“不分家传承”，从此种意义上讲，艾美特是华人社会走向“职业化公共管理”和“体制传承”最完美的企业，艾美特像一位沉默寡言的信众一般，只做不说，迄今为止海峡两岸尚无一本介绍艾美特的专著。

在亚洲传统政治中，国家政权也是一种血缘传承。古代所有的皇帝无不把国家看成是自己的私人家业，无不希望把皇位传给自己的儿子，无不希望自己的家业传承千秋万代，但是，中国历史上没有一个朝代能满足每一个“始皇”的万岁梦，寿命最长的清朝亦不过295年，所谓“万岁”永远只是一个梦。

同样，在华人企业主看来，数百亿元资产的企业与10万元家产没什么区别，因此，既然10万元的家业要传给儿子，数百亿元的企业也应该传给儿子。两千多年的亚细亚小农经济造就了根深蒂固的小农家业血缘传承思想，虽然企业已扩张到数百亿元资产，小农经济思想并未改变。于是，奇怪的“传承”发生了：现代化厂房设备＋百亿元资产＋农耕式传承思想＝企业倒闭破产。

不排除血缘传承也能传到贤人，但是，不可能每一代传承都能传到贤人。但是，有一种传承模式则能保证每一届传承都能传到贤人，而且，即便是传给了一个庸人，企业亦有内在机制罢免庸人、或把庸人造成的损失减少到最低，使企业不至于倒闭，这就是体制传承。

“体制传承”就是建立现代企业治理结构，建立股东大会、董事会、监事会、管理委员会；有各机构及职位的职权划分；有董事长及总经理的产生办法、任期规定及卸任规定；有监事会主席选举规定、有董事及监事产生办法、任期规定及卸任规定；有董事会、监事会及股东大会的活动规定；有管理委员会成员组成及权责规定；有公司财务审批、关键岗位人选提名及关键职位薪酬决定办法规定。

其中包括一些具体规定，如董事长与总经理不得由同一人担任，董事会成员、监事会成员及管理委员会成员不得交叉担任，监事会成员不得在公司内任职，董事会中必须有若干独立董事，独立董事必须由与公司内部无利益关系的外来者担任。所有一切形成正式书面档，比如，《公司章程》《股东大会、董事会、监事会、管理委员会职责及运作规定》《公司组织管理权责手册》等。更重要的是，书面规定必须切实执行到位。

这样，一旦董事长、总经理、监事会主席任期届满，新任董事长、总经理及监事会主席立即依《公司章程》规定产生，权力传承自然不再成为问题。

“体制传承”的基本原则就是设置一套系统的架构与机制，形成一个组织运作的体系平台，在这个平台里，企业最高决策者的新老交替不是通过个人对个人的幕后“禅让”“传位”完成，而是按这个平台的规定，依相关程序规定公开选举产生新一届领导人。

“体制传承”的组织运作的体系平台设置成功后，企业家不必再刻意去培养接班人或发现接班人，在体制传承的体系平台里，会有更优秀的人才自动“钻”出来，去肩负起企业掌门人的职责。只要保持体制传承的体系平台持续不断的健康性，最高领导人的产生、罢免、连任、离任都将按《企业章程》规定良性运作。如果千里马需要伯乐去发现或培养，伯乐死了又怎么办？一个良好的体制应该是在没有伯乐时、千里马亦能通过自己的竞跑登上“体制”体系平台。设置了良好的体制传承体系平台，就等于保证了不断有优秀领导者出现，可谓一劳永逸解决传承问题。

第六章　现代企业传承布局：“七个一工程”

“将企业寄托于某个人身上并不适宜，关键是建立一个科学、合理的企业体制，无论谁来管，美的日后都能稳健发展。”

——广东美的集团前董事局主席何享健

1999年，美的集团董事局主席何享健即开始了他的企业交接班布局，通过10年安排，终于在2009年完成，成为第一家真正按国际化现代化标准成功实现企业交接班的中国企业。

何享健说：“我觉得要讨论的不是谁接我班的问题，而是要讲制度建设、治理结构建设问题。怎样让企业在没有大股东参与的情况下一样做得好。我讲白一点，美的集团最后的CEO都会是职业经理人。家族只不过是股东。”

回顾何享健从1999～2009年走过的10年交接班布局之路，进行一个总结，恰恰就是“七个一工程”之路，与日本企业的“七个一工程”传承模式不谋而合。与其说何享健把美的交给了方洪波，不如说是交给了美的“七个一工程”的顶层设计体制。

华人企业要实现千年传承，必须走出它的第一步：第一代向第二代交班。企业隔代交接班决不像车间白班人员向夜班人员交班那样简单，它是一个系统工程，要实现成功交接班，必须至少提前十年进行布局，包括资本结构调整、组织设计、人事储备及安排、配套体制准备、制度设计、机制设计。

千年传承的具体内容就是实施“七个一工程”：即建立一个所有者团队、一个管理者团队、一个权力中心、一套监督机制、一套运作规则、一套分权体制、一个理性思维。一言譬之，废除“血缘传承”模式，建立起“体制传承”模式。

一本书的意义不在于告诉世人为什么要这样做，更要告之具体怎么去做。如果说前面诸章都是讲述方向理论性问题的话，那么，本章就在于告之具体应该“怎么做”，本章是本书的核心。

第一节　一个所有者团队

“一个所有者团队”包含两个含义：第一是实现产权多元化，告别产权一元化；第二是企业财产不得拆分，只能有一个所有者团队，不能变成两个或三个所有者团队。

产权一元化必然导致三大问题：

一、企业独裁体制让不同声音及基层真相无法及时传递到企业高层，使问题无法及时解决，等到高层开始处理这一问题时，一切为时已晚。

二、企业主身边的人会养成报喜不报忧、见人说人话见鬼说鬼的处事准则，老板得到的大量信息都经过了过滤和歪曲，高层对底层情况的认知与实际情况完全不同。

三、企业独裁体制让大量深层问题长期得不到解决，形成巨大管理压力，当水库堤坝有一天终于承受不住巨大的水容压力时，水库堤坝就会在一夜之间轰然倒塌。

产权一元化企业必然存在两个诉求：一是企业生存发展，二是维护产权的一元化。这两者之间是存在矛盾的。由于产权一元化存在着无法克服的内在弊端，企业主要维护产权一元化，则必然在一定程度上以牺牲企业发展为代价。

20世纪初开始，欧美国家悄然开始了一场企业产权制度革命，扬弃古典意义上的产权单人拥有的私人所有制，转换成产权的多元化、法人化、机构化和社会化的混合型产权所有制。1930年，美国最大铁路公司宾夕法尼亚铁路公司、最大公用事业公司美国电话电报公司、最大钢铁公司美国钢铁公司的最大股东所持有的股票数量分别为各公司公开发行股票的0.34%、0.7%和0.9%。

150年来，西方企业产权制度发生了面目全非的变化，有一天巴尔扎克先生重新活了过来，回到巴黎再构思写《欧叶尼·葛朗台（二）》时，已完全不知如何下笔，因为这时的“巴黎葛朗台股份集团公司”已经有35个股东，且大部分股东是机构法人股东，老葛朗台的第6代传人“孙孙葛朗台”只拥有公司的0.5%的股份，而且，“孙孙葛朗台”的主业是银行投资，一年只到传统制造业的葛朗台公司来一次。

这场静悄悄的产权革命是欧美国家经济社会制度内在逻辑发展的结果，是现代社会各种关系互动发酵的产物。为什么“一厂一主”的“葛朗台”单权独股制式产权模式不再适合时代的发展了呢？为什么西方国家的企业产权会越来越多元化、法人化、机构化和社会化呢？原因如下：

第一，杜绝家族化色彩。多元化的产权结构使企业没有绝对控股者，更多股东进入公司后，企业创始人的子女无法再子承父业，家族成员也难以在公司内生存。同时，董事长任期亦非终身制，没有一个至高无上的权威，容易形成民主的氛围与文化。多元化产权结构形成后，从体制上彻底否定了血缘传承。

第二，多元利益与声音。企业引入新股东，企业内部必然产生不同利益体，而有了不同的利益就必然有不同声音，如此一来，企业决策就不再完全站在企业创始人的利益角度，而是站在全体股东利益角度。企业与社会一样，同质化的结果就是组织功能的退化和衰败，而多元化必然导致争论、冲突与创新，最终的结果就是组织机能的变革与进步。

第三，民主型决策机制。单人独股所有制是独裁模式，在没有民主协商情况下，凭决策者主观臆断就作出重大决策，一旦实施发现诸多弊端，又马上来个180°大转弯，来回反复过程中造成大量财力物力的损失。新进投资者入股为了规避风险获取收益，必然会更多参与决策，权力有了制衡，增加了决策科学性与合理性，避免大起大落。

第四，资本规模的扩大。单人独股企业受融资困难和财力限制，难以短期内迅速扩张。更多新股东入股，企业就能迅速吸取到社会资金，在短时间内使资产迅速膨胀，形成规模效应。如此，成本必然大幅度下降，竞争力必然大幅度攀升。股权结构多元化把一个人的事业变成5个自然人加10个法人的事业，企业迅速改换航空母舰乘风破浪。

民主决策不能仅靠企业主个人内在修养与素质，而必须靠一种外在硬性的权力制约机制。刘备是中国古代礼贤下士的模范君主，但仍然不听诸葛亮劝谏而进兵东吴、最后大败而归。

中国人善于变通，往往会把一件事情变通成完全背离其初衷的形态，因此，实现产权多元化，首先要避免容易出现的“封闭式多元化”，所谓“封闭式多元化”，指的是企业主仅在自己的亲属、内部特殊员工和袍泽兄弟的封闭圈内转让股权，广东格兰仕集团就是典型代表。

格兰仕法人代表为梁庆德，企业有两大股东，佛山宏骏达公司和佛山福莱德公司，分别持有格兰仕的60%和40%股权。佛山宏骏达股权由格兰仕电器及24位自然人股东持有，格兰仕电器持有其中23.42%股权，24位自然人分别为梁庆德、其亲属及部分创业元老。福莱德股东结构与宏骏达基本相同，格兰仕电器持有其中5.2%股权，梁庆德、亲属及创业元老共32位自然人持有另外股权。从格兰仕股权分布可以看出，所有持股人均是“梁庆德系”，完全构不成利益不同团体，不会影响梁庆德儿子的“子承父业”的家族血缘接班，无法构成对梁庆德权力的制约。这种对外封闭式的股权多元化与梁庆德一人持股没有本质区别，因此毫无意义。

截至2012年8月，美的集团由“美的控股”控股59.85%；珠海融睿、鼎晖嘉泰、鼎晖美泰、鼎晖绚彩等法人投资者依次持股12.18%、3.12%、2.4%、2.3%；美的董事长方洪波、总裁黄健、副总裁袁利群、蔡其武、黄晓明、栗建伟依次持股3.6%、3%、2.4%、2%、2%和2%。美的公司47位高层骨干合资成立的“宁波美晟”也持有美的集团3%的股权，这3%的股份来源于美的集团控股股东美的控股转让，以保证管理层的稳定性。美的集团不久整体上市后，股权结构又将发生重大变化，股权比例将变为：美的控股34.9%，战略投资者12.3%，管理层11.1%，普通流通股东41.7%。美的整体上市前，集团已形成实际控制人、战略投资者及中高级管理层共同持股的多元化股权结构。

以上可以看出，美的的股权多元化绝非“何享健系”或“方洪波系”，而是真正体现了产权的多元化、法人化、机构化和社会化。在这种股权结构下，即便在何享健身后，何氏家族未来想卷土重来控制美的也困难重重。

如果把企业资产总值称为“资产绝对值”，把企业主对企业资产的占有比例称为“资产相对值”，那么，企业主出让自己的绝对股权，表面上看来失去了绝对控股权，实际上却是将企业变成了一条永不沉没的大船。企业“资产绝对值”的增加总是伴随着企业主个人“资产相对值”的减少。“资产相对值”越大，企业的资金周转就越慢，决策科学性就越低，家族色彩就越浓，企业寿命就越短。反之，“资产相对值”越小，企业的资金周转就越快，决策就越科学，家族色彩就越淡，企业寿命也就越长。

2003年，施振荣只有宏碁集团6%的股份。施振荣夫人叶紫华对外透露：这20年来我们两人的股权比例越来越低，但总价值越来越多。出让公司股权让社会人士分享，反而让我们获得更多的金钱。

那么，如何实现产权多元化、法人化、机构化和社会化呢？有以下几个具体方法：

第一，引入法人入股者。企业设法吸引法人投资者，包括专业投资公司、产品供应商、销售商、长期合作方、下游企业、各类专业社会基金会等经济组织。这样可以使企业广泛吸收投资者和社会公众资金，是实现股权多元化的一种上乘方式。法人股的最大特点就是所有者不是一个具体的个人，由过去的“人”所有变成了“机构”。

第二，引入个人入股者。企业可以接触一些有投资意愿的个体投资富翁，吸引他们向公司投资。这类私人投资者往往决策快、行动亦快，极容易下决心对企业投资，注入资金后对企业管理层十分信任，极少干预企业决策。而企业一旦亏损，其撤资速度也极快，不容商量。个人入股者来也匆匆，去也匆匆，不甚稳定。

第三，内部员工入股者。为稳定和激励员工，可适当安排一些内部员工股份，具体有三种办法：①根据制度规定将员工贡献折成股份给员工；②由员工直接出资入股；③将员工已有虚股转换成实股；④根据制度向核心员工送干股或股票期权。内部员工入股的最大益处在于能够让员工对企业产生永久性向心力。

在吸收新股东时，应更多地选择法人股东，个人入股者与内部员工入股者应居少为宜。原因在于，法人股东通常比较理性，行为可以预测，决策方向具有连续性，诸事依法律为原则，撤资行为较少。而个人股东往往比较感性，行为难预测，随意性大，决策方向不具有连续性，喜欢诸事绕过法律，撤资行为较多。

一个比较科学合理的华人企业股东结构应该是：企业创始人10%，法人股东60%，个人入股者20%，内部员工入股者10%。当然，此数据仅供参考，实际股权结构由企业根据具体情况量体裁衣。通常而言，企业创始人股份以不超过10%为宜，原因在于，一旦超10%，企业创始人股份就有可能利用自己的创始人地位朝无法预测的方向操控企业，这样，企业顶层运作又陷入黑洞。

实现企业产权多元化的第一步就是建立规则，具体而言就是建立一个《企业股权管理制度》，这是企业实现产权多元化的“基本法”，在这份制度里，必须明确入股者的资格条件、入股方式、持股模式、每一等级职务者的持股比例、年终分红方式、配股方式规则、股权转让办法、董事会权限、股东大会运作方式、股权退出机制、上市操作管理办法等。一开始就建立起一整套股份制运作规则，股东行为严格限制在一定的框架内，用规则来保证和谐、避免内耗。

“一个所有者团队”的本质就是消除企业产权归属一个人的状况，形成产权多元化社会化格局。这样，不同声音及基层真相能够及时传递到高层，大量问题得以及时解决，企业不会为维护某一个人的地位而无谓牺牲。打造“一个所有者团队”实际上就是让企业不再有特定的姓氏，这样，企业只剩下一个诉求，那就是利润最大化。

上面讲了“一个所有者团队”的第一层含义，下面我们再讲“一个所有者团队”的第二层含义，“财产不得拆分”。长子继承权在中国很难推行，也不符合中国《遗产继承法》，因此，为避免企业产权被拆分，只有两种办法：

第一，如果是父辈财产传承多名子女，可采取所有权与管理权分离的两种模式：①建立职业经理人制度，企业主子女均退出企业，只拥有每人继承父亲的那一份股权，享受企业股权分红；②对于有意在公司服务的子女，可安排担任董事；对无意在公司服务而另谋发展的子女，可设立“家族子女生活基金”，每月领取固定生活费用；③从子女中选出一人继承父亲职位，其他子女退出企业，从事自己志趣的事业，但都拥有自己继承父亲的那一份股权，享受企业股权分红。

第二，如果是兄弟朋友集资一起创业，当大家因企业经营思路不同产生内讧而欲拆分企业时，可采取两种解决模式：①大家在创业者中推举出一人执掌企业，其他人不参与政务，享受企业股权分红；②从现有职业经理人中选一人担任总经理，再从股东中选一人任董事长，其他人只担任董事不参与政务，或干脆不任董事，享受企业股权分红。

如果按此理论，香港李嘉诚应该怎样为两个儿子合理分配家产呢？有三个选择：

第一，任命一位外人任长江集团总裁，两个儿子李泽钜和李泽楷分别任董事长和副董事长，李泽钜和李泽楷各自拥有公司50％股份，公司维持统一，不得拆分。日常工作由总裁负责，两位董事长基本不参与政务。

第二，任命一位外人任长江集团总裁，再任命一位外人任董事长，两个儿子李泽钜和李泽楷均离开企业，但各自都拥有公司50％股份，公司维持统一，不得拆分。企业工作全交由总裁与董事长负责，两位股东完全不参与政务。

第三，李泽钜和李泽楷一人任董事长，一人任总裁，两个儿子各自拥有公司50％股份，公司维持统一，不得拆分。

当下合则强，分则弱，这是最简单的道理。华人企业平均规模已经居全球企业最小，如果再进行拆分，则不待外资企业竞争攻击，自己就把自己拆光分光、打败打垮。

第二节　一个管理者团队

民营企业交接班布局，最困难的决非建立所有者团队，而是建立管理者团队。在所有者团队未形成的情况下，企业日常工作还能在企业主的主持下进行，但是，在企业主年老体衰，甚至突然入院时无人主持企业日常工作，对企业则是一种迫在眉睫的灾难。企业最现实最迫切的问题是由谁来马上接替老板现在就已经无法承受的重担。

华人企业主最大的忧虑莫过于公司现有职业 CEO 不是企业主永久性企业领袖人选，现有中高层干部中又找不出德才兼备的 CEO 人选，怎么办？于是只有一个办法：或找猎头公司，或独自对外招聘，请“空降”CEO 进来。

但是，无论是找猎头公司，还是独自对外招聘，所请来的“空降”才俊在企业的存活期大都不长，事实上，聘来的“空降”才俊在能力及人品方面大都没有问题，导致他们离开的主要原因是水土不服，是与企业现有文化的冲突及磨合，是企业主对其不了解、不信任、不放心的心态。“空降”模式用时短的原因就在于用三个月的时间去做需要 10 年积累才能去做的事情，如同男女刚见面认识第二天就登记结婚一样。

华人企业主的理想交班模式是，“董事长儿子＋职业经理 CEO”，即自己的儿子当董事长，职业经理人当总经理，既保住了企业姓氏血缘不变，又使企业能在高能者带领下发展成长。但是，这只是企业主的一厢情愿，事实往往会与这种设计大相径庭。刘备交班模式就是典型的“董事长儿子（阿斗）＋职业经理 CEO（诸葛亮）模式”，蜀国照样败亡。

“董事长儿子＋职业经理 CEO 模式”有一个致命弱点：难以保证职业经理 CEO 正常行使职权。由于董事长是终身制，职业 CEO 不是终身制，从一开始，双方地位就不平等。如果职业 CEO 强势，董事长儿子必难对其长期容忍，迟早会令其离开；如果职业经理 CEO 弱势，则董事长儿子必一权独大，权力覆盖职业 CEO，实际上等于血缘传承模式。第一个职业 CEO 由企业创始人选定，而第二、第三个职业 CEO 由董事长儿子选定。董事长儿子在选定 CEO 时必然按照自己标准行事，这样一来，企业的最终决策者依然是董事长儿子，企业仍然走不出家族血缘传承。

唯一可行的办法是董事长与 CEO 都由家族以外人员担任，董事长和 CEO 都不是终身制。而要保证这一点，企业内部就必定要形成一个庞大的卓有能力的管理者团队。顶级人才的交替不同于用 10 分钟更换一个汽车发动机零件，而且，企业对顶级人才的需要不是一个人，而是一群人。这是一个系统的人力资源工程，要做到这一点，必须提前 10～20 年进行准备，准备的具体步骤如下：

第一步：长远人才储备库

从一开始，企业就要制定一种人才储备库战略，将 10～20 年后公司的董事长、总裁、总经理、各副总经理、各部门总监从现在就作为普通职员招聘进来，让他们在各基层管理岗位上工作。元帅必须从少尉开始培养，10～20 年后晋升为元帅。如果直接从外军中招聘一名元帅来立即指挥部队作战，必定全军覆没。企业应建立起一种常备高才储备机制，具体做法如下：

一、两种身份模式。企业人员划分为两种身份：员工和职员。员工是生产一线普通操作员，即企业蓝领人员，凡身体健康的初中毕业者即可。职员即企业白领人员，公司所有的“技能岗位”都属于职员范畴，如各级别管理干部、业务员、采购员、工程师、助理等。

二、职员储才模式。职员必须具有大专以上学历，如同所有基层军官必须从军校毕业一样。职员储才模式有三大好处：①干部群体素质高，保证工作高品质和高效率；②职员群体是一个干部蓄水池，一旦某一位出现空缺，可以立即从中抽取，公司内部有一个未来企业领袖蓄水池；③高层管理者提拔之前，此人已在企业工作了 10 年以上，公司对其人品及能力有了深入了解，不存在用人失察问题。

企业“技能岗位”全部由大专以上学历的职员担任，高学历者工资要求偏高，固然会增加一些人工成本，但是，“技能岗位”者整体素质提高，工作质量及工作效率会有革新性提升，企业平日因员工素质低而造成的经济损失会降到最低，如此，增加的那一点工资成本便不成其为成本。

内部人才熟悉环境，一旦选拔上岗，能尽快进入工作状态，不需要外聘人员所需的熟悉期；内部人员能适应公司已经形成的文化，不会产生外聘人员的“水土不服”现象；内部人才与公司同僚已经基本完成磨合，不会产生外聘人员与同僚磨合困难问题；被提拔的内部人才上任后比较稳定，不会如外聘干部因工作不适而频频离职；公司对内部人才有一个较长的观察期，对其能力和人品有清楚的把握，能够避免外聘人才过程中常出现的“低能高用”和“品德失察”现象；由于干部均从内部提拔，每个职员都能看到晋升希望，产生了巨大激励作用，激励每一个职员努力工作。

有了大量军校毕业的少尉和中尉，就不愁10～20年后没有将军和元帅，公司形成了一个长远战略人才储备库，未来企业的顶层管理者就于其中产生。此方式实际上是一种与“始乱终弃”相反的“始慎终稳”的办法，通过企业自身的长期培养，达到高级人才稳定的目的。

第二步：稳定人才储备库

2009年，何享健辞去美的集团董事局主席职务，新一届董事会成员方洪波、黄健、蔡其武、袁利群、黄晓明、栗建伟、李飞德等七人都是纯职业经理人，都处于35～45岁的黄金时期，七名核心人员都是在20世纪90年代初加入美的，为公司服务时间均在15～20年。新任董事长方洪波1992年加入美的，从美的杂志社编辑开始一步步历练，先后担任美的空调事业部内销经理、空调事业部副总经理、美的电器副总裁、美的电器董事长和总裁等职。可以看出，美的公司有一个稳定的职员队伍，所有“七常委”都是在公司内部从少尉变成了元帅。

事实上，对社会大量招聘“少尉和中尉”的企业不止美的一家，但美的最大的优势是能够长久地稳定住招进来的大量“少尉和中尉”，让他们20年如一日为企业服务，最终把他们变成元帅。在亚洲，除了日本，没有任何一国企业能做到这一点。在中国大陆，能做到这一点的仅美的一家。

民营企业员工的流失率合理标准应该是：月流失率不超过0.2%，年流失率不超过2.4%。按此标准，一个500人的企业，员工月离职人数不应超过1人，年离职人数不应超过12人。一个1 000人的企业，员工月离职人数不应超过2人，年离职人数不应超过24人。凡超过此标准，就属于不正常状况。只有达到了以上这个标准，稳定人才储备库工作才算真正做到位。

德国《企业职工参与管理法》规定，必须劳资双方共组监事会，企业必须成立职工委员会，资方在涉及职工利益问题作出决定前须征得职工委员会同意。德国企业员工待遇、权益、参与管理、福利等方面高于欧洲任何国家。据1995～1999年间一项资料表明，德国企业每个工人产值每年提高8%，而同期美国企业只增长5%。在员工参与管理方面可借鉴德国的管理经验，给“少尉和中尉”们应有的权利和尊重。应该多给员工一些个人成长空间和机会，包括：晋升的空间、转岗的机会、培训的机会、参股的机会、接触公司高层的机会。让员工感到自己价值不断被肯定、工作层次不断在提升、自我能力随企业发展而不断提升、不断遇到新的个人机会和挑战。这自然会增加一些支出，但由此产生的“员工稳定效应”给企业带来的利益远高于所支出的成本。

元帅永远只能从自己军队的少尉、中尉中培养。企业元帅不是一个人，而是一个团队，7～10人。企业元帅团队来源于中层管理团队，中层管理团队来源于基层管理团队，而基层管理团队来源于普通职员群体。因此，要想形成稳定的高层管理团队，就必须先稳定住中层管理团队、基层管理团队和普通职员群体，让员工月流失率不超过0.2%，年流失率不超过2.4%。只有这样，企业才会有“方洪波”。

第三步：未来领袖者训练

企业有了大批少尉和中尉，也能够稳定下来，如此，工作并未结束，还需要对少尉、中尉、少校们进行“领袖能力训练”。一家企业最迫切的工作也许不是“领袖能力训练”，但是，最重要的工作一定是“领袖能力训练”。“领袖能力训练”包括：

1. 领导能力训练。为现有在职干部举办的各种“领导能力训练班”；可以让中层干部列席公司高层的特定专题会议，让他们了解公司的决策思路及过程；为一些有定向职务安排的干部安排定向职务短期见习。

2. 高层人物授课。《公司年度培训计划》中列入董事长、总经理给中高层干部进行授课的内容，包括公司发展历史、发展战略、企业文化，提供一个机会让最高层向全体干部传输自己的理念，提供一个干部与高管交流沟通平台。

3. 委外高级训练。《公司年度培训计划》中列入董事长、总经理及未来“元帅团队”参加的委外高层培训，比如，战略管理、领袖素质、资本运营、项目管理、海外投资等，以拓展视野，启发思路。

4. 外出考察学习。经常性组织中高层干部到外资企业、管理先进的大型企业地实地参观学习，甚至到国外企业考察学习，有助于了解先进的管理模式，并形成先进开放的工作思路。

5. 内部转岗实践。未来的“元帅团队”每三年进行一次企业内部转岗，“元帅们”必须了解企业不同部门的业务运作，放弃本位主义，形成换位思考。一个“未来元帅”至少曾在5个不同岗位上工作过，方能形成全方位思维方式。

第四步：领袖者选定标准

那么，如何选定具体的“元帅团队”成员呢？标准如下：

优质品德（40%）+现代意识（10%）+领袖能力（15%）+工作取

向（15%）＋独立人格（20%）。

1. 优质品德。首要素质就是优质品德，必须正直廉洁、为人诚实、襟怀坦白；对公司忠心耿耿，毫无二心；光明磊落、从不拉帮结派；为人低调、内敛、谦逊；为了公司利益不计较个人得失，牺牲自己而成就公司或他人。

2. 现代意识。必须具有国际观、现代观、科学观；摒弃落后的思想，具有时代新人的价值观念；在工作中不拘泥于传统习惯做法，敢于突破，大胆创新。常因工作创新而犯错误，但从不墨守成规而不犯错误。

3. 领袖能力。必须是帅才，而不是将才；不要只知自己冲在最前方，而必须具备统领全局、驾驭众将的大将风范；有勇气、有主张、有威信、有胆识、有魄力；善于在复杂情况下迅速作出大胆决策，勇于为自己、为下属承担责任。

4. 工作取向。在人际关系和工作取向之间，更倾向于工作；一个被公司所有人都夸奖的“好人”是最危险的人物；要更像重振英国雄风却不善处理人际关系的撒切尔夫人，而不要像在内阁里人际关系良好的梅杰首相。

5. 独立人格。职业经理人首先是知识分子，而知识分子凡事只服从真理、正义、科学和理性。应首选有个人主见、独立意志、坚持原则、不畏强权的“方洪波”。不可能让职业经理人既服从老板意志，又能推行科学化管理。

第三节　一个权力中心

我们先来看一张《“二战”时期英日两国权力中心比较表》（见表2），日本与英国分别是亚洲与欧洲的最大岛国，国土面积与人口相当，都是君主立宪制的资本主义国家，具有较强的可比性。此表分析了两国不同的权力结构，有助于我们了解分析华人企业目前的最高层权力结构，便于清楚地讲述本节的思想内容。

表 2 “二战”时期英日两国权力中心比较表

项目	英 国	日 本
1. 首相权力状况	首相是最高权力者，所有重要政务均由首相最终决定	首相是个摆设，不是最高权力者，所有重要政务不由首相最终决定
2. 权力中心状况	国家只有战时责任内阁一个权力中心，政令统一、无第二权力中心	国家有四个权力中心：天皇、内阁首相、陆军部、海军部，政治内耗严重
3. 君主权力状况	国王不发挥实际的作用，对首相的权力毫无影响。国王从来不直接找内阁成员安排各种工作	天皇行使着较大的政治权力，对首相的权力起着相当大的制约作用，天皇经常直接找内阁成员布置工作
4. 首相对内阁成员的控制力	内阁成员由首相最终决定任免，首相在内阁成员面前有绝对权威，内阁成员绝对执行首相决定	内阁成员中几个关键职位（陆军部长、海军部长、外务大臣）不由首相直接任免，首相在阁员面前无绝对权威
5. 三军总司令	三军总司令由首相担任，军队首长由首相任免，军权统一，军令统一	没有三军总司令，首相不任军职，陆军部和海军部的矛盾难以协调，军令不统一
6. 内阁稳定性	战时内阁自成立后一直持续到战争结束，中途没有倒台过	战争期间内阁共倒台六次，是“二战”国家中内阁倒台次数最多的国家
7. 战争决定权归属	按宪法规定由内阁提出战争动议，交上下两院联席会议审议，国王宣布战争决定，首相在宣战书上签字	天皇授予陆军特别交战权，陆军可以在不请示天皇和内阁的情况下直接对外国开战
8. 内阁成员参政状况	所有重大事务召集全体内阁成员参与讨论，达成一致共识后再交付实施。每一位内阁成员的权利和地位都是平等的	实行“五相制度”，重大决策只召集首相、外相、大藏相、陆军部长、海军部长五人讨论，其他十多名内阁成员被排斥在外
9. 国家重大军事战略的制定	重大军事战略问题由首相领导的战时内阁集体制定，然后交国会审议	重大军事战略问题由陆军部和海军部进行辩论，谁获胜就按谁的意见办

从上表中可以看出，日本战时政体存在“四元权力中心”，天皇、首相、陆军部、海军部，由此导致没有统一的长远战略和稳定国策，存在决策内耗。英国战时政体只有一个权力中心，就是内阁首相，政令军令统一，不存在决策内耗，是一种成熟的宪政体制，有统一稳定的长远战略和

基本国策。我们作一个归纳：

1. 英国战时政体是“一元权力中心”体制，是一种稳健、成熟、理性、有逻辑性的政治体制；

2. 日本战时政体是“四元权力中心”体制，是一种盲动、病态、感性、无逻辑性的政治体制。

当代大部分华人企业的高层管理体制更类似于战时日本的“多个权力中心”体制，而不像战时英国的“唯一权力中心”体制。这反映出华人企业的高层管理体制的不成熟和非理性。

华人职业经理人一开始便面临“二元权力中心”，一个是自己，另一个是企业主。两个权力中心总是不断地发生冲突。华人职业经理人总是生活在企业主的强权力辐射的威胁之下，由于存在两个“权力中心”，企业主的“权力中心”总是覆盖和同化职业经理人“权力中心”。当两个“权力中心”发生冲突时，通常都是以后者妥协让步为最终结局。

企业只要有了两个以上“权力中心”，内斗就是这个企业高层运作的主要内容，一切工作都会扭曲变形，无论是企业主、职业经理人还是中层干部，首先考虑的不是纯粹的工作本身，而是“斗争”。

通常情况下，职业经理人除面对“老板权力中心”外，还必须面对“夫人权力中心”“重量股东权力中心”。“重量股东”是除企业主之外的第二或第三大投资者。“重量股东”在公司任职是对现代管理的一种破坏，没有一个“重量股东”能像打工者那样谦恭、克己、自律。“重量股东”在公司任职，必然会形成一种“股东磁场”，磁场的力量强于公司规则，不断发挥一种反作用力。“股东磁场”特点是：个人情感化、主观倾向化、个人专断化。这样，企业就像日本“二战”“四元权力中心”体制一样，存在四个权力中心：①老板权力中心；②夫人权力中心；③重量股东权力中心；④职业经理权力中心。中层干部们每天得到来自四个“权力中心”的互相矛盾的工作指令。久而久之，公司所有人练就一副见风使舵、八面玲珑、善于察言观色的本领，谁都不得罪，什么实事也不干，在这种环境中，留下来的都是溜须拍马的小人。

在很多企业里，企业主还采用“分而治之”的做法，即把本来属于总经理职权范围内的一块或几块领域（如财务部或市场部）划分出去，或由自己直接掌管，或交给某个具有特殊背景的总监或“重量股东”分管，以分散总经理权力，从而达到充分驾驭全局的目的。这种做法产生的恶果就是，企业主、特殊背景总监或“重量股东”往往无法真正管理好划出来的领域，总经理又失去了本应具有的全域责任心，对于划出去领域的工作漠不关心。被划出领域的管理职责模糊不清，一旦出现责任事故，谁都不会承担责任。

由于存在着“二元权力中心”或“四元权力中心”结构，职业经理人就面临一个先天的职场险境：一方面他们必须承载企业兴衰沉浮的荣辱，承担作为总经理对全公司经营管理结果的最终责任；另一方面，他们又无法得到一个总经理必须拥有的权力资源，往往被边缘化。同时，所有的人都用一种挑剔的眼光寻找他们的弱点，将其无限放大。凡是因权力结构怪圈造成工作失误，人们首先责难的是职业经理人，而不是真正的责任人企业主，职业经理人会感到权力和责任是不对称的。

必须破除“二元权力中心”和“四元权力中心”，让企业成为英国稳健、成熟、理性、有逻辑性的“一元权力中心”体制。“一元权力中心”体制就是确立职业经理人权力中心，让企业主、大股东和老板夫人全部退出企业决策系统，让职业经理人不受任何干扰地独立行使总经理职权。当然，完全像英国那样的“一元权力中心”体制是最理想状况，英国国王只是一个虚设，有人说，“即便首相把一份对英国女王的死刑判决书交给女王陛下，女王也会签字盖章”。但是，现阶段华人企业很难成为现实“英国模式”，比较容易实现的是将职业经理人与企业主的权限进行一个明确划分，具体操作方法如下：

第一，人事决定权：总经理拥有部门经理以下人员的招聘、任免、调任权；部门经理以上干部由总经理提出任免、调任方案报董事会批准。如董事会否决，总经理第二次提出方案再次报董事会审批，董事会不直接任免经理级干部。

第二，财务决定权：计划内生产业务支出由总经理全权审批，计划外采购则需由董事长终审。生产业务外的异常开支可定下一个金额尺度，如20 000元或100 000元，凡超过这个金额，必须报董事长批准。

第三，日常决策权：凡公司日常事务，应全权由总经理负责，无须请示董事会。但凡有重大事务，如投资项目、合资、合营、采购重大设备、兼并收购、资产转卖、购买土地等，须由董事会批准。

第四，体制设定权：公司管理体制的制定或修改，总经理提出方案，董事会批准，交由总经理执行。

第五，制度制定权：公司级管理制度由总经理负责组织制定，董事长签署后颁布执行。如董事会与总经理在管理制度条款上有不同看法，经讨论之后无法达成一致，应以董事会意见为准。

第六，战略规划权：战略规划问题由总经理召集包括董事会成员在内的全公司高层主管进行商议，集体讨论之后，总经理根据会议结果进行整理，报董事长签署后生效。

职业经理人与董事长权限划分之后，企业主必须做三件事情：

第一，主动去“老板权力中心”：企业主停止权力惯性，不干预日常政务，让公司只有以总经理为核心的权力中心；

第二，去“家人股东权力中心”：消除来自于某股东或家族成员的第二、第三权力中心，否则对企业发展有害无益。可采取“杯酒释兵权”法，也可采取有一个过渡期的温和方法，但一定要有时间限定；

第三，职业经理人一步到位：职业经理人一旦任职，就充分授予其应有的职权，安排其“一步到位”。把新任总经理推入岗位中，让他在实践锻炼中“学会游泳”。

要成功实现“一个权力中心”，必须首先达成两个前提：

第一，总经理董事长轮换制：实行“总经理制”，必须有一个前提条件，即总经理不得终身制，必须有固定任期，任期届满必须改选。如果同时期的董事长没有任期限制，那么，就必然造成董事长对总经理的实际控制，到头来，还是企业主一手遮天，因此，董事长也必须有总经理一样的任期限制和选举规定。

第二，职业经理人之可靠性：由于赋予总经理决定性的权力，总经理的人品就显得极为重要。总经理决不可使用刚刚着陆的“空降兵”，由于“空降兵”的船体水下部分太深，短时间看不清楚，同时，“空降兵”对企业文化及情况不了解，难免存在水土不服。总经理应至少在企业工作过10年以上，品德、能力、作风、性格都获得众人一致肯定。

华人企业主大都有一种“用武大郎不用武松”的性格特点，这就注定了绝大部分企业无帅才可选的窘境，不仅无帅才，连将才也难寻，企业里很难存在有10年工作经历、各方面均获好评的人选。如果没有这样的人，则可以退而求其次选择工作时间在5年以上者。如果连5年以上者也没有，则从现在起开始对外招聘一批作为总经理候选人的中层干部，5年至10年后再从中选定总经理。

如果此时老板已年逾古稀，等不了5至10年，必须马上安排“后事”又怎么办呢？有办法，就是寻找同行业内知名度高、有一定社会公认成就的成功人士，他们虽然也是“空降兵”，但其品行及成绩得到过社会的公认。如果一时找不到这类“社会公认的成功人士”又怎么办呢？还有一招“临时抱佛脚”的险棋，就是用以下高成本方法对来应聘总经理的求职者进行万分严格的筛选及考察：

1. 本人情况了解法。面试时企业主邀请重要股东、高层主管、外来专家一同与应聘者交谈，多听取别人意见，不要老板独断。让应聘者在公司住上两三天，与干部们进行一些交谈，深入了解公司情况，从中了解他的工作思路。

2. 前任公司了解法。华人缺乏健全的职业经理社会管理，一些职业经理人会给招聘单位提供假简历。派人到其过去工作的两家以上企业了解情况，不能只是给该公司打个电话。这样做会耗费一些时间，却能够保证职业经理人质量。

3. 家庭情况了解法。在征得个人同意前提下，派人到其家里去一次。与他的妻子、父母和儿女交谈一下，了解其家庭生活。家庭责任是一个男人责任、能力和品德的基本标志，了解一下其是否尽丈夫、父亲的责任，是否尽“孝道”。

4. 循序渐进过渡法。人才进入公司后，先不急于立即任命总经理，先作为管理顾问、董事长特别助理或企划中心总监身份出现，在风口浪尖之外作一些辅助性工作，同时了解情况、适应文化，待半年之后再正式任命为总经理。

一位新总经理的成功取决于三个要素：①品德；②能力；③文化匹配度。“临时抱佛脚”的做法只能保证新总经理的品德和能力，不能保证其与公司文化匹配度，不能保证其不会“水土不服”，因此说这是“一招险棋”。走对了，招来一个品德好、能力强、与公司文化匹配度高的总经理，是公司之万幸；走错了，招来一个品德好能力强、但与公司文化不匹配的总经理，则企业难免脱去三层皮。而要职业经理人与公司文化完全相匹配，没有10年磨合万难达成。因此，“临时抱佛脚”的做法风险极高，也很难“抱稳佛脚”，不到万不得已、山穷水尽，尽量避免出此下策。走到了这一步，实际上就是拿企业所有资产及员工利益来下赌注了。

第四节　一套监督机制

世界上没有绝对的好人，也没有绝对的坏人。有了良好的权力监督机制，坏人就会变为好人。没有良好的权力监督机制，好人也会变成坏人。人皆有良知，亦皆有贪欲；当法治健全时，人性中的良知便不断闪现；当法治失效时，人性中的贪欲便汹涌而出。对于某一个道德圣人的人品口碑皆不可信，可信的只有监督机制。

事实上，交权职业经理人没有错，错误在于没有建立起与之配套的监督机制，错误在只交权不监督。对职业经理人的信任永远不能建立在职业经理人的人品基础上，必须是建立在完善的监督机制基础之上，没有权力监督机制，也就没有信任。企业必须在交权职业经理人之前先建立起一套类似于西方管理体制里的行政监察机构和独立司法体制，建立起类似于廉政公开办理一样的独立监察部门，建立起高级职员财产申报制度，只有这一切完备之后，才能真正放权。

人性当中皆有“贪”，失去监督的权力会酿成腐败。因此，欧美国家的传统就是把任何政府都假设成是一个贪污腐败的政府，然后设计出一套约束机制对其制约。企业管理与国家管理道理相似，无论是职业经理人还是企业创始人，无论是董事长还是总经理，都必须把他假设是一个品德有问题、存在贪腐倾向的人，再设立一整套严格的监控机制对其进行监控，使得一个即便品德败坏者也无法产生腐败行为。

一套监督机制就是“三会一独”，即董事会、监事会、审计委员会和独立董事，具体方法如下：

1. 董事会监督机制

每季度的一个固定时间，总经理必须向董事会全体成员进行一次正式工作汇报，就上季度公司的生产情况、质量情况、销售情况、业务情况、人事情况、财务情况进行详细汇报，并接受董事会全体成员的质询。

凡总经理进行重大决策时，董事长必须全程参与，了解决策的详细内容，分析利弊，代表董事会提出不同意见，并最终审批，不允许总经理违反公司管理规定先斩后奏。

凡总经理任免部门经理以上干部，必须报董事会审定，由董事会了解详细原因和理由，总经理须证明被任命者与自己没有特殊关系，与被免职者没有任何私人恩怨瓜葛，且一切符合公司人事任免标准。

总经理签发的所有人事任免文件、会议决议、重大决策文件都应呈送一份给董事会，董事会可随时提出质询。

总经理不得轻易进入董事会，董事长与总经理更不得同时由一个人担任，否则，当总经理向董事会汇报工作时就会变成熟识门路，甚至变成自己向自己汇报，这如同一国总统不得同时担任国会议员和议长一样。

董事会在增加设备、投资项目、企业兼并、资产重组、组织变更、融资贷款、合资合营、战略转移、预算审批、人事任免、新品计划、制度审定等一系列重大问题上具有终审权。不允许一两个大股东和董事长关门决策，必须全体董事成员集体讨论。民主讨论的效率比不上个人决策，也不能保证决策最优化，却可以避免最坏的决策。华人企业倒闭的大部分原因不是因为没有“最优决策”，而是出现了太多的“最坏决策”。

当代华人企业高层更多的是一种浮躁、盲动的心态，趋向于激进冒险，“董事会运作制”就是引入一种“保守主义体制”，万事稳健，周密考虑，宁稳勿躁。哪怕是因此而损失一些商机也在所不惜。世界上任何一种组织模式在带来某种益处的同时，也会同时带来一些负面效果，只能选择一种益处最大、负面效果最小的组织模式。

2. 监事会监督机制

监事会制度起源于1602年东印度公司，大股东受股东大会委托担任董事及监察人。后来各国为健全公司治理结构，在企业中借鉴近代三权分立宪政思想，塑造出股东大会、董事会与监事会的三权分立架构。监事会受股东大会的委托，代表股东对董事会、董事和董事长进行监督，向股东大会负责并报告工作，处于司法地位。监事会与董事会及管理委员之间是监督与被监督的关系。

企业应该在董事会下成立监事会，由公司元老或股东担任监事会成员，人数在2～5人，监事会设立主席，并制定一整套对董事长、总经理及所有公司高管的监督管理制度。

监事会成员列席公司周例会、月度品质例会、月度营销例会、月度财务例会及重大问题讨论，以便了解公司生产业务整体运作状况。在会议期间，监事会成员不发表评论和意见，仅仅列席而已，以免有干政之嫌。

公司总经理签发的所有人事任免文件、会议决议、重大决策文件都应给一份监事会，监事会根据公司各种管理制度及总经理职责对所有已出台文件及决议进行全面审查，检查是否符合公司的相关规定。

监事会接受公司所有员工对高级管理层的投诉，并展开调查，形成调查报告。

监事会每月一次对上月总经理及董事长审批的所有财务开支及正式会议决议进行审查，其中有4个目标：①总经理与董事长所审批的财务开支项目是否符合财务制度；②总经理与董事长的所有正式书面决策是否符合公司的相关制度；③董事长、总经理是否存在越权、违规、失职、贪污、腐化行为；④公司其他董事及高管是否存在越权、违规、失职、贪污、腐化行为。

3. 审计委员会机制

审计委员会和监事会的区别在于，审计委员会通常不是一个常设机构（超大型企业也有例外），而是由某一部门牵头、各部门参与其中的非常设性联合机构，工作具有间隔性、短期性、特定性特征；而监事会通常是一个常设机构，工作具有连续性、长期性、广泛性特征。

在已有监事会并正常有效行使职能的公司，审计委员会可不作为一个常设机构，但必须有该机构的存在，审计委员会可作为一个由监事会牵头、相关部门参与的联合机构，可以每半年进行一次联合审计行动，对企业各部门、各下属企业进行财务及业务审计。如果公司规模较大、监事会无法承担起繁重庞大的财务审计工作，则可成立作为常设机构的“审计委员会”或“审计部”，履行监事会和审计委员会的双重职责。

审计委员会的主要职责有：①组织和领导公司年中和年终审计工作；②检查公司内部各种管理制度的执行情况；③复核企业内部各种专业调查报告（供应商调查报告、高管贪污渎职报告）；④就独立会计师的聘任、审计费和解聘等问题向董事会提出建议；⑤在财务报告及报表提交董事会前进行复核；⑥就年中或年终审计的性质、范围及其他审计问题与外部审计师进行协商；⑦就随时接获的员工对高管举报进行专项调查。

在设专门审计委员会的大型企业，审计委员会常设人员至少由3人组成，其成员应由非执行董事担任，直接隶属于董事长，以保证其工作的独立性。审计委员会每年至少应单独召开2次没有董事会成员及管理层成员参加的会议，以确保工作独立性及不出现未决事项。审计委员会应有权力调查其职责范围内的任何事项、并有权充分获取信息。

审计委员会的最大影响是它存在的事实，它存在就意味着公司里任何人都有一个随时投诉包括董事长在内的高管的窗口，意味着每年有两次独立、全面、不受内部管理人员左右的深入审计，审计活动不需要经过公司的管理人员或执行董事，审计结果将直接上报企业最高层。

4. 独立董事监督制

独立董事制度是指在董事会中设立独立董事、以形成权力制衡与监督的一种制度。独立董事是指不在公司担任管理职务、与公司不产生人事及利益关系的董事会成员，独立董事不向董事长负责，而对公司全体股东负责。

独立董事的职责是：①对董事长、总经理及其他公司高管的违规行为进行监督；②参与公司重大投资兼并重组、重大人事变动、重大组织机构变动及其他重大决策的讨论，提出自己的独立主张；③对公司重大决策的形成程序进行监督，对于董事长、总经理的未按《企业章程》规定经董事会全体通过的决议向董事会秘书处提出否决议案；④对公司高层一切损害企业利益的行为及主张提出反对意见；⑤如正常管道无法阻止公司高层错误决议，可直接将情况告之于全体股东，并提议召开全体股东大会进行股东表决，以作出最终决定。

独立董事制度在西方经济中被证明是一种行之有效、被广泛采用的制度，独立董事制度有利于改进公司治理结构、提高董事会决策科学性、保护投资者权益、增加上市公司信息披露的透明度。

独立董事最根本的特征是独立性，所谓“独立性”是指独立董事必须在人格、经济利益、产生程序、行权等方面完全独立，不受董事长、总经理、大股东的限制。西方主要国家的企业中，独立董事占董事会成员的比例为：英国34%，法国29%，美国62%。华人企业独立董事的现状是：①独立性不强；②组织不健全；③地位低下；④获信息不足；⑤激励保护不足。因此，必须从以下5方面予以改善：

第一，独立董事独立保障：独立董事提名权交给提名委员会，限制董事会、监事会、大股东提名独立董事数量，增加中小股东提名数量，排除与公司有商业交易关系者任独立董事，排除与董事长、公司高管有关系者任独立董事。

第二，独立董事比例提高：《公司章程》中应明确规定董事会中独立董事人数不低于30%，董事会内必须设立审计、薪酬、提名委员会，每个委员会负责人均由独立董事担任，以保证独立董事真正发挥作用。

第三，独立董事的知情权：公司重大事物及日常营运状况，各机构需及时知会独立董事，以便其随时掌握情况，对企业的各种事物做出判断。同时，独立董事有权约谈公司各部门主管，并列席各部门内部会议，以便了解一手情况。

第四，独立董事激励机制：公司给予独立董事适当津贴，津贴的标准由董事会制定，股东大会审议通过并在公司年报中披露。缺乏一定的津贴标准会挫伤独立董事工作积极性，过高报酬又会适得其反，其独立性就会受到影响。

第五，独立董事人身保险：公司应为董事购买人身责任保险。意义在四个方面：①让独立董事敢于抵制恶意指责；②鼓励社会人士接受独立董事职位；③阻抗利益股东和管理层人员的恶意行为；④防止因职责原因遭受恶意人身攻击。

建立一套独立的、有效用的监督机制，其根本目的就是要让企业里一切违纪违法事件立即被揪出来，从而保证企业肌体永远纯洁。

第五节　一套运作规则

企业高层运作如同国家管理按《宪法》等运作一样，必须要有一套组织系统行事规则，一切活动都在可预见的范围内按既定规则运作，一切程序与规则都公开透明。重大决策不取决于某一个人，而是取决于按规则行事的一群人。

企业不是一个只由董事长或总经理说了算的组织，而是由股东大会、董事会、监事会、管理委员会、董事长、总经理等各司其职、各尽其责的组织系统。

应编制出一份《公司治理结构管理制度》，其中包括：①股东大会职责、权限及运作规则；②董事会职责、权限及运作规则；③监事会职责、权限及运作规则；④管理委员会职责、权限及运作规则；⑤董事长职责、权限、任期规定及选举规定；⑥总经理职责、权限、任期规定及选举规定。《公司治理结构管理制度》用一句话归纳就是“四会两换”，即①股东大会运作；②董事会运作；③监事会运作；④管理委员会运作；⑤董事长轮换；⑥总经理轮换。

“四会两换”管理格局一旦形成，就形成了一种最高权力机构各司其职、相互制衡的局面，如此才能形成一种良性的企业最高权力运作规则。以下详细介绍“四会两换”体制：

1. 股东大会运作

股东大会每年举行一次年会，表决通过各种重大决策。董事会向全体股东报告公司年度经营管理方面的重大事宜，董事长向全体股东提报新年度经营管理计划，就年度管理经营状况向股东大会报告，并将重大议题、重要人事任免案、重大财务决策案交股东大会表决。

股东大会是一种定期由全体股东出席的会议，是股东作为企业财产所有者对企业行使管理权的机构，股东大会对公司重大事项进行决策，有权选任和解除董长事及董事职务。企业一切重大人事任免和经营决策都必须经股东大会批准方才有效。股东大会决议事项形成书面文件，由全体股东签名确认之后存放于公司档案室内。

据笔者经验，召开股东大会并未成为华人企业的普遍做法，有的企业的《企业章程》里甚至连召开股东会议的规定都没有。一般华人企业开股东大会议，在重大决策形成之前多不会征求股东意见，那些没有正式股东会议制度的企业更是把大股东的意志强加于小股东。股东会议所议事项及结论，早已由大股东和董事会拟定，开会不过是走个过场而已，且中小股东们通常是在开会时才拿到会议议程表，毫无准备，仓促之间亦无以应答。“大老板”已经决定之事，一般情况下无中小股东否决，而“大老板”未提之事亦无中小股东提及。与会者大都仅为“听事”而非“议事”，股东大会一般都会演变成“情况通报会”或“股东宴会”。

绝大部分华人企业股东大会未设主席或秘书长，由董事长兼任股东会主席，由董事会负责召集股东大会。这样，问题产生了：由于监事会直接向股东大会负责，并与董事会平级，有权向股东大会指控董事长，但是，股东大会没有常设机构，也没有股东会主席，那么，找谁去申诉呢？如果董事长兼任股东会主席，那么，难道向董事长检举董事长？

正确的做法应该是：

(1) 股东大会必须在《企业章程》里有明确规定，设“股东大会主席”，由其负责及筹划股东大会一切工作；

(2) 股东大会在召开之前必须提前将议题及议程表发给全体股东，让其有充分思想准备；

(3) 勿把股东大会开成“情况通报会”或“股东宴会”，股东会重在股东“议事”，而非“听事”，重在怀疑和反对；

(4) 平常企业重大事情都要由“股东大会主席”向股东们及时通报，必要时召开临时股东会议表决。

2. 董事会运作

董事会是股东大会选举出来、代表全体股东利益的最高权力常务机构，每三个月举行一次例会，特殊情况时可随时举行专题会议。董事会成员一般由大股东担任，但也可以由少数非股东人员担任。董事会运作的实质就是企业重大事务交由董事会集体讨论，不由董事长一人决定，这种机制虽然不一定能保证出现“最佳决策”，但一定能够避免“最坏决策”。防止出现一个“最坏决策”的意义远胜于出现十个“最佳决策”。

公司的独立董事应至少占全部董事的30%，而且，独立董事必须能在他们认为必要时，举行只有独立董事参加的“独立董事会议”，并形成会议记录。这种做法的目的在于防止因其他董事在场让独立董事的意见无法占主导地位。

在企业主稀释个人股权、众多新股东进入董事会后，由于新进公司的每一位个人股东的教育背景、经历、价值观都不一样、每一个法人股东公司情况及诉求不同，彼此间没有经过磨合，没有达成思想默契，股东们在企业经营战略和管理模式等问题上难免存在不同意见，于是，整合众多股东思想、形成科学决策机制、形成统一决策、保证无股东因“政见不同”而撤资就成了一个严峻问题。要做到这一点，就是必须形成规范的“董事会运作制”。

“董事会运作制”的意义就在于借鉴英国国会否决议案的民主式机制制衡个人独裁，用固定参与式机制整合每一个股东的思想，从而达成四个目的：①整合思想；②制约独裁；③科学决策；④统一决策。

“董事会运作制”是指董事会每三个月一次召开会议，并根据需要召开专题会议；董事会议有事先拟定的议题，提前10天通知所有董事，并提供足够的资料；当独立董事或董事认为资料不充分或议题不全面时，可以书面形式向董事会提出延期召开董事会，董事会应予以采纳；出席会议的董事、董事会秘书和董事长应在《会议决议》上签名，《会议决议》作为重要档案保存，作为日后明确董事责任的依据；涉及公司重大利益事项由董事会集体决策。

3. 监事会运作

监事会是股东大会领导下的常设监察机构，不受董事会领导，监事会主席上司是股东大会主席，监事会与董事会并立，独立行使对董事长、总经理、高级职员及整个公司管理人员的监督权。监事会对股东大会负责，对公司的经营管理进行全面监督。公司董事长、董事、总经理、经理不得兼任监事会成员。

监事会对公司董事长、董事、总经理、副总经理、财务总监和董事会秘书进行监督，维护公司及股东的合法权益。监事会成员由股东大会选举产生，成员由股东担任，监事会里安排不少于三分之一的员工代表。

目前，华人公司的监事会普遍尚处于“虚无”状态，原因在于：①立法缺陷；②监事会独立性受到限制；③监事会人员素质偏低；④监事会获取信息不足；⑤企业高层对监事会的轻蔑与漠视。

监事会的功能类似独立的监察机构。监事会每月召开一次例会，讨论上月在企业财务审计、重大决策、重大人事任免、重大开支审核存在的各种问题，并作出最终结论，形成会议记录，监事会全体成员在会议记录上签字，将会议记录上报股东大会主席，抄送董事会和管理委员会。监事会的职权范围如下：

①调查生产、经营和财务状况，审阅账簿、报表和文件，向股东大会和董事会提出报告；②必要时以公司名义另行委托会计师事务所独立审查公司财务；③对董事长、董事、总经理、财务总监和董事会秘书长违反法律、法规和公司制度行为进行监督；④核对董事会拟提交股东大会的财务报告、营业报告和利润分配方案，以公司名义委托会计师事务所帮助复审；⑤对公司聘用会计师事务所提出建议；⑥提议召开临时股东大会或召开临时董事会，有权在不事先通知情况下在股东大会和董事会上提出临时提案；⑦列席董事会会议，对董事会决议提出异议，有权要求复议；⑧对公司的各级管理人员提出罢免和处分建议。

公司应采取措施保障监事会知情权，以便监事会对公司财务状况和经营管理情况进行有效的监督。总经理应每季一次向监事会报告公司营运情况，可以在每季度一次的董事会报告会上提报。

4. 管理委员会运作

管理委员会是由以总经理为首组成的企业经营班子，是企业处理日常事务的常设权力机构，由总经理担任主任，各部门经理担任委员。总经理由董事会任命产生，其他成员均由总经理提名、董事会任命产生。而在总经理不提名时，董事会不得直接下达任何对管理委员会委员（各部门经理）的任免令。管理委员会成员以下的干部则由总经理直接任免，无须董事会批准。

管理委员会相当于西方内阁制国家的责任内阁，阁魁是总经理，各部门经理是内阁成员。总经理由非股东担任，由非董事会成员担任。在整个企业治理结构中，管理委员会是实际执政机构，是企业最为重要的机构。

管理委员会与董事会的关系实际上就是总经理与董事长的关系，在本章第三节“一个权力中心”中已有论述，包括以下六个方面的权责划分：①人事决定权；②财务决定权；③日常决策权；④体制设定权；⑤制度制定权；⑥战略规划权。管理委员会与董事会在这六个方面均须本着“双不原则”：既不可超权、也不可推卸分内责任。

企业总经理与董事长不得由同一人担任，以免权力失去监督。总经理代表管理委员会每三个月一次向董事会汇报工作，必须本着“少念多问”的原则，即总经理可以作一些准备，但不必花太多的精力时间。总经理的书面报告稿不要超过一页纸，汇报发言时间不要超过三分钟，把更多的时间留给在场的董事会、监事会成员，让他们向总经理提问。

管理委员会每周召开一次工作例会，总结本周工作，布置下周工作，形成会议记录，交董事长、监事会主席、股东大会主席各一份，以便让三个部门负责人随时了解管理委员会的工作情况。

5. 董事长轮换制

华人企业大都股东单一，或虽有数位股东，但企业创始人往往绝对控股，于是，董事长由企业创始人“永久性”担任，而即便是企业创始人不再绝对控股，也会因为其“权力影响力惯性”和《企业章程》上无董事长定期轮换规定而仍由企业创始人任董事长。华人企业董事长在任时期超长，没有实行轮换制，董事长往往可以 20 年、30 年地任下去，格兰仕集团的梁庆德就是这样，公司从 1979 年开始创办，到 2017 年时，已经在同一公司担任了 38 年董事长，至本书出版时仍未卸任。

企业不同时期需要不同风格的领导人，需要有不同的思维和眼光，一个领导人无论再睿智再有能力，也有思维和眼光退化的一天。生命的意义在于新陈代谢，一个人几十年地占据着董事长职位，无论他有多大才智，也会使企业陷于僵化和停滞。

现代企业管理制度都规定了资产负责人的任期，一般为四年或五年，任满之后可以连任一届，这种做法就保证了企业权力主体的不断更新，使企业在体制框架下实现权力执行者的新陈代谢，从而产生极大的持续生命力。

企业董事会内部往往会产生一些矛盾，如果董事长终身制，个人主张受压抑的“反对派股东”往往会选择撤资，企业就会元气大伤，并分裂出众多竞争对手。如果董事长每五年重新选举一次，“反对派股东”则不必采取撤资方式，可以在下一轮董事长选举中支持其他人，或干脆自己竞选董事长。企业就不会分裂，不会产生新竞争对手。

要让企业高层不减活力，让企业生命力旺盛，让企业用和平方式解决内部矛盾，必须实行现代企业管理模式，董事长必须实现交替制度，具体方法如下：

(1) 董事长按《企业章程》与《公司治理结构管理制度》选举产生，并按规定定期轮换，每一届任期时间为5年。

(2) 董事长选举须有两名以上候选人，已任满一届的董事长可向股东大会报名再参加一次竞选，获选后连任一届。

(3) 原则上已任满两届的董事长不得再参加第三次竞选，但如果董事长任内表现十分优越，则经股东大会主席书面推荐，由50%以上股东联名书面确认，可再参加一次竞选。

(4) 董事长任满三次后，已有15年任期，已超过雍正的13年任期，则无论如何不能再继续连任下去。

董事长选举切忌为规避规定而玩弄的“互换位”把戏，不要董事卸任后转任董事长，董事长卸任后转任董事，5年后又再互换回来。这是对企业民主制度的嘲弄，与专制并无二致。

6. 总经理轮换制

华人企业总经理职位的基本特征分三大类：

(1) 企业主自任总经理：凡小型企业，或创业时间较短的大中型企业，一般均由企业主自任总经理，其基本特征是任职时间长，公司没有总经理任期时间规定，企业主想任总经理多长时间都可以。

(2) 职业经理任总经理：凡大型企业、或创业时间较长的中型企业，一般都请职业经理人任总经理，其基本特征是任职时间短，大都在三个月至一年左右，只有1%的职业经理人能满任期，因此，有没有总经理任期规定都意义不大。

(3) 中小股东任总经理：在一些股份制企业，常会有一些懂管理的中小股东任总经理，由大股东或企业创始人任董事长，其基本特征是任职时间稍长一些，大约在一年至三年，有的也能更长一些，但也没有总经理任期制度规定。

随着时间的推移，在以上三种情况中，职业经理人任总经理的比例越来越高，但是，绝大部分企业主聘请职业经理人的目的决非建立现代企业治理结构，也决无建立以职业经理人为主体的高层权力体制的意图，而只是在自己及家人能力欠佳情况下请来外人对企业管理系统做一些改进的权宜之策。而且，大部分企业主的意图是，请来张三干三年，待他黔驴技穷后再请李四，李四招数使完之后再请王五，如此不断换下去，以达到提高企业管理水平。至于企业未来百年命运由谁主宰，当然还是躲在一旁冷眼旁观的企业主本人及家族成员。

只要企业主尚存在以上思想，只要尚未建立以职业经理人为主体的百年管理团队，企业讨论“总经理轮换制”就毫无意义，因为已经在不断“总经理轮换”了，且不是五年换一个，常常是一年换五个。

事实上，华人企业总经理轮替和继任问题从未成为董事会的一个重要议题，只是在现任总经理离职后才去应对的一个问题。平时里从不烧香，事到临头才去抱佛脚。只有在大部分企业主变成了何享健，确立了以“方洪波们”的职业经理人团队为支柱的基本理念后，讨论“总经理轮换制”才有实际意义。

一个人在总经理位置上时间长了之后会产生惰性、思想僵化、不思进取，“总经理轮换制”可以促使现任总经理发奋努力，不断创新，争取下届获得连任。同时也给企业的部门经理或副总经理们一个向上发展的机会，在总经理换届选举时踊跃报名参加竞选。一旦企业董事会确立了以

“方洪波们”的职业经理人团队为企业支柱的基本理念后，就应该采取以下“总经理轮换制”的做法：

（1）总经理按《企业章程》与《公司治理结构管理制度》选举产生，并按规定定期轮换，每一届任期时间为5年。

（2）每次总经理选举必须有两名以上候选人，任满一届的总经理可向董事会报名再参选一次，获选后可再连任一届。

（3）已任满两届的总经理不得再参加第三次竞选，无论其表现如何优秀，都不能再继续连任下去，必须卸任。

第六节 一套分权体制

企业的传承模式、顶层设计和管理体制必须三位一体、彼此配套适应。有什么样的传承模式，就会有什么样的顶层设计；有什么样顶层设计，就会有什么样的管理体制。血缘传承模式必然配之以家长式独裁顶层设计，而家长式独裁顶层设计必然配之以集权管理体制；体制传承模式必然配之以民主设计，而民主设计必然配之以分权管理体制。

企业一旦确立废除血缘传承模式和独裁顶层设计，走体制传承模式及民主设计道路的话，就必须建立一整套分权管理体制。原因很简单，血缘传承模式和独裁顶层设计是“人治”，必须建立在强人领导基础之上，这个强人必须有王永庆、李健熙和宗庆后的权威和能力，更要像拿破仑和俾斯麦那样取得一个又一个令人眼花缭乱的胜利，否则，偌大个企业帝国无法运行、其领导地位也无法稳固。

与体制传承模式、民主设计相配套的分权管理体制实际上就是一种让外界眼中的普通人执政也能取得成功的体制。这种体制的生命力不是来自于顶层，而是来自于基层。在分权体制下，最高决策者只是一个代表或象征，真正的动力、活力与创造力来源各分公司总经理和各部门总监。

企业在小规模时，集权体制往往能产生高效率，而达到一定规模后，集权体制往往使效率难以提高，当一万多名员工的所有事情都向老板汇报时，老板就要么迟迟不予批复，要么凭主观想法迅速批复、导致决策失误。因此，一定规模的企业必须建立起一套企业的分权体制，具体做法有五：①选择管理模式；②建立分权架构；③制定《分权手册》；④《经营管理目标责任书》；⑤建立监督机制。

1. 选择管理模式

企业采取什么管理模式，取决于4个要素：①科技含量；②员工数量；③地区分布；④业务型式。通常而言，科技含量越高的企业越适宜采用分权架构，科技含量越低的企业越适宜采用集权架构；员工越多的企业越适宜采用分权架构，员工越少的企业越适宜采用集权架构；地区分布越零散的企业越适宜采用分权架构，地区分布越是集中的企业越适宜采用集权架构；业务型式越复杂的企业越适宜采用分权架构，业务型式越简单的企业越适宜采用集权架构。

建立公司分权架构，实际上就是实行“事业部制”，我提出“事业部制三大基本条件”：

（1）具备相当规模：企业有足够大的经营规模，由于规模过于庞大，已经造成效率低下、运转迟钝；

（2）制度化程度高：拥有健全的管理制度体系，能利用制度的力量避免高度分权之后所产生的弊端；

（3）经营管理独立：有独立的财务决策权、人事决策权、常务决策权，是完全意义上的责任主体。

事业部制实际上就是企业的“联合制”，各行政单位虽然都在中央政府统一管理下，却各自都有着极高的独立自主权。如果是制造业企业，“事业部制三大基本条件”具体就应该是这样：

（1）具备相当规模：年产值在100亿元以上、人员在10 000人以上的企业，或是分布在两个以上地域的企业才能实行事业部制。100亿元以下、人员10 000人以下、集中在一地的企业需要的是规模整合，是集中和统筹。

（2）制度化程度高：推行事业部制的企业以下四个方面的管理制度必须健全：①人事管理范畴制度；②行政管理范畴制度；③业务运作范畴制度；④特别事务范畴制度。制度实际执行率必须达到95%以上。

（3）经营管理独立：事业部拥有独立的财务开支权、独立的干部任免权、独立的组织结构变动权、独立的日常重大事务决策权。

2. 建立分权架构

超大型企业必须建立事业部制，可以按不同产品组建事业部，形成集团、事业部、产品分厂三个层级，或是集团、事业部的两个层级组织架构。最好方式是由一级集团直接管理各个事业部，不设二级集团，以实现扁平化管理。

实施扁平化管理架构、以产品为中心的事业部制，将事业部由生产型企业转为市场型企业，产供销一体化，直接面对市场，根据市场变化迅速调整战略布局。通过这种转型，将以前二级公司总经理习惯性地“找董事长”思维变为“找懂市场”思维，万事眼光朝下不朝上、朝外不朝内。

集团总部只负责事业部的财务、预算、投资、集团统一的管理制度、统一企业形象、事业部总经理和财务总监的管理。其他一切方面均由事业部自行负责，事业部内部高度自治，可以自行组建管理团队，调整管理架构，自行管理研发、生产、销售等产业链上所有环节，更具有独立人事权。

建立事业部制要防止两个倾向：第一个是过度放权，形成诸侯割据、儿子比老子大、集团总部毫无权威的局面，目前中国各大企业分公司及事业部大都如此；第二个是管得太死，所有重要权力都收归集团总部，事业部一切工作都要请示总部，事业部徒有虚名，只相当于公司一个分厂或车间，从而失去了事业部制的意义。

事业部应该犹如联邦制国家的一个州，除国防、外交、法律修订等由中央负责，其他一切均由州政府负责。

3. 制定《分权手册》

建立分权架构后，集团总部与各事业部形成怎样的权责关系？事业部与各经营单位之间权责关系如何设计？诸多类似问题宜细不宜粗。完成事业部制建立后，应组织制定《集团公司分权手册》。

集团公司《分权手册》应包括以下内容：①集团战略与目标管理；②规章制度、公文往来、会议模式；③人力资源管理，行政管理，工资、奖金、员工福利；④财务管理、资金管理、资本管理、投资管理；⑤生产制造、技术、市场营销；⑥研究开发及科技与知识产权管理；⑦审计、监察、违纪处罚等；⑧“提案、审核、会审、审议、审批、备案”等决策权限，用表格形式表现出来。

《分权手册》必须要有三大原则：

（1）放开普通管理项目：集团公司在以下事务上可以放权事业部：机构设置、干部任免、劳动用工、员工聘用、员工分配、预算费用开支、计划内投资实施、生产组织、采购供应、市场销售。

（2）掌控重要管理项目：集团公司对事业部必须掌控预算管理、考核管理、审计监督、目标管理、资金管理、资产管理、投资管理、战略管理。

（3）财务审批具体原则：集团公司对以下事宜应有明确规定：计划内资金多少元以下由事业部 CEO 终审，多少元以上由集团总裁审批；计划外资金多少元以下由事业部 CEO 终审，多少元以上由集团总裁审批；年度计划外开支总额不得超过年度预算总额的百分之多少，如果不得已而超出，应走怎样的审批程序。

4.《经营管理目标责任书》

确立好分权体制、制定好《分权手册》后，集团总部必须与各事业部签定年度《经营管理目标责任书》，细则如下：

（1）考核指标统一：考核指标包括营业额、利润、费用、技改项目、质量目标、新品开发、政府项目申报、生产安全、员工流失率、融资金额等。各事业部的考核指标必须统一，不允许特殊事业部不考核利润、费用或某特定指标。

(2) 目标双方共识：《经营管理目标责任书》不应是总部对事业部单方面强加的产物，而必须是总部与事业部双方平等协商的结果，协商必须建立在有理性、有依据，有数据、有根据的基础之上，体现出一种欧式契约精神。

(3) 管理团队考核：《经营管理目标责任书》所考核的对象不只是事业部的总经理一人，而应是其管理委员会全体成员；不是政府总理一人，而是全体内阁成员。考核结果与管理委员会全体人员收益挂钩，盈则奖，亏则罚。

(4) 严守分权手册：在整个考核期中，集团总部须严守《分权手册》，不越权，在资金和物质方面不侵害事业部利益，集团总部切不可既成为事业部利益的侵占者，同时又成为事业部业绩的考核者；侵占者考核被侵占者，无公正可言。

(5) 考核结果兑现：考核结果必须严格兑现，奖金再多也要按《经营管理目标责任书》发下去，切不可减发或缓发，如果奖励比例偏高可以在明年降低；同时，扣罚再多也必须执行，不可因为担心事业部班子人员离职而减扣或缓扣。

(6) 循序渐进实施：《经营管理目标责任书》的实施应循序渐进，第一年可采取只考核不奖罚的做法，避免因考核制度不成熟而伤人，第二年可采取奖罚减半的做法，延长适应期，让大家逐渐适应，待第三年一切成熟后再100%实施。

5. 内外监督机制

实行分权体制，最容易引发的就是职业经理人的贪腐行为，最应防范的也是职业经理人的贪腐行为。

分权体制下必须建立严格的监督机制，监督机制实际上就是本章前面已经提及的“三会一独”，即董事会、监事会、审计委员会和独立董事，重点是监事会和审计委员会发挥实际作用。监事会的工作是日常性的，制度性定期前往事业部进行监督巡查，审计委员会工作是固定性的，半年一次前往事业部进行全面审计，包括财务审制、制度执行审计、违法违纪审计、贪腐审计等。

一般集团企业最大的险境和危机就是集团总部与分公司的关系、总部各部门与总裁办的关系，而“一套分权体制”的实质就是建立起一套分权型民主体制，让各分公司拥有充分自主权，迸发活力、化解危机，让基层不再与顶层对立，把所有问题都化解在基层，把所有要打的架都搬到集团总部会议室里来打。

被华人企业界视为最成功的分权体制是广东美的集团，分权体制给美的带来的是来源于基层的巨大活力、动力和创造力，对美的而言，企业的运营发展源动力决非公司高层，而是中层和基层，高层不过是制定游戏规则和担当仲裁者罢了。

第七节　一个理性思维

实施“七个一工程”，无疑是一场痛苦的转型，最难过的一关恐怕就是企业主自己及家人。企业家会突然发现，“七个一工程”让自己变成了企业的“终结者”，自己所做的所有事情都是在“革”自己的“命”，“七个一工程”一旦完成，自己和家人除了股权之外将一无所有。但是，这只是表面的感性看法，从理性思维的长远角度看，一切完全不是这样。

建立起了一个所有者团队，企业主会突然发现，公司的一切不再由自己一人拍板了，在决策过程中常有激烈的争论，大家不再完全看自己脸色了，每个人都变得不再迎合自己、更有其主见了。这种局面看似让企业创始人权威大减，但决策质量大大提高了，过去的那种“拍脑门”式决策动辄造成几百万、上千万元损失的事件大为减少。

建立起了一个管理者团队，企业主会突然发现，公司里高学历人才增加了，企业支付的工资增加了；为保证员工稳定性，企业支付的福利费用大幅度增加了，支出的培训费用也增加了。但是，公司有了一个稳定的干部队伍，不再需要支付大笔人才市场招聘费，不再有大量“空降兵干部”

造成的经济损失，不再为空降兵总经理水土不服而付出巨大成本。

建立起了一个权力中心，企业主会突然发现，公司干部们不再找自己汇报工作，而是找总经理，80%过去由自己决策的事情现在由总经理拍板。但是，公司权责混乱现象消失了，专业经理人更有经验和能力处理日常事务，产品销量和利润比以前更高，而自己更有时间打高尔夫球，高血压、心脏病也减轻了许多，有了更多与家人在一起的时间。

建立起了一套监督机制，企业主会突然发现，有了一套正规的监督机制，这比以前用的"侦探"方式反腐更有效。

建立起了一套运作规则，企业主会突然发现，现在的一切都要讲规范、讲程序，一切决定都要由正式会议做出，要经过集体辩论，决议都要形成书面档，要有人承担具体的责任。这一切十分烦琐，让人极不适应，但是，由责任不明造成的矛盾少了，决策来回反复的事情少了，重大决策失误的损失少了，效率更高了。

建立起了一套分权体制，企业主会突然发现，过去各分公司负责人天天来找自己的现象消失了，大部分情况下，他们都自己进行重大决策，不再反复请示汇报，虽然让自己少了一些权力感，但企业效率大幅增加却是不争的事实。

"七个一工程"中最重要的是"一个理性思维"，除了用理性思维对待以上六个问题外，更重要的是有一个对待职业经理人的"理性思维"，其中包括两点：①多给职业经理人一些时间；②让接班人自己去处理危机。

凡是频频更换总经理的企业，在大多数情况下，总经理往往是越换越差，这已经成了一个规律。当第一个职业经理人能力缺乏时，企业主固然可以将其撤换掉，当第二个职业经理人能力偏低时，企业主也可以将其撤换掉，但是，当第三个、第四个职业经理人仍然能力偏低时，责任就不再在职业经理人身上。

华人企业主对职业经理人往往缺乏一种"培育心态"，而存有一种过于强烈的"索取心态"："既然花重金雇用你，你就必须为我创造效益，不许出现任何一点失误，否则就解雇你。"三国时魏君主曹睿对待司马懿的心态是，听到小人谗言时，就立刻将其撤换；当面临大敌入侵时，又重新启用；一旦又有小人谗言，又另任命新领军统帅。司马懿总是在既被利用又被防戒的状况中生活。司马懿打仗时，50％心思用于军事上，50％心思用于对付皇上及其身边小人。

华人企业顶级人才大都外聘，这样，无论多么优秀的职业经理人，在进入一个新公司工作一段时间后都会显现出一些与企业现有文化冲突的地方，都会有一些负面的议论，甚至会表现出一些授人把柄的地方，当职业经理人身上一些“看起来的”负面因素多了以后，一些性情急躁的企业主往往就会“一辞了之”。事实上，“快刀斩乱麻”多数时候都是越斩越乱，原因在于：

第一，时间毕竟短暂，在短短几个月时间内，职业经理人的一些负面表现说明不了什么，这些负面表现往往是多方原因促成，并不完全是职业经理人一方原因所致。

第二，企业主及公司干部对职业经理人评价往往建立在企业原有价值基础上，这种评价往往带着有色眼镜。19 世纪末国门初开，西方人所有的行为和言论在中国人眼中都是负面的，连西医西药也要一概消灭。

第三，职业经理人当初也是企业主自己选定的，如果再选第二个，在企业主同样标准的选择下，很难保证第二个一定比第一个更好。

职业经理人初来乍到，不熟悉工作，一年内一般很难有大作为，而一旦真正熟悉了工作，准备有所建树时，自己的“末日”又已经到了。企业又招来一个新手，新手必须从头开始熟悉工作，这样，企业 10 年换 10 个总经理，没有一个总经理能够给企业带来真正的效益，新人不一定比被撤换者更好，企业总经理无休止换来换去，换到最后，最大的受害者是企业。职业经理人稳定性与企业成熟性成正比，越是成熟稳健的企业，职业经理人任职时间越长，越是处于青春躁动期的企业，职业经理人任职时间越短。大凡总经理更换，企业的管理形态、战略思想、运作规则都会更换，企业会付出巨大成本。

企业主必须有一种容忍职业经理人个人缺陷和工作失误的雅量，只要不是人品问题，尽可能“再等一等、看一看”，与之多深入沟通一下，多给一些时间，多给一些机会，多留一些空间。给职业经理人机会，也是给企业自己机会，不要轻易放弃一个可能给企业带来巨大效益的人才。

不犯重大错误的职业经理是曾屡犯普通错误的人；犯重大错误的职业经理往往是从未犯过错误的人。

2004 年初，联想集团（顶级计算机企业）柳传志完成了酝酿多年的交班计划，将董事局主席一职交给杨元庆，并聘请美国职业经理人阿梅里奥任联想总裁，同时宣布正式退休，并对媒体表示他“绝不会再复出”。

2004 年 12 月，联想集团以 17.5 亿美元收购美国 IBM 全球的全线 PC 业务，一举占据了市场世界第三的位置，排名仅落后于戴尔、惠普的 PC，联想的国际化终于成行。但也正是此举，让联想背上了沉重而又持续不断的海外资金包袱。

2009 年 2 月，联想集团发布了 2008～2009 财年第三季度报告：销售额同比下降 20%，至 35.9 亿美元；毛利率同比减少 48%，降至 9.8%；全球个人计算机销量同比下降 5%，中国地区下降 7%；总亏损 9 700 万美元；中华区所得利润被其海外市场消耗一空，美洲区、欧洲区和非洲区分别亏损 3 300 万美元、8 300 万美元、4 800 万美元。10 个月后，联想 2009 年第四财季报表显示，仅第四季就净亏损 2.64 亿美元。

2009 年 2 月，联想集团发布消息：柳传志重新复出担任集团董事局主席，杨元庆则接任三年期满的阿梅里奥担任联想集团首席执行官，阿梅里奥以顾问身份再服务半年，联想现任企业运营高级副总裁 Rory Read 将出任新设立的总裁兼首席运营官。同年 6 月，海峡对面发生了一件同样的事情：台湾台积电公司因业绩大幅度下滑，78 岁的老将张忠谋再次披挂上阵，人们将业绩下滑责任归咎于上任四年的 CEO 蔡力行。在这里，张忠谋就是柳传志，蔡力行就是杨元庆。蔡力行和杨元庆都是短命三郎，任期都只有四年。

柳传志的复出实际上是对自己过去 10 多年交班布局的否定，如果说是因为杨元庆能力太差，那么，最初又是谁选择他接班？柳传志会说：“我复出是为了帮他扶他。”那么请问，联想创业初期，在一次次重大危机来临时，又有谁来帮过柳传志？如果孩子的每一次跌跤都由保姆迅速扶起，那么，当保姆离开后，孩子再摔倒时就不会自己爬起来了。柳传志曾说过：“联想就是我的命，需要我的时候我出来，是我义不容辞的事情。”但是，柳传志可曾想过，正是自己义不容辞地走出来当保姆，让孩子在第一次危机时失去了自己爬起来的机会，会在保姆再出不来的第二次危机时要了孩子的命。

“一个理性思维”具体包括三层含义：

一、看“七个一工程”长远效益：“七个一工程”看似企业家在“革”自己的“命”，让自己和家人除了股权之外一无所有，但是，这能让企业走出“富不过三代”的宿命，能够百年千寿地存活下去，让家人后代千年万世享受公司股份分红。

二、多给职业经理人一些时间：当职业经理人工作中出现“合理性缺陷”问题时，企业主应多给一些时间，多给一些机会，多一些耐心和宽容，多一些沟通与支持。要么当初就不要选择他，而通过慎重理性选择后一旦认可了他，就要对自己的选择和被选择者负责任，职业经理人不是圣人，不要用圣人的眼光要求总经理，切勿动辄“炒鱿鱼”。

三、让接班人自己去处理危机：一个已经离婚的男人不要试图去处理已再婚前妻新家庭的内部危机，即便他比前妻现任丈夫更有能力应对危机，他的“复出”只会让前妻家庭危机更重。同样，当接班者因工作失误造成企业危机时，已交班者切勿以“救星”身份复出。

第八节 美的与格兰仕：两种交接班模式

2012 年，美国《福布斯》发布大陆富豪榜，广东顺德二人榜上有名：美的集团何享健，格兰仕集团梁庆德。

广东美的集团与格兰仕集团可谓是大陆明星企业两个完全不同、尖锐对立的典型，从“七个一工程”实用角度对比两个企业，我们便会对“七个一工程”有一个了解。介绍何享健和梁庆德的不同，须先从两人出访日本的不同态度谈起：

1985年5月，何享健第一次带领美的高管考察团远赴日本，在广州机场，何享健与前往送行的儿子何剑锋合影留念。考察团考察的重点企业是松下公司。此后10余年，何享健又数次前往日本。每次赴日考察，除了考察日企生产、研发、管理、营销和“事业部制”外，何享健更认真考察日本企业的顶层政治形态及治理结构，日本企业5万家百年企业的事实给他留下了深刻印象。何享健对日本的考察是既考察经济又考察“宪政”。何享健的实用主义哲学是：“体用合一，日学为体亦为用。”

1991年3月，梁庆德率格兰仕高管考察团第一次考察日本，考察的重点企业是东芝公司。在日本超市里，梁庆德被一件笨重的黑怪物吸引，询问后得知，黑怪物叫微波炉，这便是格兰仕第一台微波炉的由来。1992年，梁庆德派儿子梁昭贤带队再赴日本考察，锁定东芝寻求合作。此后又屡次前往日本，然而，梁庆德与梁昭贤每次来日本，仅考察日企生产、研发、营销，从不考察顶层政治形态及治理结构。梁庆德的哲学与张之洞相仿：“中学为体、日学为用。”

何享健1942年出生，梁庆德1937年出生。何享健之于美的、梁庆德之于格兰仕，是两家企业永远的“企业之父”。2009年8月，67岁的何享健退休，每天打高尔夫球或与社会名流饮茶阔论；2012年1月，75岁的梁庆德终于辞去总裁职务，仍保留董事长职务，对企业发挥着巨大影响力。由于父辈的不同思维方式，梁庆德的儿子梁昭贤早早进入格兰仕进行“体内”培养，而何享健的儿子何剑锋一直是美的“体外”磨炼，从未在美的工作过一天。

由于何享健与梁庆德不同的哲学思维，两家企业不同的发展速度已经显示出来：2016年美的集团以1 423亿元营业收入居第110位，格兰仕集团以289亿元营业收入居第485位，何享健与梁庆德不同的哲学思维，导致了美的与格兰仕不同的发展速度：1997年，美的集团销售额为30亿元，

2016 年达到 1 384 亿元，19 年时间增长 46 倍。1997 年，格兰仕公司销售额 11 亿元，2016 年为 260 亿元，19 年时间增长 23 倍。

然而，这里只是销售额的差距，两种不同思维方式更将导致企业生死存亡的不同命运。

1968 年，何享健冒着“资本主义”政治风险，集资 5 000 元在广东顺德创办一家生产塑瓶盖的街道厂。

1981 年，塑料瓶盖工厂改名为顺德县美的风扇厂。

1993 年，美的风扇厂销售收入达到 9 亿元，并实现股份制改造，成为大陆第一家乡镇企业改制公司。

1996 年，美的员工达一万人，各部门主管都向何享健一人汇报，何享健每天看不完的文件和签不完的字。集权体制下，各部门及事业部负责人放不开手脚，组织庞大的美的公司效率极为低下。何享健学历不高，却喜欢对欧美、日本著名企业的顶层设计结构进行研究，他仔细分析了世界著名企业的顶层设计、权力运作机制、家族影响力、职业经理人授权程度，十分推崇沃尔玛和杜邦公司的社会化顶层权力设计。

何享健说：“我一直讲，美的的治理结构要多学习西方企业，美国很多公司谁是大股东都不知道，但运行得非常好。公司的运营不能光靠大股东。华人企业今后一定也是这个方向。”何享健这样说，也这样做。

1997 年，美的开始效仿松下公司“放权”试验，首推事业部制改造，以产品为中心划分事业部，空调、家庭电器、压缩机、电机、厨具 5 个事业部相继成立。事业部集研发、采购、生产、销售、服务于一体，集团成为投资、监控和服务中心，形成了“集权有道、分权有序、授权有章、用权有度”的内部授权模式。

1998 年，分权管理模式初见成效，美的销售额比上年增长 60%；1999 年又达到 80 亿元，增长 40%；2000 年达到 105 亿元，增长 50%。权力下放后，何享健的工作内容得以简化，每天只审阅集团各事业部财务报表，不再过问具体事务。

分权管理模式使美的上下形成一种巨大的“钻”动力，于是，美的集团颁布了集团《分权手册》，涉及集团战略、目标管理，规章制度、人力资源、工资奖金、资本管理、投资管理、审计监察等14大类217小类，对各项工作决策权限进行了详细规定，规定了集团和事业部的定位和权限划分，阐明了管理中的所有重要决策权的归属，为分权管理模式提供了制度保障。日本一家著名财经杂志记者对美的顶层体制考察后撰文写道："美的分权机制与进度已超过日本大部分企业。"

与此同时，美的集团开始进行组织架构调整，取消四大二级集团，实行扁平化管理，总部和二级产业集团部分管理职能进行整合，原有的冷家电集团、日用家电集团、机电装备集团和地产发展集团四大二级平台取消，以事业部制运营。此次调整是美的战略转型的进一步深化，目的构建现代企业制度，改革完成后就再未反复过。

何享健有一句话：70年代用顺德人，80年代用广东人，90年代用中国人，21世纪用地球人。20世纪90年代中期，何享健"杯酒释兵权"，将创业元老们变成了董事会成员，大量启用职业经理人，方洪波的崛起正是这一用人思路的产物。

方洪波，安徽人，1967年出生，硕士，1987年毕业于华东师范大学历史系，1992年不满意于"20多岁就能看到自己50多岁样子"而离开湖北东风汽车公司加盟美的，历任公司空调事业部国内营销公司董事长、空调事业部副董事长和总经理、公司副总裁、董事局副主席和总裁等职。

1996年，美的危难之秋，空调市场排名第一的是春兰，第二位是华宝，第三为格力，华宝、科龙、海尔等新秀亦来势汹涌，唯独美的空调销售却在下滑，很有可能让对手吃掉，且顺德市政府有意让科龙兼并美的，美的已经到了生死攸关的时刻。此时，美的到底用谁来力挽狂澜，在美的最高层引起了激烈的争议，何享健力排众议，起用方洪波主管美的空调国内销售业务。

方洪波上任之始大胆提出"让销售向营销转变，让生产制造向顾客需求转变"。为了筹建营销体系，方洪波亲自到人才市场选拔人才，培训了一批年轻“小虎队”。1998年，美的空调销量达90万台，增长速度200%，美的不仅解除了危机，还一举奠定其空调行业一线品牌的地位。首战一举成功，使何享健对其刮目相看。2000年，方洪波出任美的空调事业部总经理，正式成为美的最大的“外藩”。

美的注重培养人才，反对“功利主义用人方式”，主张内部培养人才，有长远的内部人才培养规划，每年招聘大批大学生、硕士生和博士生入职，从基层开始干起，经过5～10年磨炼，再从中选拔高管，决不用“空降兵”。公司每年送大批人才去美国、欧洲进行系统培训。除个别顶尖偏门人才外，美的公司极少找猎头公司挖人才，几乎没有外聘技术总监或分公司总经理的情况。而且，美的集团中高层人才十分稳定，中层干部入职大都在5～15年，高层干部入职大都在10～20年之间，几乎没有入职方才一两年的副总经理或业务总监。因此，美的集团对外招聘大都是初级人才，极少招聘高级人才，高级人才都是由内部初级人才转变而来，就像军队元帅都是由本军本科学历的少尉逐渐转变而来一样，从来不会直接从外军招聘一名元帅来担任我军总司令。如果说美的有“空降兵”的话，全都空降在最基层。美的集团对人才的态度是“高才入职、长远培养、内部提拔、理性使用”。

美的对待工作失误和暂未出成绩的干部，通常都本着“扶、促、看、试”的态度，只要不是人品和基本素质低劣问题，都不会放弃对其最初的期许，因此，美的常有“乌鸦”变“凤凰”的奇迹发生。在美的高层决策人的心中，“凤凰”从来都是“乌鸦”变的。

20世纪80年代中期，何享健就有一个家庭协定：回家不谈公事，这与中国老板“家厂一体”生活方式截然不同。在何享健家里，家人之间的话题与一般普通人家毫无区别，几乎听不到有关公司事务的只言片语，唯一涉及企业事务的语句只是某日几时在哪里开个什么会或明天出差到哪里去，一切到此为止。

1993年，何享健劝退了时任仓库管理员的太太梁女士；1997年劝退23位创始人；何享健有两个女儿，长女何倩常经营佛山市百年科技有限公司，次女何倩兴经营广东新的科技集团。美的从此形成了家族成员不进集团的基本原则，何享健无一亲戚在美的工作。

何享健说得很清楚，“举贤不避亲”不适合美的，不让何剑锋接班并非因为他能力低。原因很简单，“举贤不避亲”会破坏一种现代企业治理结构，破坏职业经理人体制。就算何剑锋能力超过方洪波，也不能保证第三代、第四代也超过方洪波。如果因为儿子能力超过方洪波就用儿子，儿子之后又怎么办？

何剑锋，何享健之子，1967 年出生，与方洪波同岁，本科学历。1995 年任顺德现代实业有限公司总裁，2002 年任广东盈峰投资控股集团有限公司总裁。何剑锋大学毕业后，何享健就不让儿子进美的工作，而是鼓励他自己创办企业，在没有父亲光环照耀下独立发展自己事业。何剑锋未来所要接掌的只是何享健拥有的美的公司 50％股份。

何剑锋从独立创业开始，经营现代公司亏损，做鹰牌产品亦亏损，事业发展一直平平庸庸，没有突出成绩与亮点，所幸，这一切都发生在美的之外。

2004 年 12 月，60 岁的台湾泛宏碁集团董事长施振荣宣布退休，施振荣不把公司交给自己的儿子，而是交给职业经理人，施振荣留给子女的只是企业股份，这是全球华人企业的第一次，此事给了何享健以极大的影响。

2008 年，何享健曾说：“只要建立起一套国际化企业的顶层设计体制，重要的是体制而不是接班人。”

从此话中，我们看到了美的集团的一种成熟和理性。何享健没有博士学位、没有院士头衔，但令人高兴的是，我中华企业家中终于有人有此思想；令人伤心的是，13 亿人中有此思想者仅何享健一人。如果说严复为中国民主自由启蒙思想家第一人的话，那么，凭这句话，何享健就是华人企业长寿启蒙思想家第一人。日本企业家经过 100 年才总结出的思想，何享健用 10 年就总结了出来，中华有神人！

2009 年 8 月，何享健正式宣布辞任美的电器董事局主席职务，完全退出企业，只保留一般董事和股东身份。董事局主席职位由职业经理人方洪波担任。此外，新一届董事会成员黄健、蔡其武、袁利群、黄晓明、栗建伟、李飞德等大多都有硕士学历，处于35～45岁的个人事业黄金期，普遍都是在20世纪90年代初加入美的集团，平均为公司服务达到15～20年。此时，美的集团已实现所有权、经营权、监督权三方分立，在集团的决策层里已没有一个何享健亲属。何享健确认，今后美的集团CEO都会是职业经理人，何氏家族仅是一个股东。

方洪波在一次接受媒体采访时说："我觉得美的最大优势是它的机制，包括企业的治理机制、运行机制、对外部环境反应机制。美的电器拥有完整的空调产业链、千万产能、东芝技术、完整的配套产业、成本控制等优势，但这些不能算美的核心竞争力，美的核心竞争力是内部非家族分权型管理机制。比如，美的对职业经理人培育和管理机制在全国很难找到类似企业，美的任何一个高管上午离开，下午就会有人接替，企业照常运转。这一点是其他企业很难做到，这使得美的的抗风险能力很高。"

美的核心竞争力不是技术、资金和市场，而是一种靠体制不靠人的机制。如果说生产设备产能、工艺技术、配套产业、成本控制、市场网络等竞争力都需要一定资金投入的话，那么，内部分权型经营管理机制这一竞争力完全不需要任何资金投入，需要的是一种哲学思想、精神境界和勇者胆识。

我们再来看一下《福布斯》富豪榜上顺德的另一位富豪梁庆德的格兰仕集团：

1979年，广东顺德桂洲羽绒厂（格兰仕前身）成立，职工200人，洗涤鹅鸭羽毛供外贸单位出口。

1991年，中外合资华诚染整厂建成投产。格兰仕牌羽绒被在国内市场销售，年销售额1 500万元。

1992年，格兰仕经过市场调查，选定家电业为新的经营领域，选定小家电为主攻方向。

1997 年 2 月，国家统计局授予格兰仕“中国微波炉第一品牌”称号，“格兰仕”品牌达 38 亿元。

1999 年，格兰仕结束最后一项轻纺产业毛纺厂，全面转型为家电集团。

1991 年，梁昭贤大学毕业即加入格兰仕集团，担任常务副董事长，负责全面销售业务管理；1992 年被推为格兰仕集团副董事长；2000 年成为格兰仕集团执行总裁。

梁昭贤加入格兰仕的第一天，梁庆德就对其进行“帮、扶、带”。然而，梁庆德并没有把权力全部交给梁昭贤。2016 年，生于 1937 年的梁庆德依然是格兰仕集团董事长，是格兰仕的精神教父，他强势主导着格兰仕企业帝国的一切，1965 年出生，已 52 岁的总裁梁昭贤始终在父亲庞大的身影下工作。

梁庆德在格兰仕被大家称敬称为“德叔”，梁昭贤被大家称为“贤哥”，公司召开正式会议时，“德叔”“贤哥”也会不时从大家嘴里冒出来。

格兰仕的企业特色带有浓厚的梁庆德个人特色，从格兰仕的管理方式、会议模式、组织架构和员工们的工作范式中都能明显感觉到，一切皆已成“梁庆德定式”，梁庆德就是格兰仕，格兰仕就是梁庆德。

2004 年之前，格兰仕集团下设微波炉、空调、小家电三个事业部，集团营销中心统管三个事业部的销售业务。

2005 年，梁庆德受美的分权管理启发，对格兰仕进行了建厂以来最大规模的组织变革，将生活电器、空调、微波炉的销售部分从集团营销中心分离出来，成立三个独立的销售公司，独立核算、独立运作，试图改变自建厂沿袭已久的“中央集权”组织模型。由此，一个格兰仕集团裂变为 14 家子公司。

2006 年，分权管理不到一年，梁庆德发现格兰仕三个销售公司各自为战，失去了集中统一控制，便又将三个业务已经独立的销售公司取消，成立了格兰仕大陆市场销售总公司，再次将营销统一起来。

2007 年，梁庆德发现统一的格兰仕大陆市场销售总公司统得太死，使集团丧失了活力，便又分别成立了空调公司、微波炉公司和生活家电公司三大实体。各公司实现产供销一体化，每个公司独立采购、制造、内销和外销，在三家公司之上设立“中国市场管理委员会”。

2005～2007 年，格兰仕反复折腾，组织架构三年变化三次，那种不成熟和非理性“钟摆现象”又一次泛起，从最初集权到分权，再从分权到集权，又从集权到分权。从格兰仕三次组织架构大变化中可以看出，“德叔”在放权问题上一直心无定式，很勉强、很犹疑，一次又一次来回摇摆，让企业付出巨大的“钟摆成本”。

格兰仕与美的另一个根本不同是“功利主义用人方式”，没有系统的内部培养人才长远规划，待到用人时再从外招聘，形成大批“空降兵”，其中以“上海帮”最为典型。格兰仕高管大都外部招聘，常有外聘技术总监或分公司总经理的情况发生。有一次聘请一名韩国籍技术总监，并配 5 名中国工程师辅佐。后来，公司组成专门招聘机构到其他公司或国外挖人才。格兰仕集团中高层人才大都是“空降”，直接“空降”在高级岗位上，极不稳定，中层干部入职大都在 1～5 年之间，高层干部入职大都在 1～10 年，入职仅一两年的副总经理或部门总监比比皆是，而通过猎公司招来的新人才与被解雇的老人才并无本质区别。在用人方式上，人们又一次看到了格兰仕的不成熟和非理性。格兰仕对人才的态度是：“招之即来、来之即用、用错即炒、炒完再招。”

格兰仕对待工作失误和工作暂未出成绩的干部通常不会有太多的耐心，一两件事做砸了，领导对此人的看法基本上也就定型了，接下来考虑的就是什么时候以什么方式让其“体面”地离开，因此，格兰仕从来没有“乌鸦”变“凤凰”的奇迹发生。在格兰仕高层决策者看来，“乌鸦”永远只能是“乌鸦”。

综上所述可以看出，美的与格兰仕是“体制传承”与“血缘传承”的两个最典型的代表，下面，我们从“七个一工程”实用角度对比一下两家企业的不同，大家对“七个一工程”的内容及实际运用也就完全理解了（见表3）：

表3　美的与格兰仕"七个一工程"对比表

项目	美的集团	格兰仕集团
一个所有者团队	美的集团有一个所有者团体，除何享健拥有50%股权外，其他大多为独立法人机构持股，如珠海融睿、鼎晖嘉泰、鼎晖美泰、鼎晖绚彩等法人投资者，加之公司内部高管持有的股票，形成了一个不同利益的所有者集团	格兰仕集团持股者为佛山宏骏达公司和佛山福莱德公司，分别持有其60%和40%股权。两家公司都由梁庆德一人控股，少数梁家亲戚参股，是同一利益集团，集团不存在一个不同利益的所有者团队，只有一个所有者，此人即梁庆德
一个管理者团队	美的中高层人才十分稳定，公司董事局骨干方洪波、黄健、蔡其武、袁利群、黄晓明、栗建伟、李飞德都是"外蕃"，已为公司服务达15～20年。美的已经形成了一个稳定的职业经理人团队。因此，虽极少对外招才，却从不缺人才。美的对人才的态度是"高才入职、长远培养、内部提拔、理性使用"	格兰仕集团中高层人才流动性大，每隔5～8年，中高层干部就会大换血一遍，入职才一两年的副总或总监比比皆是。"外蕃"很难生存10年以上，因此无法形成一个已为公司服务15～20年的董事会成员团队，年年对外招才，年年无才可用。格兰仕对人才的态度是"招之即来、来之即用、用错即炒、炒完再招"
一个权力中心	美的只有一个权力中心，即董事局主席兼总裁方洪波，何享健卸任后即远离公司事务，不再"扶上马再送一程"，完全由职业经理人自行驰马扬鞭。公司政令统一，令行禁止	格兰仕有两个权力中心，即梁庆德与梁昭贤，2012年梁庆德卸去总裁职务后仍保留董事长职务，对儿子"扶上马再送一程"。当德叔与贤哥指令不一致时，员工不知到底听谁的，公司政令不统一
一套监督机制	美的集团建立现代企业治理结构，所有权与管理权分开，建立了一套行之有效的监督机制，有发挥实际作用的监事会，有外来独立董事，有严格的财务审计制度	由于格兰仕股权集中在一个人和一家人身上，不存在不同利益集团，没有必要自家人监督自家人，集团总裁梁昭贤无必要专门设立监事会和独立董事来监督自己

续表2

项目	美的集团	格兰仕集团
一套运作规则	美的集团有自成一体的一套企业顶层运作游戏规则，《董事会章程》《监事会章程》《股东大会章程》及其他各种管理制度应有尽有，规定了各组织机构的权限、责任及互动规则，阐明了营运管理中的所有重要决策权的归属。最重要的是，公司上下严格按游戏规则执行	格兰仕集团也有自成一体的企业政治运作游戏规则，《董事会章程》《监事会章程》《股东大会章程》也应有尽有，也规定了各组织机构的权限、责任及规则，也阐明了管理中所有重要决策权的归属。但是，公司上下并未严格按游戏规则执行。很多规则仅仅只是档夹中的一张纸
一套分权体制	美的集团有《分权手册》，集团总部只保留必要的权力，各事业部拥有较大的自主权，职责范围内明文规定的权力不必向上请示，可自行决定，并立即行动。整个集团公司呈一种“联邦制”体制，是一种民主、权力下发、自决型管理模式	格兰仕集团没有《分权手册》，集团总部拥有决定性权力，各分公司有一定自主权，但职责划分不甚明确，大部分事情仍需向上请示，等有批示后才行动。整个集团公司呈一种“中央集权”体制，是一种统一、权力集中型管理模式
一个理性思维	美的对待工作失误和暂未出成绩的干部，不会轻言放弃，因此，美的常有“乌鸦”变“凤凰”。方洪波、黄健、蔡其武等重量级高管在入职之初也有过一些工作失误，而这在何享健看来根本不是问题 1998年，美的进行组织架构调整，取消四大二级集团，实行扁平化管理，以事业部制运营，尽管改革后也出现过一些不适应症，但何享健能理性看待此现象，改革一旦完成，就再未反复过	格兰仕对待工作失误和暂未出成绩的干部不会有太多耐心，通常以短期成败论英雄，一个人几件事做错了，其在企业的职业生涯也结束了，任职仅4个月的郎青和7个月的龚志安离职就是例证。一个人在格兰仕一旦被视为“乌鸦”，永远不会变成“凤凰”。 2005～2007年，格兰仕组织架构三年大变三次，从集权到分权，再从分权回集权，又从集权变分权。梁庆德更多是凭感性行事，不停地来回摇摆，让企业付出巨大的“钟摆成本”

梁庆德曾说过，“与其做500强的企业，不如做500年的企业”，但是，格兰仕这种血缘传承的顶层设计模式无论如何也做不成500年企业，从创业伊始能支撑50年已是万幸。

笔者对格兰仕未来命运有三种预测：

第一，全面改革之路。在梁庆德对格兰仕的影响力完全消失后，梁昭贤勇敢地进行美的式“顶层改革”，放弃血缘传承，走欧美、日本企业顶层体制道路，10 年内梁氏家族成员全部退出企业，大权全交职业经理，则企业万古长青。

第二，局部改革之路。梁庆德影响力消失后，梁昭贤在目前“王权血缘”模式基础上局部小改革，公司尚能生存，但业务大幅度萎缩，艰难维持，勉强传承到第三代时，公司难以支撑下去，于是倒闭破产。

第三，固守现状之路。梁庆德影响力消失后，梁昭贤仍顽固走格兰仕的“两个凡是”道路，即“凡是梁庆德的决策都坚决拥护，凡是梁庆德的指示都遵照执行”，20 年后，企业倒闭破产，梁家后代沦为连企业股权都没有的工薪阶层。

笔者对美的集团未来命运也有三种预测：

第一，坚持现状之路。以方洪波为首的管理者团队及以何氏家族为首的所有者坚持目前模式，并完善企业的社会化管理体制和制度化交接班机制，尤其是制定以下规则：方洪波任职多少年？方洪波接替人如何产生？谁来制约方洪波？若方洪波突然离开美的或遇意外伤害又怎么办？把所有危险的、不易发生的事全部考虑到，拿出应对方案。如此，美的集团寿命或超过 500 年，成为华人世界最长寿企业，被誉为华人企业超级长寿明星，可跟日本企业媲美。

第二，复辟回头之路。20 年后，当何享健失去对何氏家族影响力后，何家新一代利用手中股权欲重返美的、影响美的、控制美的，并以撤股相威胁，美的高层经理团队屈从让步，何氏家族人重任董事长及总裁，最终导致美的倒闭。不要认为完全没有可能性，大陆改革可以出现“国进民退”“复辟”潮，华帝集团可以废掉职业经理姚吉庆改由老板黄文枝再披战袍，联想隐退多年的柳传志可以再次出山，凭什么美的就一定不会“复辟”？

第三，新型专制之路。美的创始人虽已将权力交给职业经理人，但并没有建立起第一代职业经理人交权第二、第三代职业经理人的制度，并没有方洪波接替人如何产生的制度规定。最大的隐忧还在于公司董事局成员与管理层是同一批人，董事长与总裁均由方洪波一人担任，这是违反《公司法》“董事会成员不介入管理”的设计，容易产生新独裁。在这种结构下，作为总裁的方洪波向董事长汇报工作，岂不成了自己向自己汇报？倘若方洪波不再体制创新，不建立西式最高领导人定期轮换制，将自己又变成美的终身董事长兼总裁，那么，20～30年后，美的集团也将倒闭破产。

美的集团的成功首先是“顶层体制改革”成功，而“顶层体制改革”首先是革企业创始人自己和家族的命，剥夺自己和家人在企业的一切特权，这是一般企业家无法接受的，这正是企业“顶层体制改革”的最大难点。而何享健最令人可敬之处就是敢于革自己和家族的命，全部彻底退出企业，决不拖泥带水。美的为中国大陆、港澳台乃至全球华人企业树立了榜样。

第七章　企业传承的长寿哲学

如果本书前几章讲的是让如何让企业千年传承的“术”的话，那么，本章讲的则是最根本的东西——“道”，讲的是企业千年传承的基本原理，是企业建立传承体制的根本之“道”。“术”建立在“道”的基础之上，“道”决定“术”。只明白“术”不理解“道”，“术”亦不精通，更不长久。

第一节 现代企业顶层设计路线图

企业现代化体现在三个层面：一、物质现代化，指企业的设备、厂房和技术；二、制度现代化，指企业的全套管理模式和运作规则；三、精神现代化，指企业的价值观念、终极目的及使命。通常而言，是企业制度现代化和精神现代化最终决定物质现代化，没有制度现代化和精神现代化的物质现代化只能是终以失败结束的“洋务运动”。

华人企业在物质现代化方面已与世界平均水平差距不大，而在制度现代化和精神现代化方面相差甚远，尤其是在企业顶层设计的制度现代化层面，我们几乎是空白。既然明白了企业制度现代化的重要作用，明白了现代企业顶层设计的重要性，就应该着手“现代企业顶层设计”。一个企业究竟怎样实现现代企业顶层设计，必须有一个具体实施路线图。

企业在制定“现代企业顶层设计实施路线图”之前，首先必须根据企业自身情况选择“企业顶层设计模式”。

通常情况下，企业一般有以下三种顶层设计模式。

第一，血缘型顶层设计模式：即传统的“子承父业”型顶层设计，血缘关系者之间进行企业财产及管理权的交接转移，子子孙孙传承下去。迄今为止，中国大陆、港澳、台湾及海外华人企业全都采用这种顶层设计方式，事实证明，这种方式很难顶层设计三代以上，方太集团即是典范。

第二，体制型顶层设计模式：即现代企业所有权与管理权的交接模式，企业不再是某个人或某个家族的私有财产，公司建立起“政治民主集中化、权力公传体系化”的公共企业管理体制，这是一种日本、欧美企业的体制型顶层设计模式，宏基集团与美的集团即是典范。

第三，家族型顶层设计模式：介于血缘型顶层设计与体制型顶层设计之间，是传统顶层设计与现代顶层设计的一种结合，是血缘顶层设计向体制顶层设计的一种过渡，是传统文化与现代企业制度的一种混合体，在保有家族控制权前提下实行职业经理人制度，香港李锦记集团即是典范。

在以上三种企业设计模式中，企业究竟采用哪一种呢？通常来讲可按企业规模不同进行选择：

（1）小型企业：可采用血缘型顶层设计模式，如小商店、小加工厂、小贸易公司、小服务公司，员工在200人以下，年营业额在5 000万元以下；

（2）中型企业：可采用家族型顶层设计模式，员工在200～2 000人，年营业额在5 000万～5亿元；

（3）大型企业：可采用体制型顶层设计模式，员工在2 000人以上，年营业额在5亿元以上。

以上尺度和标准只是笔者根据本人经验对华人企业的一种非精准设计，并非绝对标准，企业亦可根据自身实际情况灵活运用。在企业内部思想统一情况下，中型企业也可以采用体制型顶层设计模式，大型企业也可以采用家族型顶层设计模式，甚至小型企业亦可采用家族型顶层设计模式或体制型顶层设计模式。但是，大中企业都万不可采用血缘设计模式，此模式对小作坊企业无碍，对大中企业则死路一条。

针对以上三种设计模式，我们来设计以下三种路线图：

1. 血缘型顶层设计路线图

血缘型顶层设计十分简单，无须太复杂的路线图设计，但有三个基本原则：

（1）小规模原则。仅限于小规模企业，限于员工在200人以下，年营业额在5 000万元以下的企业。小企业管理简单、业务量小，即便家族化管理也无大碍。如果超过此限度，则不应再采用此顶层设计模式。

（2）防拆分原则。最重要的是在顶层设计时防止公司被“袁世凯分家法”拆分，企业主不应在交班的当天才在病床前与家人谈顶层设计之事，而应在正式交班5～10年前就召开正式“家庭会议”，在会议上形成正式的

《公司股权约契书》，内容是三个选择：①企业由愿意经营的子女全额继承，不愿意经营的子女仅获得一笔生活费而离开企业；②把企业股份进行分解，愿意经营的子女持其中60％～80％，不愿意经营的子女持其中20％～40％后离开企业；③如果所有子女都想经营，则将股份平均分配，每人持股份额相等，总经理在子女中选一人，其余子女可担任其他重要职务。《公司股权约契书》必须明确写清楚，所有持股子女均不得分股，不得拆分企业，不得独立出来，如不接受这一条，则不享受公司股权。全体家庭成员在《公司股权约契书》上签字，并由律师或公证处公证，以防止企业被拆分。

（3）唯才能原则：企业主所有子女及有一定股份者均是公司董事会成员，本着"唯才能原则"，董事长（总经理）家族成员内由能力最强者担任，包括儿子、女儿、女婿、儿媳。

血缘型顶层设计在三种顶层设计中操作最易、难度最小、风险最低、阻力最小、时间最短、付出最少、成本最低，但收益最低、生命最短、绩效最差、成果最小、前途最狭。只要企业规模小，家族成员用心经营，亦能传到三代。

2. 体制型顶层设计路线图

体制型顶层设计路线图实际上就是本书第六章企业顶层设计布局的"七个一工程"，共分为七个步骤：①一个所有者团队；②一个管理者团队；③一个权力中心；④一套监督机制；⑤一套运作规则；⑥一套分权体制；⑦一个理性思维。

体制型顶层设计在三种顶层设计中难度最大、风险最高、阻力最大、时间最长、付出最多、成本最高，但是，一旦成功之后，收获最大、成果最好、利益最多、生命最长、绩效最佳、前途最广。体制型顶层设计路线图设计最成功是广东美的集团，研究其顶层设计路线图，可获得丰富的经验，少走不必要的弯路。

由于本书第六章已详细描述了体制型顶层设计路线图的"七个一工程"，因此，这里就不再赘述。

3. 家族型顶层设计路线图

家族型顶层设计在三种顶层设计模式中难度极大、风险居中、阻力极大、时间居中、付出居中、成本居中，但是，一旦成功之后，收获亦大、成果亦大、利益亦大、生命亦长、绩效亦高、前途亦大。此种顶层设计方式的难处在于整合家族成员的思想，因为通常来讲，家族成员的思想比外人思想更难整合，更难达成共识，与“当老师者教不好自己孩子”同样道理。只有能成功整合家族成员思想，形成一致观念，企业才会有充满光明的大发展，也才能长期稳定经营，发展成百年企业或千年企业亦不成问题。

为详述家族型顶层设计路线轨迹，以下举一中一外两个家族型企业设计的实例，以生动形象地说明问题：

1888 年，广东商贩李锦棠在珠海创办李锦记公司，后移至香港，至 2017 年已是 129 年历史、传承 5 代的家族企业。迄今，李锦记产品已覆盖全球一百多个国家地区，我们餐桌上的蚝油、柱候酱就是李锦记公司的独家产品。有言称“有华人的地方就有李锦记”。李锦棠去世时，使用中国人传统的“袁世凯分家法”将股份均分给三个儿子——老大李兆荣、老二李兆登、老三李兆南。

1971 年，李兆荣、李兆登合谋意欲联手收购李兆南股份，激烈的家族大战爆发，李兆荣、李兆登哪里料想到，李兆南虽生性怯弱，其子李文达却是个“天老大我老二”的种，颇有些上海滩许文强的风采，一番厮杀后，李兆荣、李兆登败给了侄子，遂决定放弃家业，离开香港。

1972 年，李文达协助父亲收购了大伯二伯的股份，李兆南看出儿子是块硬料，便干脆退休，让儿子出任董事长。

1980 年，李文达弟弟因病不能参与公司管理，弟弟担心李文达会侵占其股份，要求李文达成立股份公司并清算股权，提出将自己股权卖给李文达，退出李锦记。但弟弟要价太高，双方难以达成共识，最后闹上法庭。

1986 年，李文达以 8 000 万港币将弟弟股权买过来。此时，公司数千万厂房资金尚无着落，又加上 8 000 万港币的负担，公司负资经营，濒临破产。此时，李文达心力交瘁，既伤亲情又忧企业，整日忧心忡忡。经历两次家族之乱，李文达认为必须解决企业两个最大的隐患问题：

第一，解决利益与权利问题。为杜绝将来再生内斗，李文达决定让膝下四子均分总股份中的一部分股份，女儿则采用其他方式来完成分配。分配到各个子女头上的股份，将来则按各自子女的多少继续均分下去，子女即使不参与经营，也可继承股份。这样，就避免了家族内部的利益争斗。

第二，解决角色与权力问题。为让每一个家族成员正确扮演好家族成员、股东、董事和管理者这四个角色，不要将家族问题和企业问题混为一谈，不要将家务事与公务事混在一起，必须制定一部李锦记家族企业特别制度。

2002年，李文达率家族核心成员赴日本、欧洲考察家族企业延续方法，首站日本，这是中国人第一次不是为产品、设备和技术而考察国外企业。考察结束后，李文达终于探索出了一个新“家族模式”，内容是：“公司只是家族的一部分，没有家族的和谐永续发展，企业长久发展就无从谈起。”于是，李锦记家族成立“家族委员会”，是家族最高权力机构，下设“家族业务部”“家族办公室”“家族投资公司”“家族慈善基金”“家族培训中心”。

李锦记集团“家族委员会”的核心成员有7人：主席李文达、李文达太太、长子李惠民、次子李惠雄、三子李惠中、四子李惠森、女儿莫李美渝。

2004年，家族委员会通过激烈讨论制定出李锦记家族企业特别制度，此家族制度未对外公开，具体内容不得而知，但通过一些李锦记公司表露出的管理方式，外人还是可以看出一个大致轮廓：

(1) 公司顶层设计。坚持家族控股，具有血缘关系的家族成员才能持有公司股份；具有血缘关系的下一代都具有股份继承权；董事局一定要有非家族人士担任独立董事；核心业务主席必须是家族成员；主席人选每两年选举一次；集团董事长必须是家族成员；CEO可以外聘，也可以由家族成员担任。

(2) 家人入职原则。家族后代要进入企业必须符合三个条件：①大学毕业，在其他公司5年以上工作经验；②入职应聘程序及试用期考核与非家族职员相同，一律从基层做起；③如发现无法胜任工作，可给一次新机会，如仍无起色，与非家族职员同样处理。

（3）家族定期会议。每3个月召开一次家族会议，每次4天；前三天家族委员会核心成员参加，后一天家族成员全部参加；会议设一主持人，由委员会核心成员轮流担任。

（4）家庭内部规范。不要晚结婚，不准离婚，不准婚外情；如果有人离婚或有婚外情，自动退出董事会；如有人因个人原因退出董事会或公司，股份可以卖给公司，但仍然不离开家族，仍是家族委员会成员，有权参加会议。

（5）族人退休规定。家族成员年满65岁时必须退休。

（6）家族特别制度修改。此内容的制定和修改，必须经家族委员会75%以上通过。

（7）家族决议执行。一般家族事务的决议超过51%就算通过。

（8）人才收回使用。如果下一代在外打拼有所成就，应尽可将其请回，以保证家族人才不外流。

（9）领导轮换原则。实行董事长领导下的集体领导模式，不指定永久企业接班人，董事长每五年重新选举一次，重大事务由董事长召集家族委员会集体讨论，用“民主集中制”决定。

2015年，李锦记集团营业额为250亿元，在中国内地、中国香港、美国、马来西亚都设有工厂，产品风靡80个国家，员工4 000人，成为中国知名畅销的调味品品牌，全球第一的蚝油品牌。至2017年，李锦记家族企业特别制度已实施13年，从良好的实施效果来看，决不输于他人。

1903年，法国青年穆里耶在家乡创办小纺织公司——菲尔达，1956年，菲尔达成立第一家特许经营店“欧尚”。

1955年，穆里耶“家族议会”成立，制定了家族企业特别制度，穆里耶家族强调家族团结，企业家族成员必须遵守这个家族企业特别制度，家族成员加入穆里耶，也要对他的特色有所了解。

家族企业特别制度规定：

(1) 家族设四大机构：家族议会、家族管理委员会、家族控股公司、家族特别基金。

(2) 家族成员经审核后成为家族议会会员，家族议会 4 年举行一次会议，内容包括：批准投资报告、审批战略决策项目、对进入家族议会成员进行资格审核，协调各议员间及各议员与家族的利益冲突。

(3) 家族成员可选择进入家族企业或独立创业，进入企业的家族后代一律从基层做起。

(4) 独立创业者公司可予资金支持，但失败后必须赔偿公司资金。

1961 年，穆里耶家族第三代传人、29 岁的杰拉德第一次在法国北部大城市里昂开设欧尚超市，大获成功。

1981 年，杰拉德开始布局欧尚的全球业务，20 年时间里，开拓了西班牙、意大利、葡萄牙、波兰等众多欧洲国家市场，后来又开拓了美洲、亚洲国家市场。

1999 年，欧尚上海中原店开业。截至 2013 年，欧尚在大陆已拥有 50 家大型超市，中国人随处可见欧尚身影。

2012 年《财富》全球 500 强排行榜中，法国家乐福超市排在第 39 位，法国欧尚超市仅居 149 位；从营业收入看，欧尚为 617 亿美元，仅为家乐福 1 217 亿美元的一半，但是，二者当年利润恰恰相反：欧尚利润为 11 亿美元，家乐福利润只有 5 亿美元。

2015 年，欧尚年营业额 542 亿欧元，在世界上 12 个国家拥有个大型超市 1 500 家，员工 28 万人，是目前法国最大的大型跨国商业集团之一，在世界 500 强企业排名 142 位。

事实上，欧尚集团仅仅是穆里耶家族庞大商业帝国的一部分，穆里耶家族还掌控着全球最大的体育用品超市迪卡侬公司，世界第四名、欧洲第二名的跨国装饰建材零售集团乐华梅兰公司，以及家族传统产业菲尔达公司等 20 多家企业。

2007 年，75 岁的杰拉德退休，新董事长不是他的儿子，而是他的侄子维雅内·穆里耶。因为家族企业特别制度规定，董事长必须由家族议会民主选举产生，这就是典型的家族内部多元传承设计，而非血缘的一元传承设计，这样，对董事长人选的选择范围较传统血缘顶层设计的“子承父业”要大得多。

至2017年，穆里耶公司已存在114年，家族一直人丁兴旺，路易·穆里耶育有11名子女，其长子育有13名子女，其他子嗣也十分“多产”，共有800名继承人，其中550人是家族议会成员。目前，穆里耶家族已传到第五代，家族管理仍然井井有条，企业价值亦持续增长，这得益于《家族企业特别制度》的指引，制度化的家族治理机制保证了庞大商业帝国运转的井然有序。

以上一中一外两个百年企业的家族型顶层设计路线图，其全部奥秘都在其家族企业特别制度之中，家族型顶层设计路线图实际上就是一部家族企业特别制度，把它执行到位就等于完成了家族型顶层设计路线图。由于家族企业特别制度内容繁多，笔者安排在下节专述家族企业特别制度。

华人企业通常传不过三代，到第三代时，企业大都寿终正寝，当今世界规模型华人企业极少超过四代的事实就是证明。因此，华人企业欲百年长寿，第一代时就必须考虑传承问题。而传承无外乎以上三种模式：血缘型传承、体制型传承、家族型传承。血缘型传承是数量最多、最失败、最容易做到、最让企业短命、最不会引发动荡、最不会背负骂名的一种。相比之下，体制型传承和家族型传承则都是罕见的、难以做到的、能让企业长寿的、容易引发动荡的、最会背负骂名的模式。想要企业百年长寿，就必须让企业从传统血缘型交接班转变为体制型交接班或家族型交接班。

在这里，中国第一代企业家就面临一个选择：这一转变什么时候做？谁来做？到底是由自己来做这件对有益于企业长寿，却易引发动荡、会背负骂名的事情，还是留给自己的儿子去做？

康熙明知道皇八子胤禩奸诈阴险、未来一定会与雍正作对，仍然封赐爵位，并任命为内务府总管事，自己落了个慈父美名，却把这个人留给了胤祯，最终酿成胤禩发动了一场针对雍正的宫廷政变。而雍正则不然，看出了自己的三子弘时心怀不轨、图谋篡政，便果断在交班四子弘历之前赐死三子弘时，为乾隆接班创造了一个良好的环境，保证了大清60年太平盛世，却留下了逼死亲子的千古骂名。中国第一代企业家是学康熙还是学雍正呢？欲企业百年长寿且不怕背骂名者可学雍正，对身后企业存亡不再关心且怕背骂名者可学康熙。

由于第一代企业家是打天下的“开国元勋”，具有高度的权威与强势，最有资格和实力做体制型交接班和家族型交接班安排，第二代企业家在做同样事情时，无论是权威、魄力还是气势都比不上父辈，而第三代人则根本不想做此事，第四代人则没有必要做了。因此，能让企业长寿，却容易引发动荡、会背负骂名的事情做得越早则对企业越好，而越晚则对企业越不利。时间越往后，接班者越缺乏此动力，如果再晚一些的话，则根本没必要再做了。

千年企业必须要有自己的“宋教仁”，来推行企业的改革，在美的集团，“宋教仁”就是何享健，在宏基集团，“宋教仁”就是施振荣。企业改革摆在了华人企业家面前，不要认为企业改革比国家改革更容易推进，企业改革推动者也有付出众叛亲离、友去家散代价的可能，越对后世有利的事情，越会遭到人们反对，尤其是家人亲友的反对，非具十足之勇气，否则决难推动。

第二节　华人企业《家族企业特别制度》

就华人企业而言，家族型传承比体制型传承恐怕更容易让企业主及家人接受，家族型顶层设计路线图实际上就是制定一部《家族企业特别制度》，所有的行走路线都在《家族企业特别制度》里面。每个企业的情况不同，《家族企业特别制度》也各有不同，但是，这并不妨碍我们对现有百年家族企业的《家族企业特别制度》进行汇总和归纳，从中总结出《家族企业特别制度》的一般套路和原则，从而作为制定我们自己《家族企业特别制度》的参考与借鉴。以下，笔者将一般境外百年家族企业《家族企业特别制度》的普遍原则和华人企业的具体情况进行糅合，形成一套适用于现阶段企华人业的《家族企业特别制度》模板，共分为12个部分，每个部分实际上就是一个步骤。各企业可在此模板基础之上进行修改与增删，最终形成本公司的《家族企业特别制度》。

1. 家族价值观念

利益斗争和人事斗争的根源在于价值观的不同，家族企业最重要的莫过于建立一份千年不变的《家族价值观》，否则必出现内部观念斗争，进而引发利益斗争和人事斗争；避免家族内斗的办法就是建立一套家族价值观，在内斗发生之前就先在思想上将其消灭。《家族价值观》内容必须由全体家族成员共同讨论，企业主可将自己多年工作感悟提出，如“诚信高于利润”“民族高于家族、家族高于家庭、家庭高于家长”“只求稳健发展、不求短期暴利”，由大家加以补充丰富，形成共识。能将一个家族企业千年维系下去的决非利益和血缘，而是价值理念。

2. 组织机构设置

家族企业必须设立一套组织机构，通常包括：①家族议会，负责选举议长、董事长，表决重大事务；②家族管理委员会，负责企业日常事务，如增补或除名“议员”；③家族特别基金会，负责资助家族成员创业，对“败家子型”家族成员提供生活费；④家族监察委员会，对家族成员及企业高管人员进行违纪监察与审计，惩治企业贪腐行为；⑤家族产权分配委员会，负责按《家族企业特别制度》对每一家族后行进行产权分配，形成书面《公司股份继承书》档，档内容包括家族成员继承对象、产权比例、产权市值、分配方式、分配时间等详细内容。

3. 董事长轮换制

董事长由家族议会民主选举产生，董事长由家族内部人员担任，新任董事长不一定是前任董事长的儿子，但必须具有血缘或亲缘关系，可以是前任董事长的表弟、堂弟、侄子、女婿或外甥等，不限男女，不限血缘（但必须有亲缘），如企业创始人儿子的外姓妻子亦有被选举权；每次选举须有两名以上候选人，不实行终身制，而实行任期制；一任时间为 5 年，任期满后可经选举连任一届；任满两届的董事长原则不得再参加第三次竞选，如果任内表现十分优越，经议会议长书面推荐、1/2 以上议员书面保荐，可再参加一次竞选；董事长最多只任三届 15 年，不得再任。

4. 外聘 CEO 原则

公司总经理与董事长不得由同一人担任，总经理由家族管理委员会选举任命，原则上不由家族成员担任，而由在公司内任职 5～10 年以上的职业经理人出任，或由业绩和品德能得到社会公认的知名外来职业经理人出任。如果家族内部确有优秀人才，也可以由其任总经理，但不可连续两次由家族成员任总经理，即当某家族成员任总经理期满后，下任总经理不得再由家族成员出任，以免形成家族成员任总经理常态化。总经理任期 5 年，可连任一届，两届满后必须卸任，绝不可任三届。CEO 外聘好处在于外人大都不受家族内部“酱缸文化”影响，让企业一直充满现代化活力。

5. 权力划分规则

总经理与董事长的职权必须严格划分，形成清楚的书面档，公示全公司，总经理负责日常工作，董事长负责企业战略事宜。最需要警惕的是董事长一权独大，越俎代庖，在工作中有意无意侵占总经理分内职权。如果总经理能力不足，董事长可通过正常管道提请董事会按程序予以罢免，决不可一边保留其职务，一边又插手其工作，与其这样，还不如不设总经理职务。同时，也要防止总经理越权现象。

6. 产权分配规则

家族企业在一开始就必须有一个产权分配规则，家族后代无论争或不争，都有一份等量的属于自己的股份，这样也就无人再去争权夺利了。按照国家相关法律，产权分配规则应该是诸子女对父母财产的等量均分，这一点应写入《家族企业特别制度》之中，无论男女，无论长幼，每个子女分配比例都完全相同。到第三、四、五代亦然，每个子女只继承自己父母的股权。产权分配由家族产权分配委员会按《家族企业特别制度》明文规定全权办理，形成书面的《公司股份继承书》，一切均公开透明，杜绝矛盾的发生。

7. 权力监督机制

公司成立家族监察委员会，其监督对象是公司董事长、家族议会、家族管理委员会、家族特别基金会、家族产权分配委员会和每一个享有公司股份的家族成员。在中小型企业和股权简单企业，家族监察委员会可以与企业监事会合并，在大型企业和股权复杂企业，家族监察委员会必须单独设立。家族监察委员会的工作就是监督公司家族机构和全体家族成员是否按《家族企业特别制度》之规定执行，凡未按规定执行，则书面向家族管理委员会和家族议会通报，并在征求董事长、家族管理委员会和家族议会意见后独立作出最后处理，任何人不得干扰家族监察委员会的独立处理。如果家族监察委员会与企业监事会合并，家族监察委员会必须还承担起监督总经理及所有企业部门的职责。

8. 家族定期会议

家族机构成立后必须定期召开会议，履行职责，作出决策，不可虚设。各企业可根据自身不同情况决定会议的召开频率及议题安排。以下，笔者根据一般管理原则提出一般性时间及议题安排范式，并不十分科学，仅供参考：

(1) 家族议会：每年召开一次会议，表决通过股权变更、年度工作计划、重大投资计划、《家族企业特别制度》修改等；

(2) 家族管理委员会：每3个月召开一次会议，商议月度重大工作项目、审核新入职之家族成员、审议特别议题；

(3) 家族特别基金会：每3个月召开一次会议，亦可召开专门临时会议，决定给家族具体弱势人者的补贴金额；

(4) 家族产权分配委员会：每6个月召开一次会议，亦可召开专门临时会议，决定给家族具体成员的股权份额；

(5) 家族监察委员会：每3个月召开一次会议，报告上月《家族企业特别制度》执行情况，对违纪行为进行通报和处理。

9. 外部独立董事

家庭企业最大的优势是同质化，最大的劣势也是同质化，同质化意味着没有反对声音。独立董事制度就是聘请社会上的管理顾问师、资深职业经理人、大学教授、经济学者担任反对派角色，让他们以完全独立的立场对公司弊端进行批评。独立董事不在公司供职，不享受公司股份，与任何人无利益瓜葛，聘请其目的在于“花钱找骂”，让企业永远存在反对声音。如果一个企业四处洋溢着赞美和拥护声，企业距离倒闭也就一步之遥了。

10. 家人任职原则

家族下一代可以选择任何社会职业或独立创业，也可选择回父辈企业工作。家族后代要进入企业必须接受“家族管理委员会”的审核，必须符合以下条件：①进入管理层者须大专以上学历，凡大专学历以下者可做普通员工，不得进入管理层；②必须有其他公司 5 年以上工作经验；③入职应聘程序及试用期考核与非家族职员相同；④进入公司后，一律只能担当与过去在其他公司担任过的同等职务或再低一级职务，不得出任高于其曾担任过的职务；⑤如发现无法胜任工作或违反公司制度，与非家族职员同样处理；⑥在公司内不得利用其家族成员身份从事与其职务不相关的任何活动，一经发现立即辞退。

11. 家人退休规定

家族成员男 65 岁、女 60 岁必须退休，退休金按国家法律及企业统一规定执行。退休之后不得返聘，不得从事与其过去工作有关的任何经济活动，一经发现，取消其企业股份分红 1～5 年。对于董事长、工程师及特殊岗位人员，退休年龄可延至 70 岁。

12. 严禁资产拆分

家族企业的最大敌人是资产拆分，是“袁世凯分家法”，因此，每个享有继承权的新家族成员在领取《公司股份继承书》时，必须同时签定一份《保证公司资产完整承诺书》，内容是，家族成员不得要求拆分企业资本、不得撤资、退股、分割财产，否则不得获取《公司股份继承书》。对于已经领取了《公司股份继承书》的老家族成员，公司可利用更换旧《公司股份继承书》、重新分配新增股权、换发新版《公司股份继承书》的机会，同时要求其签定《保证公司资产完整承诺书》。《保证公司资产完整承诺书》规定，凡股权持有人存在撤资、退股、分割财产、另立门户行为时，无论是否得逞，一经发现确认属实，家族监察委员会须依《家族企业特别制度》之规定立即剥夺其全部股份持有权。

13. 外来股份管理

家族企业允许外来机构或个人投资参股，但总额比例不得超过49%，以保证家族企业的绝对控股。外来股东可以进入股东大会和董事会，但不得进入家族议会和家族管理委员会。接纳外来股东有两大好处：一、增加融资管道，扩大企业规模；二、由于有了不同利益，也就有了不同声音，有助于企业决策科学化民主化。

14. 家族行为准则

家族企业必须有一整套《家族成员行为准则》，如“不要晚结婚，不准离婚，不准有婚外情；不许超越本分职权，不得涉及与自己岗位无关的事务；不得为了个人利益在家族和企业内部制造矛盾和斗争；工作中与同事员工平等相处、一视同仁，不得以家族成员自居搞特殊化”。制定《家族成员行为准则》有三大目的：一、保证家族财产继承人全部是婚生子女；二、杜绝家族成员的利益内斗和恩怨纷争；三、杜绝家族成员在企业里以特殊身份自居。《家族成员行为准则》必须由全体家族成员一致讨论，形成共识，且必须与《家族价值观》相对应，两者遥相呼应，千年不变。

事实上，家族型顶层设计与体制型顶层设计并无本质区别，家族型顶层设计不过是家族内部的体制型顶层设计，其所有运用之原则与体制型顶层设计相同，家族型顶层设计本质上是一种制度化的家族治理，唯一不同的是保留了家族血缘的延续。

家族型顶层设计的最大支点就是《家族企业特别制度》，难点在于对《家族企业特别制度》的制定和执行。家族型企业制定和执行《家族企业特别制度》的难度远高于体制型企业制定和执行公司各种管理制度。难度在于三大问题：

第一，关于要不要制定《家族企业特别制度》的争论。

对于制定《家族企业特别制度》，起初家族内部必然会有诸多争论，因为过去这么长时间没有它，家族企业也发展过了，为什么现在突然莫名其妙地要制定什么《家族企业特别制度》？目的何在？有什么好处？是不是董事长有什么个人企图？想借这一机会达到什么目的？如果不制定它企业难道就会倒闭吗？

第二，对《家族企业特别制度》具体条款的不同意见。

即便是大家对应该制定《家族企业特别制度》达成共识，也会在《家族企业特别制度》具体条款上有不同意见，甚至是原则性不同意见。比如，家族成员在接受《公司股份继承书》时须签定一份《保证公司资产完整承诺书》，这一条就会有很多人反对，难达共识；凡家族成员撤资、退股、分割财产、另立门户时立即剥夺其股份，此条会有更多人反对；凡大专学历以下家族成员入职后不得进入公司管理层，更会让众人无法接受。如果是新公司，家族成员们刚入职就如此要求，则容易实施；而企业已成长壮大后再如此要求，则家族成员们会反弹极强。

第三，《家族企业特别制度》执行过程中被屡屡违反。

如果之前未经过对家族成员充分动员、未达成充分共识、未有家族成员的充分理解和支持、未有家族成员的充分参与和认同，那么，即便是制定出了《家族企业特别制度》，也会面临被大家屡屡违反的局面，尤其是被身居高层的家族重量级人物的违反。久而久之，《家族企业特别制度》就会像一块破布挂在那里，毫无意义和作用。因此，《家族企业特别制度》能否被切实施行，能否起到它应有的作用，关键在于企业主执行《家族企业特别制度》的决心与意志。

解决以上三个问题是一切问题的关键，解决以上问题的方法并不难找，每个企业家都能想出来。问题关键在于企业主推动《家族企业特别制度》的决心到底有多大。

家族型顶层设计的难度并不低于体制型顶层设计，有些方面甚至较体制顶层设计更高，其中最大的难度是企业必须承受一些一般企业无法承受的人伦道德领域的负重，比如，李锦记公司《家族企业特别制度》有一条："不准离婚，不准有婚外情，如果有人离婚或婚外情，自动退出董事会。”这一条在笔者任职过的浙江某超大型企业就无法实施，老板有二子一女，两个儿子都有婚外情，女儿因与丈夫文化差异太大而离婚，这样，老板的全部子女就都要退出董事会，那企业又传给谁？如果《家族企业特别制度》中取消这一条也不行，那样就会有数不清的非婚生子女会突然冒出来、闹着要进企业享受继承公司股权，并要求进入董事会，每个人手上都握有一份真实的《亲子鉴定书》，家族传承就会陷入一片混乱。人类现代社会婚外情和离婚实属常态，时代越发展，人类情感形态越复杂和多样化，如果硬把道德伦常与企业发展联系起来，无异于让企业承受了本不应让它承受的东西，相比体制型顶层设计，这是家族型顶层设计的软肋。

第三节　从做大、做强到做长

华人族群最缺乏的莫过于两个东西：理性主义和长远眼光。无论是企业家、政治家、知识分子还是普通民众，概莫能外。我们从来都是感性主义和“近视”眼光，由此而不断付出社会代价。

感性主义的传承思想就是血缘传承，创业者更看重的是“血”的传承，而非“业”的传承，“血”在“业”之上。这其中包含着企业未来倒闭的巨大风险，百年血缘传承必须有一个前提，即每一代“传人”都如第一代创业者般优秀，而这是根本不可能的。或许第二代、第三代有可能能力堪优，但第四代、第五代就未必能力堪优。只要传承链中有一代能力低劣，企业传承即宣告中断。事实上，在大部分时候，第二代、第三代就已经开始败家了，否则不会有“富不过三代”之说。“血”在“业”之上的结果就是“血存业灭”。

理性主义的传承思想就是体制传承，创业者更看重的是“业”传承，而非“血”传承，“业”在“血”之上。单纯的血脉延续很简单，而强行把血脉延续与产业传承捆在一起，就变得不简单，甚至不可能。因此，血脉延续与产业传承捆最好是分离开来，血脉延续靠人为继，而产业传承靠体制为继，二者并行不悖。单纯地把股权交给后代，让后代在未来 300 年内生活富足，这不仅可能且完全现实；而把股权与大权都交给后代，莫说 300 年生活富足，能够 30 年生活富足已是万幸。“业”在“血”之上的结果就是“血业皆存”。

笔者在与一般民营企业家接触中听到的全都是企业如何“做大做强”，都是 10 年之内的愿景，而完全没有“如何做长”的 50 年的长远诉求。我见过想做中国 500 强和世界 500 强的民企老板不下百人，而从未见过一个采取各种措施想方设法让企业活过 500 年的中国老板。

华人大都能满怀热情地把某件事情迅速做到，也能做得完美极致，但很难把一件事情长久坚持下去；我们往往只注重眼前“任务”的完成，而疏于永久性的制度设计；我们往往在还未理性地证实某物正确性时就迅速接受它，一旦发现它的弊端后又会很轻易地抛弃掉；我们总是“变来变去”，法律不断修改、政策不断变化、制度不断更新、机构不断撤并、战略不断调整；我们总是在不停地寻找新东西，不停地变换旧模式，容易受到新事物的诱惑，不管它对或错；当一件事物我们还没有完全弄清楚的时候，我们又开始尝试另一件新事物；我们心境浮躁，缺乏定力，缺乏恒定；今天某人某物很香，明天立即就臭了。

过去，华人企业家考虑的是如何“做起”和“做大”；如今，华人企业家们考虑的是如何“做强”；其实，华人企业家们更应该考虑怎样“做长”。

自改革开放以来，民营企业普遍存在“短命现象”，大量新创企业与倒闭企业在组织结构、经营模式、发展战略和企业文化上亦无根本区别，一切仅仅是新失败的开始。

第一代企业在付出大量成本、造成大量浪费后倒闭，拍卖掉自己的厂房和办公楼；第二代企业家在旧企业厂房中建立自己的新公司，满怀希望地开始创业，10 年后，新公司又因同样原因而倒闭，付出大量社会成本；第三代企业家又在旧厂房中建立自己的新公司，若干年后，又因同样原因而破产，同样造成大量社会资源浪费。新创立企业与倒闭企业仅是在产品技术、工艺标准及营销方式上有所区别，而在治理结构、权力形态和传承模式上毫无区别。

这一规律在香港企业中体现得最为明显，每一代香港企业家都想着要“做大做强”，但极少考虑如何“做长”，在频繁的“创办—倒闭—再创办—再倒闭”低层次简单循环中不断“重复昨天的故事”，香港社会为之付出巨大资源浪费，而且，每一次更叠循环都是低层次简单重复，从原点起步开始创业，一番折腾后又回到原点。由于同样的文化背景，如不引以为戒，香港企业的昨天和今天，就是内地企业的今天和明天。

我们或许认为，只要“做大做强”，自然而然就会“长”，岂有“大又强而不长”之理？唐朝鼎盛时期疆域面积达 1 251 万平方公里，世界第一名，不可谓不大；GDP 为 348 亿美元，占当时世界 58%，全球第一位，不可谓不强。但是，唐朝寿命仅 289 年。任何一个组织体（政权、企业、政党、社团）的生存意义不在于“大”和“强”，而在于“长”；无论企业家付出多少努力，做出多少牺牲，创下多少辉煌，如果身后企业倒闭破产，一切付出和成果全部等于空忙。

欲实现中国梦，必须根本改变中国企业家们只想着“做大做强”的观念，中国企业家的终极理想不应该只是成为大陆的李嘉诚或王永庆，长江集团与台塑集团都未能解决企业的顶层设计问题，目前庞大的身躯只是一团浮肿的赘肉，不值得效仿。中国企业家效仿的目标应该是西门子（1847 年）、奔驰（1883 年）、默克（1668 年）和金刚组（578 年）。中国企业家们或许应该牢记以下几条警句：

1. 做大不如做强，做强不如做长；

2. 大而不强，悬崖边上；强而不长，空忙一场；

3. 只有事业常青，奋斗才有意义；只有江山稳固，牺牲才有价值；

4. 早知道一切努力终将化为乌有，不如一开始就不要投入和付出。

“做大做强”本身无可非议，但更重要的是“做长”，没有“做长”的“做大做强”最后必然走向灭亡。而“做长”的具体措施就是进行“体制型传承”和“家族型传承”的顶层设计。

“体制型传承”和“家族型传承”在中国现阶段是“最好的传承”，“体制型传承”和“家族型传承”从其本质上讲就是不传承，因此，最好的传承就是不传承。何出此言？以下详作解释：

“传承”有两个先决条件：第一，被传承的东西属于家族私人物品，不具有公共属性；第二，“承”者获得此物后在有生之年须终身拥有，只是在垂暮之时或死后才“传”给下一代。

现代企业大多为公共企业，企业不是董事长家族的私人财产，董事长也不是终身制，企业最高权力不可能永远“传”给某一人，也不可能由某一人永久地“承”。准确地说，现代企业最高权力的转移更像是中学语文老师的替换：

某中学张老师因故调动到另一个学校工作，王老师奉校长之命接替张老师的语文授课。对王老师来说，语文课本是教育部统一编制的，不能改变；《2013 年语文学期授课进程安排表》是学校语文教研室年初统一制定好的，不能改变；班集编制及学生人数是恒定的，不能改变；教学场地是学校统一划定好的，不能改变；语文期中考试和期末考试的时间和试卷由学校统一安排和编制，不能改变。这样，王老师接替张老师后，只能在一个已经固定好的框架中按部就班地进行授课，没有多大自己发挥的空间，而且，就算不由王老师接替，而由陈老师或周老师接替，事情的安排也一样。同时，王老师对语文授课也不是永久不变的，很可能在下一个学期就改为赵老师。在这里，接替张老师工作的王老师与接替父亲嬴政工作的秦二世胡亥完全不一样。王老师完全不可能像秦二世改变秦国那样改变一切。

秦二世胡亥继承父亲嬴政工作可称之为“传承”，而王老师继承张老师工作可称之为“接替”，“传承”与“接替”表面形式看起来一样，而实际内容及性质完全不一样。

“传承”是私有物的传递，承者终身拥有私有物，并完全按个人意愿改变一切，可以重新制定全部制度及框架，传承的本质有一种不确定性、主观性、易变性、随意性、排他性、情感性、模糊性、个人性、一元性、私有性；

“接替”是公有物的传递，接者只是在法定时期内管理公有物，并在组织机构既定制度及框架内展开一切活动，接替的本质有一种确定性、客观性、固定性、规则性、公共性、理智性、框架性、机构性、多元性、包容性。

“接替”实际上就是企业的顶层，就是先建立起一套“权力分立”、董事会集体决策、高职定期轮换、一切决策按制度办的“政治体制”，然后，让“秦二世”都生活在这个“政治体制”之中，把秦二世变成王老师。中国企业的顶层设计改革的本质就是要把现在的“传承”改为“接替”，把秦二世继承秦始皇模式改为王老师继承张老师模式。

最好的传承就是不传承，至于如何由“传承”改为“接替”，如何把秦二世继承秦始皇模式改为王老师继承张老师模式，前面第六章“现代企业传承布局：‘七个一工程’”和本章第二节“华人企业《家族企业特别制度》”已讲述清楚，这里不再重复。

站在理性主义立场上，企业家应该采用“接替”模式、而非“传承”模式；应该采用王老师继承张老师模式、而非秦二世继承秦始皇模式；应该采用体制型或家族型传承模式、而非血缘传承模式。因为只有这样，企业才能百年发展、永续经营，自己的后代才能够通过对公司持股获得百年不断的股票红利，永远衣食无忧。

感性主义更看重做大做强，让现世者都可以看见辉煌，对企业延续未来的做法是“传承”；理性主义更看重做久做长，让后世者可以看见辉煌，对企业延续未来的做法是“接替”。感性主义思想的结果就是企业的倒闭破产，而理性主义思想的结果就是企业千年长寿。